KB134673

진짜 챗GPT API 활용법

진짜 챗GPT API 활용법

ChatGPT API 기반의 음성 비서부터
카카오톡/텔레그램 챗봇 제작, 랭체인 활용, 파인튜닝까지

지은이 김준성, 브라이스 유(Bryce Yoo), 안상준
펴낸이 박찬규 엮은이 윤가희, 전이주 디자인 북누리 표지디자인 Arowa & Arowana

펴낸곳 위키북스 전화 031-955-3658, 3659 팩스 031-955-3660
주소 경기도 파주시 문발로 115, 311호(파주출판도시, 세종출판벤처타운)

가격 28,000 페이지 312 책규격 175 x 235mm

1쇄 발행 2023년 08월 23일
2쇄 발행 2024년 01월 24일
ISBN 979-11-5839-460-8 (93000)

등록번호 제406-2006-000036호 등록일자 2006년 05월 19일
홈페이지 wikibook.co.kr 전자우편 wikibook@wikibook.co.kr

진짜 챗GPT API 활용법

ChatGPT API 기반의 음성 비서부터
카카오톡/텔레그램 챗봇 제작,
랭체인 활용, 파인튜닝까지

김준성, 브라이스 유, 안상준 지음

위키북스

저자 소개

김준성

성균관대 기계공학부를 졸업하고 현대자동차 연구소에 입사했습니다. 입사 후 데이터 사이언스에 관심을 두고 성균관대 데이터사이언스융합학과에 진학하여 석사학위를 땄습니다. 현재 현대자동차에서 자율주행SW개발 엔지니어로 일하고 있습니다. ChatGPT를 다양한 분야, 특히 데이터 사이언스 분야에 응용하고자 연구/개발에 힘쓰고 있습니다.

브라이스 유(Bryce Yoo)

회사에서 딥러닝을 이용한 자연어 처리 개발 업무를 하고 있는 개발자입니다. 여러 가지 현실의 문제를 GPT와 같은 언어 모델을 통해 푸는 것에 관심이 많습니다.

안상준

제조, 금융, 유통, 식품, 마케팅 등 다양한 도메인에서 많은 인공지능 프로젝트를 수행했습니다. 특히 자연어 처리와 인공지능 교육 분야에 애정과 관심이 많으며, 위키독스에 ≪딥 러닝을 이용한 자연어 처리 입문≫이라는 입문서 e-book을 저술했습니다. 현재는 인공지능 프리랜서로 대학교, 대학원 등에서 데이터 사이언스 분야를 강의하고 있습니다.

서문

ChatGPT는 OpenAI가 개발한 대화형 인공지능 서비스로, 단순히 텍스트를 입력하고 대답을 받는 것을 넘어 챗봇, 개인 비서, 고객 서비스, 심지어는 소설가까지 다양한 역할을 수행하며 전 세계를 강타하고 있습니다. 이러한 능력은 ChaGPT API를 통해 본인만의 앱에 적용할 수 있습니다. 인공지능의 전문가가 아니어도, 인공지능을 구동하기 위한 거대한 머신 없이도, 이 책의 내용을 통해 ChatGPT가 탑재된 뛰어난 성능의 언어 기반 애플리케이션을 개발할 수 있습니다.

≪진짜 챗GPT API 활용법≫은 ChatGPT API를 처음부터 끝까지 이해하고, 실제 애플리케이션에 적용하는 방법을 단계별로 안내합니다. 음성 비서 개발부터 카카오톡과 텔레그램에서의 챗봇 제작, 그리고 랭체인을 활용한 회사 챗봇 제작까지, 모든 것이 포함돼 있습니다. 이뿐만 아니라 OpenAI의 GPT를 추가로 학습시키는 파인튜닝까지 다룹니다. 이 책을 읽고 나면 자신만의 특별한 AI를 만들 수 있을 것입니다.

이 책을 통해 ChatGPT API를 활용하는 방법을 배우고, 더 나아가 새로운 AI 시대에 변화를 어떻게 이끌어 나갈 수 있는지에 대한 통찰을 얻을 수 있기를 바랍니다.

추천사

김수종 _ 아마존 웹 서비스(Amazon Web Services)

≪진짜 챗GPT API 활용법≫은 인공지능에 대한 지식이 없는 사람이라도 자신만의 인공지능 비서를 쉽게 만들 수 있도록 가이드하는 책입니다. 기술적인 내용은 초보자도 쉽게 이해할 수 있도록 명확하게 설명하고, 다양한 인공지능 API의 구체적인 예시를 다루고 있어서 직접 인공지능을 개발해 보고 싶은 분에게 매우 유용한 팁을 제공합니다.

저자분들은 이미 ≪딥 러닝을 이용한 자연어 처리 입문≫과 ≪진짜 챗GPT 활용법≫이라는 서적을 통해 어떻게 해야 대중에게 인공지능을 가장 쉽게 설명할 수 있는지에 대한 노하우가 있는 분들입니다. 인공지능을 접해본 적이 없던 사람도 어렵지 않게 자신만의 고성능 인공지능 서비스를 개발할 수 있다는 점이 이 책의 가장 큰 장점이라고 생각합니다. 인공지능을 이용하여 여러분들의 업무를 효율화하는 방법에 대해 관심이 있다면 이 책을 꼭 추천합니다.

김신영 _ 쏘카(SOCAR) 시니어 엔지니어

인공지능 모델의 성능이 빠르게 올라가고, 또 다양한 인공지능 서비스들이 나오고 있다. 기업과 엔지니어의 입장에서 인공지능 서비스가 경쟁력이 되어가고 있지만, 이제 갓 서비스를 시작하려는 초보자들을 위한 지침서는 아직 마땅히 없었다. ≪진짜 챗GPT API 활용법≫은 OpenAI에서 제공하는 ChatGPT API를 사용하여 누구나 쉽고 빠르게 인공지능 서비스를 개발할 수 있도록 필요한 모든 것을 압축해 놓은 지침서라고 할 수 있다.

기술적인 설명만으로는 충분하지 않다는 것을 알고 있는 저자는, 이 책을 통해 독자가 직면할 수 있는 실제 비즈니스 문제와 해결책에 대해서도 다룬다. 이러한 접근 덕분에 단순한 개발 가이드에서 벗어나, 현장에서 즉각적으로 활용할 수 있는 핵심 가이드가 되어주고 있다고 생각한다.

조수아 _ 삼성SDS 인공지능연구팀

바야흐로 대 인공지능 시대다. 인공지능의 손길이 닿지 않은 영역을 손에 꼽는 것이 빠를 정도다. 인간의 고유한 영역이라고 여기던 그림 그리기, 글쓰기, 대화까지도 인공지능이 대신할 수 있다. 그렇다면 이 시대에 가장 걸맞은 사람은 인공지능보다 잘 해내는 사람이거나, 인공지능을 잘 다루는 사람일 것이다. 이 책의 전작인 ≪진짜 챗GPT 활용법≫이 인공지능을 통해 업무를 효율화하는 방법을 다뤘다면, 이 책은 인공지능에 대해서 잘 모르는 사람도 나만의 인공지능 비서를, 그것도 가장 최신 기술이 적용된 ChatGPT를 이용해서 단 몇 시간 만에 개발할 수 있도록 가이드한다.

ChatGPT를 그저 똑똑한 챗봇 정도로만 쓰는 것이 아니라, 영화에 나오는 인공지능 비서처럼 활용하고, 회사의 데이터를 이용해 회사 챗봇이나 직접 GPT를 학습시키는 방법까지 제시한다.

ChatGPT를 남들보다 빠르게, 제대로 잘 쓰고 싶은 분에게 꼭 추천하는 책이다.

송요섭 _ 쿠팡 페이(Coupang Pay)

인공지능을 활용하는 패러다임이 빠르게 변화하고 있다. 얼마 전까지만 해도 인공지능을 만드는 것이 일부 인공지능 개발자들의 전유물처럼 느껴졌지만, OpenAI가 ChatGPT를 API 형태로 제공하기 시작하면서 이미 발 빠른 기업들은 자신들만의 인공지능 서비스를 내놓기 시작했다. 미래에는 인공지능을 이용한 1인 기업들이 우후죽순 생길 거란 예측도 나온다. 하지만 이마저도 처음 인공지능 서비스들을 개발하고자 하는 사람에게는 진입 장벽이 있는 편인데, 이 책은 이러한 진입장벽을 너무나 쉽게 부수어 버렸다. 이 책은 평소에 인공지능 서비스를 사용해 본 경험이 없던 사람도, 인공지능에 대한 이해가 없는 사람도 단 몇 시간 만에 자신만의 인공지능 서비스를 개발할 수 있도록 쉽고 명확하게 가이드를 해준다. GPT를 직접 튜닝하는 것도, 자신이 가진 데이터로 챗봇을 만드는 것도, 음성을 인식하는 인공지능 비서를 만드는 것도 책을 따라 하다 보면 순식간에 완성된다. 더 이상 무언가를 만들기 위해 오랜 시간 공부할 필요가 없어질지도 모른다. 적어도 나만의 인공지능을 통해 업무 속도를 10배 이상 단축할 수 있다. 이 책을 통해 인공지능 API의 사용법을 익히고 원하는 것을 쉽고 빠르게 만들어 내기만 하면 된다.

김동일 _ 녹십자 의료재단 부원장

수년 전부터 딥러닝을 활용한 인공지능 알고리즘이 개발되기 시작했지만, 개발자들을 제외하면 딥러닝의 원리나 한계점을 제대로 이해하는 사람은 별로 없었습니다. 그리고 코딩의 어려움 때문에 일반인들이 인공지능을 직접 활용하기는 어려웠습니다.

최근 ChatGPT가 나오면서 누구나 인공지능을 쉽게 이용할 수 있게 됐는데, 이 책은 ChatGPT의 기본 원리와 장단점을 쉽게 정리해 놓았을 뿐만 아니라 ChatGPT를 이미 사용하고 있던 유저들이 궁금해할 만한 의문점들을 상세히 풀어주고 있습니다.

ChatGPT를 업무나 일상생활에 당장 적용하고 싶은 분들에게 추천합니다.

책 사용 설명서

본문 내용을 시작하기에 앞서 이 책의 예제 파일 다운로드 방법에 대해 설명합니다.

도서 홈페이지

이 책의 홈페이지 URL은 다음과 같습니다.

- **도서 홈페이지**: https://wikibook.co.kr/chatgpt-api/

이 책을 읽는 과정에서 내용상 궁금한 점이나 잘못된 내용, 오탈자가 있다면 홈페이지 우측의 [도서 관련 문의]를 통해 문의해 주시면 빠른 시간 내에 안내해 드리겠습니다.

예제 파일 내려받기

도서 홈페이지의 [예제 코드] 탭을 클릭하면 아래와 같이 예제 파일이 있습니다. [예제 파일 다운로드] 링크를 클릭하면 예제 파일을 내려받을 수 있습니다.

01
ChatGPT란?

02

ChatGPT API 시작하기

03

나만의 음성 비서 만들기

04

텔레그램과 카카오톡에 나만의 AI 챗봇 만들기

05
ChatGPT API로 우리 회사 챗봇 만들기

06

랭체인을 활용한 회사 챗봇 만들기

07

OpenAI의 GPT를 추가로 학습시키는 파인튜닝

Part 01

ChatGPT란?

ChatGPT 맛보기

ChatGPT를 활용하는 다양한 방법

ChatGPT의 한계

ChatGPT는 OpenAI에서 개발한 대화형 인공지능 챗봇입니다. ChatGPT는 대형 언어모델인 GPT-3, GPT-4 아키텍처를 기반으로 하며, GPT는 Generative Pre-trained Transformer의 약자입니다. ChatGPT는 채팅하듯이 대화가 가능한 점과 소설, 수필, 이력서, 상식, 엑셀 사용법, 코드 작성 등 정해진 범위 없이 어떤 질문에도 놀랄 만큼 뛰어난 답변을 제공하는 특징이 있습니다. 이러한 장점으로 CahtGPT는 순식간에 전 세계의 관심을 이끌었습니다. 심지어 미국 와튼스쿨 MBA, 미국 의사면허 시험, 로스쿨 시험 등을 모두 무난하게 통과하면서 인간의 지적 능력과 관련된 업무 수행 역량을 입증하였습니다. 현재 ChatGPT 사용자의 증가 속도는 파죽지세입니다. ChatGPT가 100만 명의 사용자를 돌파하는 데 걸린 시간은 단 5일로, 같은 사용자 수를 돌파하는 데 넷플릭스는 3.5년, 페이스북은 10개월, 유튜브는 8개월, 인스타그램은 2.5개월, 아이폰은 74일이 걸렸습니다.

ChatGPT를 사용하는 방법은 크게 두 가지가 있습니다. 하나는 웹 브라우저에 접속해서 사용하는 방법이고, 나른 하나는 ChatGPT API를 활용하여 사용하는 빙법입니다. 이 책에서는 ChatGPT API를 활용하여 다양한 프로그램을 제작하는 방법을 상세히 다룰 예정입니다.

1.1 ChatGPT 맛보기

ChatGPT API를 살펴보기에 앞서 먼저 ChatGPT 자체에 대해 알아보겠습니다. ChatGPT는 기본적으로 공식 사이트에 챗봇 형식으로 서비스를 제공합니다. ChatGPT API를 학습하기 전에 웹 브라우저에서 직접 ChatGPT를 사용해 보고, 익숙해지는 시간을 갖는 것이 중요합니다. 지금부터 웹에서 ChatGPT를 사용하는 방법을 살펴보겠습니다.

1.1.1 ChatGPT 시작하기

구글 검색창에서 'OpenAI ChatGPT'로 검색하거나 주소창에 아래 주소를 입력해 접속합니다.

- **ChatGPT 데모 사이트:** https://openai.com/blog/chatgpt/

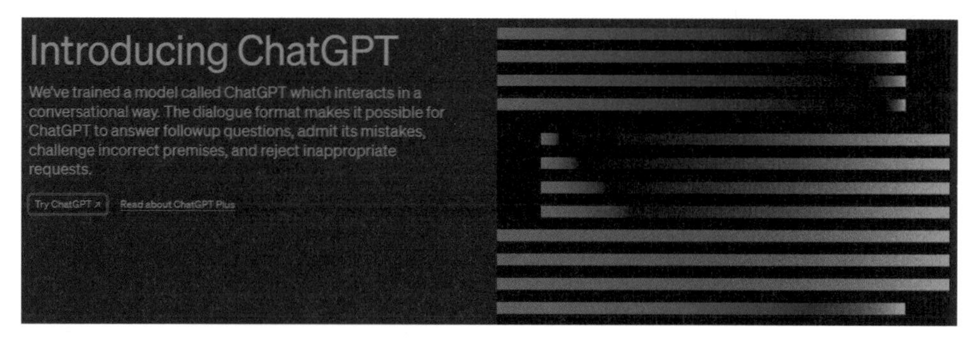

그림 1.1 ChatGPT 데모 사이트

사이트에 접속한 후 [Try ChatGPT] 버튼을 클릭하면 오른쪽과 같은 화면이 나옵니다. ChatGPT를 처음 사용한다면 [Sign up] 버튼을 눌러 회원 가입을 진행합니다. 이미 계정이 있다면 [Log in] 버튼을 눌러 실습을 진행합니다.

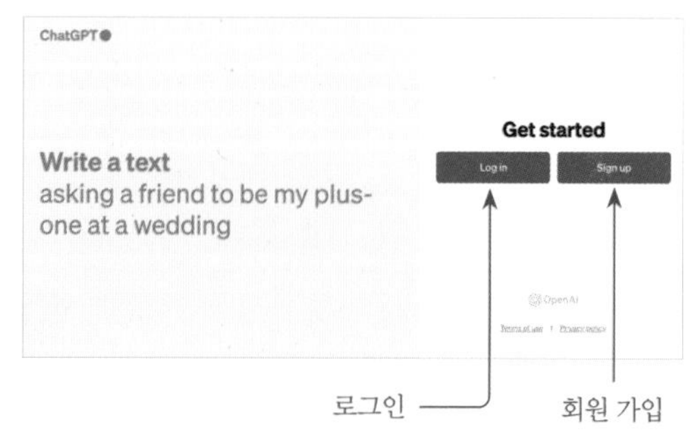

그림 1.2 로그인 또는 회원 가입

[Sign up] 버튼을 누르면 다음과 같이 회원 가입 화면으로 전환됩니다.

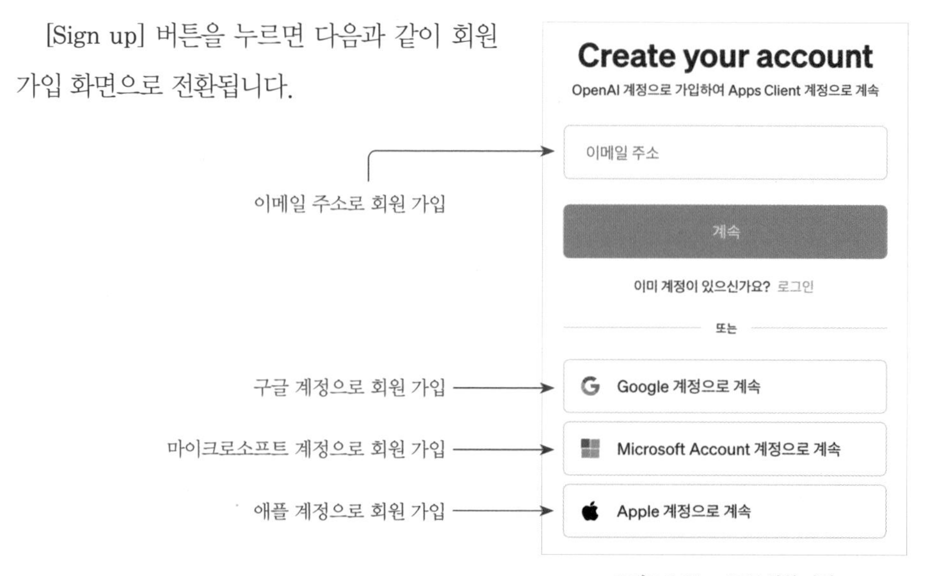

그림 1.3 ChatGPT 회원 가입

Email address에 이메일 주소를 입력하고 회원 가입을 진행하거나, 구글 계정, 마이크로소프트 계정, 애플 계정을 갖고 있다면 해당 계정을 이용해 회원 가입을 할 수 있습니다. 구글 계정으로 회원 가입을 하고 싶다면 [Continue with Google] 버튼을 클릭합니다. 마이크로소프트 계정으로 회원 가입을 하고 싶다면 [Continue with Microsoft Account] 버튼을 클릭합니다. 마지막으로 간단한 인증 과정을 거치면 회원 가입이 완료됩니다.

로그인을 하고 나면 ChatGPT 화면으로 전환됩니다. 화면 아래쪽에는 텍스트를 입력할 수 있는 직사각형 모양의 칸이 있습니다. 이 칸에 ChatGPT에게 요청하고자 하는 텍스트를 입력합니다.

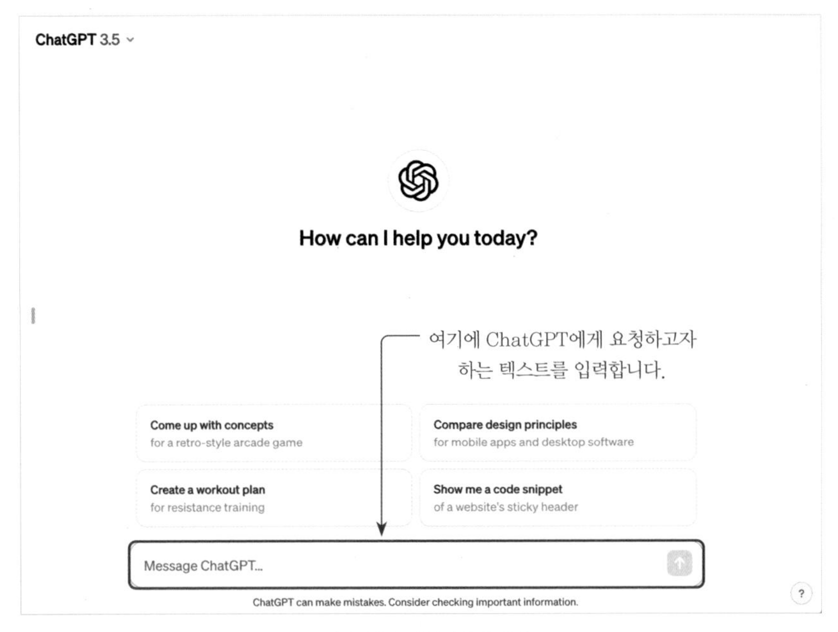

그림 1.4 ChatGPT 사용 시작

앞에서 언급한 입력 칸에 질문을 입력하거나 화면 왼쪽 상단의 [New Chat] 버튼을 클릭하면 새로운 채팅이 생성됩니다. 기존의 채팅 내용에 이어서 질문하려면 왼쪽에 있는 채팅 목록을 클릭해 해당 채팅방으로 이동합니다. 채팅 목록에 있는 이름은 연필 모양 아이콘을 클릭하여 원하는 이름으로 변경할 수 있습니다.

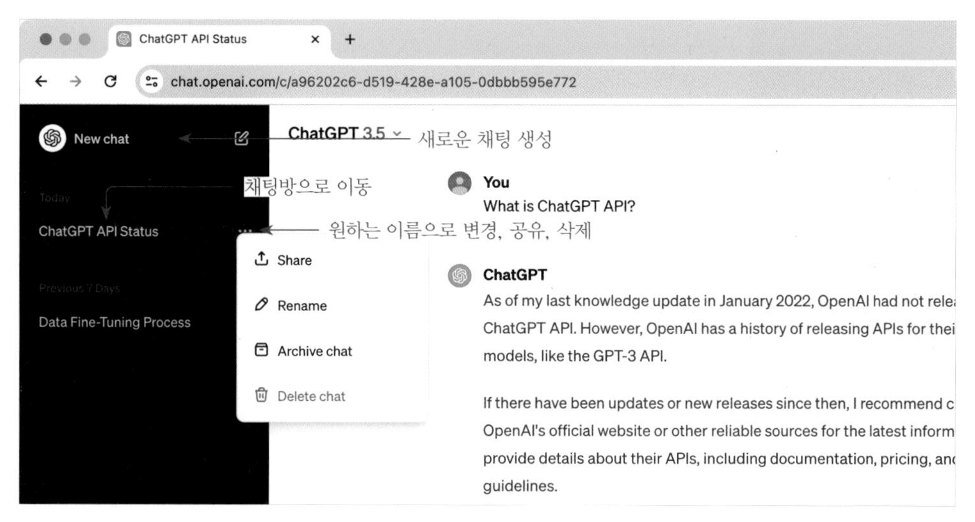

그림 1.5 ChatGPT 왼쪽 메뉴

1.1.2 ChatGPT Plus 사용하기

ChatGPT는 기본적으로 무료로 사용할 수 있지만, ChatGPT Plus로 업그레이드하면 다양한 추가 서비스를 이용할 수 있습니다.

- 사용자가 몰리는 피크 타임에 우선 접근권 제공
- GPT-4 모델 사용 가능
- 새로운 기능 및 업데이트 우선 적용

이번 절에서는 ChatGPT Plus로 업그레이드하는 방법을 알아보겠습니다. ChatGPT 채팅 화면의 왼쪽 아래에 있는 [Upgrade plan] 버튼을 클릭합니다.

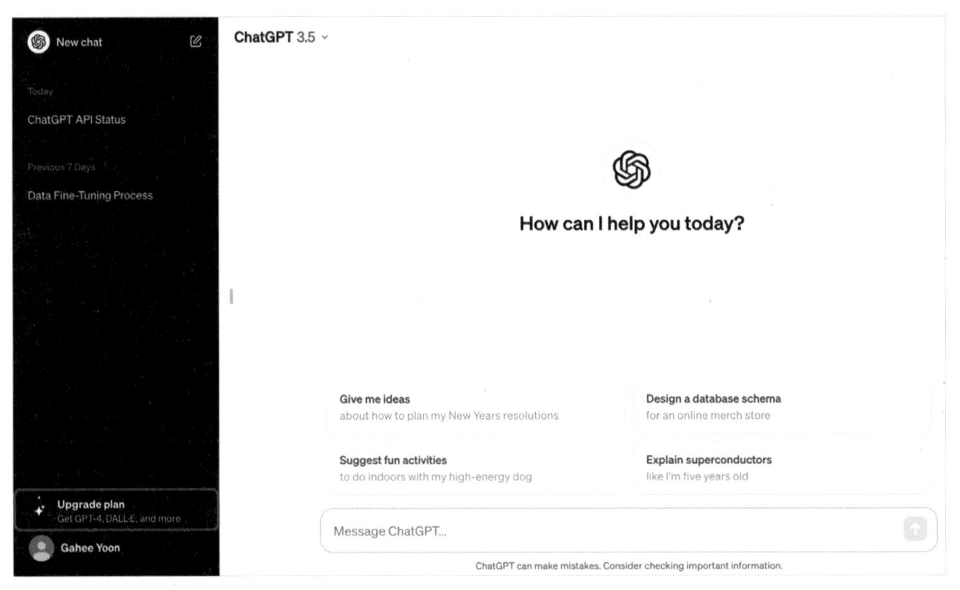

그림 1.6 ChatGPT Plus로 업그레이드하기 버튼

[Upgrade plan] 버튼을 클릭하면 ChatGPT Plus의 혜택과 요금을 안내하는 팝업창이 나옵니다. 팝업창에서 안내하는 바와 같이 ChatGPT Plus의 가격은 월 20달러로, 한국 기준으로 약 26,000원 내외의 가격입니다(2023년 8월 기준).

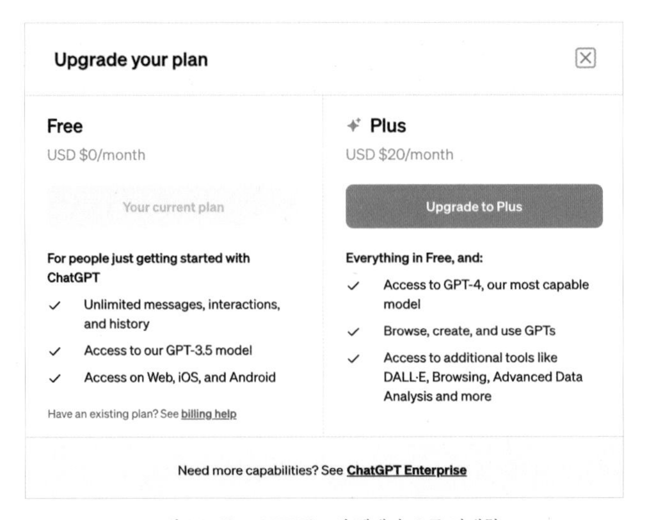

그림 1.7 ChatGPT Plus의 혜택과 요금 안내창

팝업창에서 [Upgrade to Plus] 버튼을 클릭한 다음 카드 정보를 등록하면 메인 화면이 다음과 같이 바뀌며, 두 가지 버전의 ChatGPT를 사용할 수 있습니다.

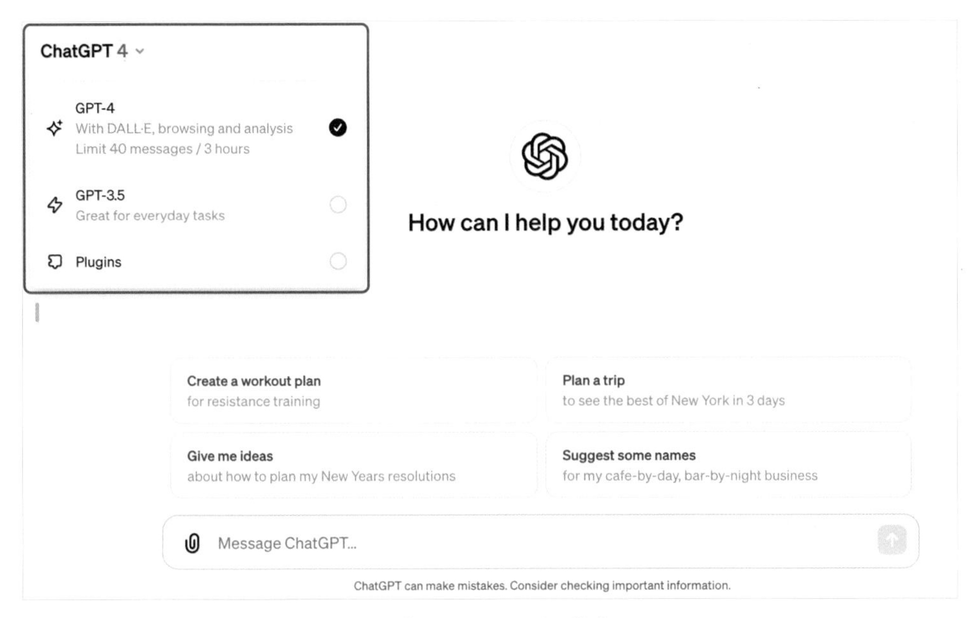

그림 1.8 ChatGPT Plus 화면

첫 번째는 GPT-3.5이고, 두 번째는 GPT-4입니다. OpenAI는 무료 버전의 모델인 GPT-3.5와 유료 버전의 모델인 GPT-4의 성능 차이에 대해 상세한 설명을 제공하고 있지는 않지만, GPT-4는 현재 OpenAI가 제공하는 모델 중에서 가장 뛰어난 성능을 보입니다. 또한, 무료 버전 대비 약 2배~8배의 토큰을 지원하여 긴 답변을 얻을 수 있습니다. GPT-4는 성능이 뛰어난 반면 속도가 느리고 시간당 질문 횟수에 제한이 있습니다.

유료 버전의 또 다른 장점은 다양한 서비스를 사용할 수 있다는 점입니다. 이 책을 집필하는 시점을 기준으로 GPT-4에 내장된 DALL·E, 웹 브라우징(browsing), 데이터 분석(analysis) 기능과 플러그인(Plusins), GPTs 기능을 지원하고 있습니다.

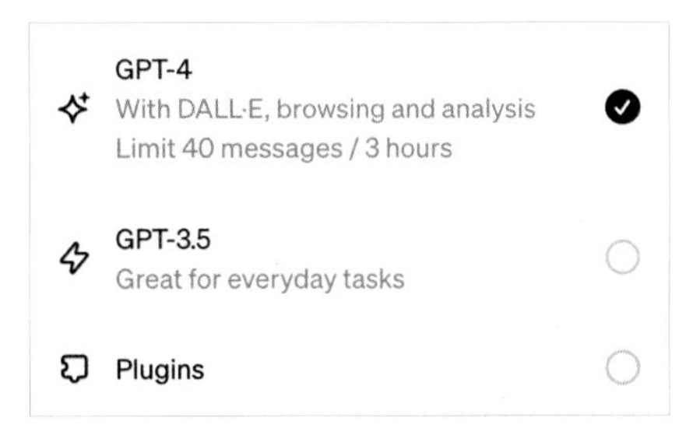

그림 1.9 ChatGPT Plus 지원 기능

browsing은 학습 데이터뿐만 아니라 마이크로소프트의 검색 엔진인 Bing까지 참고해서 사용자의 질문에 답변해 주는 기능입니다. 1.3절 'ChatGPT의 한계(22쪽)'에서 설명할 ChatGPT의 한계 중 하나는 ChatGPT가 2021년까지의 정보로만 학습했기 때문에 최신 정보에 대해서는 정확하지 않다는 점입니다. 하지만 browsing 기능을 활용하면 인터넷에 업로드된 글을 참고하여 최신 정보까지 답변에 포함시킬 수 있으며, 최신 정보를 학습하지 못한 단점을 극복할 수 있습니다.

Plugins는 ChatGPT를 다양한 애플리케이션과 연동할 수 있는 기능입니다. ChatGPT 안에서 비행기표 예매, 수학 계산, 영어 스피킹 공부 등 다양한 애플리케이션과 연동하여 파워풀한 서비스를 제공하고 있습니다. 이 책을 집필하는 시점을 기준으로 약 160개가 넘는 애플리케이션이 플러그인으로 출시하였습니다.

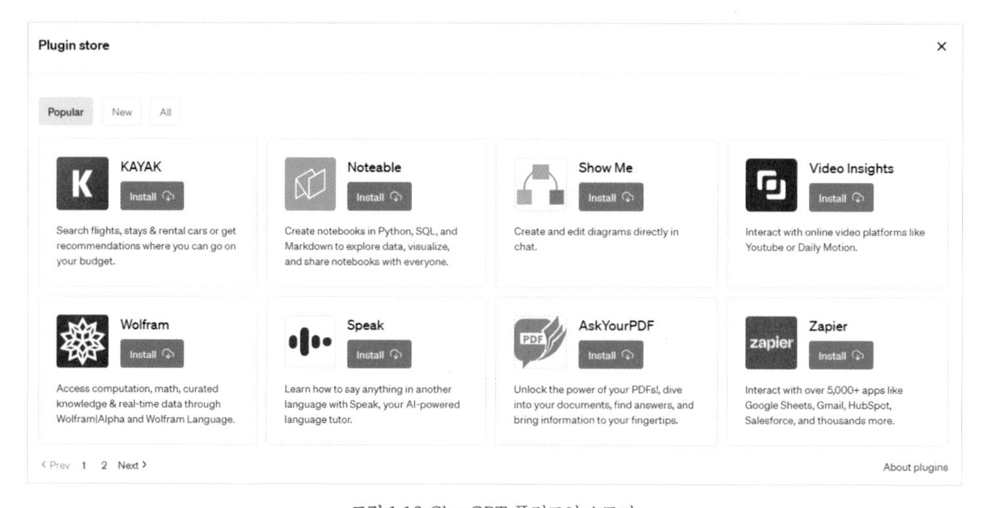

그림 1.10 ChatGPT 플러그인 스토어

1.2 ChatGPT를 활용하는 다양한 방법

ChatGPT가 무엇을 잘하는지 이해하면 API를 활용하여 다양한 애플리케이션에 접목할 수 있습니다. 이번 절에서는 ChatGPT가 잘하고, ChatGPT를 활용할 수 있는 다양한 분야를 간단히 소개하겠습니다.

1.2.1 다양한 장르의 콘텐츠 작성

ChatGPT를 활용하여 작성할 수 있는 콘텐츠는 무궁무진합니다. 소설, 영화 시나리오, 블로그 포스팅, 노래 가사, 대본, 강의 커리큘럼, 면접 질문지, 계약서, 에세이 등의 다양한 분야에서 사용자가 원하는 방향으로 콘텐츠 작성을 유도하거나 구체적인 요구 사항을 반영하여 콘텐츠를 생성할 수 있습니다.

미국의 알뜰폰 회사 민트 모바일의 오너이자 코미디 영화 배우로 잘 알려진 라이언 레이놀즈는 본인의 캐릭터를 반영한 재치 있고, 화제를 이끌 수 있는 콘텐츠를 원했습니다. 실제로 ChatGPT를 활용하여 작성된 광고 스크립트는 엄청난 관심을 얻었습니다.

그림 1.11 ChatGPT를 이용해 광고를 만든 배우 라이언 레이놀즈

프롬프트 원문

Write a commercial for Mint Mobile in the voice of Ryan Reynolds. Use a joke, a curse word, and let people know that Mint's holiday promo is still going, even after the big wireless companies have ended theirs.

프롬프트(번역)

라이언 레이놀즈의 목소리로 광고 스크립트를 만들어줘. 농담과 욕을 사용하면서 대형 무선 통신사들은 이미 연휴 프로모션이 끝났지만 민트 모바일은 여전히 진행 중인 것을 알려줬으면 좋겠어.

ChatGPT가 작성한 광고 스크립트(번역):

안녕하세요. 라이언 레이놀즈입니다.

☑ 욕

우선 민트 모바일은 똥이에요.

☑ 대규모 무선 통신사

하지만 중요한 것은 모든 대형 무선 통신사가 대규모 연휴 프로모션을 종료했지만 민트 모바일은 끝나지 않았다는 거죠

☑ 계속 진행 중

우리는 끝내주기 때문에 계속해서 행사를 진행하고 있어요.

☑ 농담

지금 신청하시면 추가 혜택으로 고객 센터에 전화할 때마다 제 목소리를 들을 수 있습니다. 농담입니다. 그럴 리가 없잖아요. 좋은 하루 보내세요.

1.2.2 프로그래밍 도우미

ChatGPT는 파이썬, 자바스크립트, 자바, C++ 등 다양한 프로그래밍 언어로 프로그래밍할 수 있는 능력을 갖추고 있습니다. ChatGPT를 활용하면 프로그램 설치, 에러의 원인 찾기, 에러를 수정한 코드, 간단한 코드 작성 등에 도움을 받을 수 있습니다. 이전에는 개발자가 시행착오를 겪으며 직접 정보를 검색해야 했지만, ChatGPT를 활용하면 직접적인 답안을 제시받을 수 있습니다.

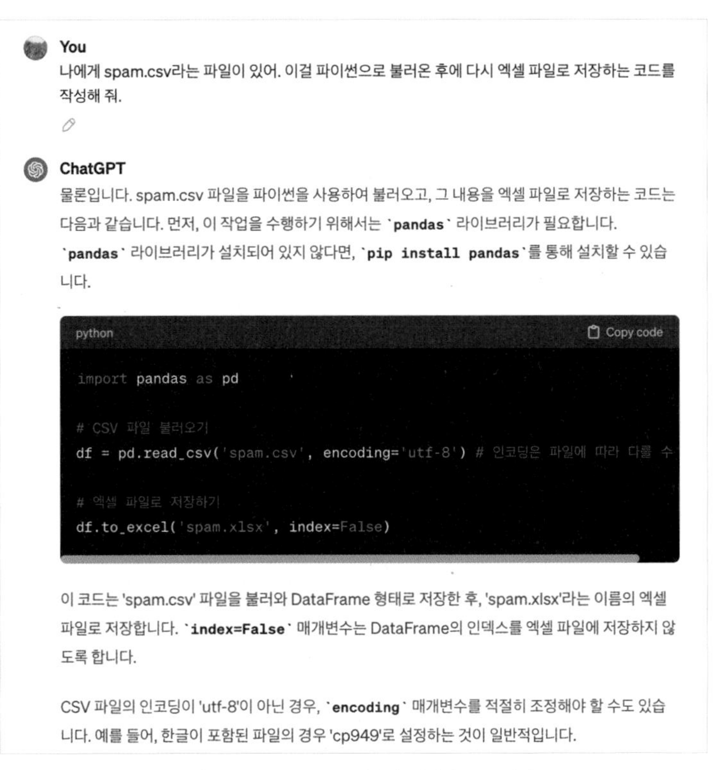

그림 1.12 ChatGPT를 이용한 파이썬 코드 작성

1.2.3 번역과 문체 바꿔 쓰기

ChatGPT는 방대한 텍스트를 학습한 언어 모델로서 특정 텍스트를 규칙에 따라 재작성하는 데에도 탁월한 성능을 보입니다. ChatGPT를 활용해 한글 문장을 영어로 번역하거나 문체를 변경할 수 있습니다.

'시간이 좀 더 지나면 조금 더 익숙해지겠거니 하지만 익숙해지지 않는 일들이 존재하기 마련이다.'를 번역해줘

"While some things may become more familiar with time, there are often things that never quite become familiar."

말투를 바꾸거나 글을 다시 작성하는 것도 가능합니다. 예를 들어, 존댓말을 반말로 바꾸거나 반말을 존댓말로 바꿀 수 있습니다. 또한, 문체를 변경하여 글의 톤이나 스타일을 조정할 수도 있습니다.

'시간이 좀 더 지나면 조금 더 익숙해지겠거니 하지만 익숙해지지 않는 일들이 존재하기 마련이다.'를 훈계하는 말투로 다시 작성해 줘

"시간이 지나도 능력이 향상되지 않는다면, 당신은 진정한 전문가가 될 수 없습니다. 늘 노력하고 자신의 한계를 넘어 선 어려움을 극복해 나가는 것이 중요합니다."

이번에는 어른이 아이에게 반말로 하듯이 작성해 줘

"시간이 좀 더 지나면 좀 더 적응할 수 있겠지. 그러나 뭔가 익숙해지지 않는 일이 있어. 그래도 포기하지 말고 계속 노력해봐. 이겨내면 더 강해질 거야."

1.2.4 텍스트 요약하기

긴 텍스트에서 핵심 내용만 추출하여 더 짧은 문장으로 작성하는 것은 어떨까요? 여러 줄의 텍스트를 입력하고, 이에 대한 요약된 결과를 얻어 보겠습니다.

아래 내용을 요약하고 결론을 얘기해 줄래?

술이 좋지 않은 이유는 여러 가지가 있습니다.

첫째, 건강에 문제가 있을 수 있습니다. 술은 각종 질병의 위험을 증가시킬 수 있습니다. 특히, 간질환, 알코올 중독, 간암, 심장질환 등의 위험이 증가할 수 있습니다.

둘째, 상식 저하가 발생할 수 있습니다. 술을 마시면 행동, 말투, 상식이 저하될 수 있습니다. 이는 보호자와의 관계, 직장 환경, 가족 관계 등에 좋지 않은 영향을 미칠 수 있습니다.

술은 건강, 상식, 기억 등에 불이익을 미칠 수 있다는 것을 보여줍니다. 특히, 각종 질병의 위험이 증가하고, 행동, 말투, 상식이 저하되며, 기억력이 저하될 수 있습니다.

결론: 술은 건강과 상식, 기억 등에 불이익을 미치므로 극도로 조심해야 합니다.

1.2.5 정보 또는 설명 요청하기

ChatGPT에게 알고 싶은 상식이나 정보에 대한 설명을 요청할 수도 있습니다. 하지만 ChatGPT에게 정보를 요청할 때는 할루시네이션 문제[1]로 인해 항상 진실만을 말하지는 않으며, 거짓이 있을 수 있음을 반드시 주의해야 합니다. 사실 검증을 할 수 없는 상황이라면 ChatGPT 사용을 지양해야 합니다. 다음은 간단한 정보를 확인하는 예시입니다.

임진왜란이 언제 발생했는지 알려줘

임진왜란은 1592년에 발생했습니다.

다음은 설명을 요청하는 예시입니다.

양자 컴퓨팅을 아주 쉽게 설명해 줘

양자 컴퓨팅은 양자 역학의 원리를 사용하여 정보를 처리하는 새로운 종류의 컴퓨팅입니다. 고전 컴퓨팅에서 정보의 기본 단위는 0 또는 1일 수 있는 비트입니다. 양자 컴퓨팅에서 정보의 기본 단위는 0, 1 또는 둘의 중첩일 수 있는 큐비트입니다. 이는 양자 컴퓨터가 기존 컴퓨터보다 훨씬 빠르게 특정 유형의 계산을 수행할 수 있음을 의미합니다. 예를 들어, 그들은 다항식 시간에서 많은 수를 인수분해 할 수 있는데, 이는 고전적인 컴퓨터에서는 불가능하다고 여겨집니다. 양자 컴퓨팅은 여전히 상대적으로 새로운 분야이며 양자 컴퓨터를 구축하고 운영하는 데 많은 어려움이 있지만 세계에서 가장 복잡한 문제를 해결하는 방식을 혁신할 수 있는 잠재력이 있습니다.

1 할루시네이션은 이 책의 25쪽에서 설명합니다.

1.2.6 아이디어 얻기

ChatGPT는 새로운 아이디어를 얻는 일에 유용하게 사용할 수 있습니다. 많은 텍스트 데이터를 학습한 ChatGPT는 특정 주제에 대해서 여러 아젠다와 생각하지 못했던 새로운 아이디어를 제공해 줍니다. ChatGPT의 이러한 능력은 제안서, 발표 자료 작성과 같은 작업에서 업무 효율을 효과적으로 높여줄 수 있습니다. 행사 기획자임을 가정하고, 행사를 준비하기 위한 아이디어를 얻어봅시다.

10살 정도의 남자아이들을 위한 즐거운 행사를 준비하려고 해. 좋은 아이디어 5개만 제안해 줄래?

네, 10살 정도의 남자아이들을 위한 즐거운 행사에 적합한 5가지 아이디어를 제안해 드리겠습니다.

어드벤처 스캐브 헌트: 남자아이들은 탐험하고 퍼즐을 풀어나가는 것을 좋아합니다. 어드벤처 스캐브 헌트는 공원이나 숲에서 열릴 수 있으며, 중간중간 나오는 단서와 도전 과제를 해결해 나가면서 목적지를 찾아가는 게임입니다.

스포츠 대회: 이 나이의 아이들은 스포츠를 좋아합니다. 농구, 축구, 미식축구 등 인기 있는 스포츠 대회를 열거나, 도전적인 게임인 도장깨기나 깃발놀이 등 다양한 스포츠 대회를 개최할 수 있습니다.

게임 대회: 비디오 게임을 좋아하는 아이들에게는 게임 대회가 좋은 선택일 수 있습니다. 인기 있는 게임 중 포트나이트, 마인크래프트 등을 대상으로 대회를 개최하면 우승자에게 상을 주는 등의 혜택을 줄 수 있습니다.

캠핑 혹은 모닥불 파티: 아이들을 자연 속으로 끌어들이는 것도 좋은 선택입니다. 야외에서 캠핑을 하거나 모닥불 파티를 열어서 직접 음식을 조리하거나 이야기를 나누는 등의 체험을 할 수 있습니다.

과학 실험 체험: 이 나이에는 과학, 기술 등에 관심이 많은 아이들이 많습니다. 실험 체험을 통해 화학 실험, 로봇 만들기, 코딩 도전 등을 체험하게 함으로써 호기심과 창의력을 자극시키고, 흥미를 유발할 수 있습니다.

또 다른 아이디어를 제안해달라고 요청해 볼 수도 있지만, 새로운 아이디어나 주의할 사항을 고려하기 위해 반대로 하지 않는 게 좋을 것 같은 아이디어를 제안해달라고 요청해 보았습니다.

10세 정도의 남자아이들을 위한 즐거운 행사를 준비하려고 하는데, 하지 않는 게 좋을 것 같은 아이디어 5개도 제안해 볼래?

물리적 위험성이 있는 행사: 특히 10세 정도의 남자아이들은 활동적이며, 과격하게 뛰어다니거나 다른 물건에 부딪히는 등의 위험이 있을 수 있습니다. 따라서 물리적 위험이 있는 행사는 피하는 것이 좋습니다.

성인의 감독 없이 진행되는 행사: 아이들이 10세라고 하더라도, 성인의 감독 없이 행사를 진행하는 것은 위험할 수 있습니다. 따라서 반드시 성인이 감독하고 있어야 합니다.

성적, 인종, 종교 차별을 유발할 수 있는 행사: 이러한 차별은 언제나 좋지 않으며, 아이들에게 나쁜 영향을 줄 수 있습니다. 따라서 이러한 차별을 유발할 수 있는 행사는 지양해야 합니다.

과도한 경쟁이나 압박을 유발할 수 있는 행사: 아이들은 성공하고 싶어 하며 경쟁을 좋아하지만, 과도한 경쟁이나 압박은 스트레스를 유발할 수 있습니다. 따라서 적당한 경쟁과 함께 즐거움을 느낄 수 있는 행사를 준비해야 합니다.

노출이나 폭력적인 내용이 포함된 행사: 아이들은 선정적인 내용이나 폭력적인 내용을 받아들이기 쉽습니다. 따라서 이러한 내용이 포함된 행사는 지양해야 합니다.

이번에는 해당 행사를 위한 광고 문구를 작성해 보겠습니다. 광고 문구는 영어로 작성된 슬로건이나 캐치프레이즈도 많은 편이므로, 이번에는 영어 답변을 얻기 위해 한글 프롬프트를 영어로 번역한 다음 요청해 보겠습니다.

좋아. 나는 10세 정도의 남자 아이들을 위한 즐거운 행사와 관련된 발표를 준비하고있어. 이를 위해서 광고지를 만들건데, 광고지에 사용할 문구들을 작성해줄래?

번역결과

good. I'm preparing a presentation related to a fun event for boys around 10 years old. I'm going to make a flyer for this, can you write the phrases for the flyer?

Sure, here are some phrases you could use on the flyer:

Join us for an exciting event designed just for boys around 10 years old!

Get ready for a day filled with fun and adventure!

Games, activities, and prizes await you at our boys' event!

Bring your friends and make some new ones at our boys' extravaganza!
From sports to crafts, there's something for everyone at our boys' event!
Come out and play with us at our boys' event - it's going to be epic!
Don't miss out on the fun - register now for our boys' event!
Let your boys unleash their creativity and imagination at our boys' event!
A day of action-packed fun awaits you at our boys' event - see you there!
Give your boys a day they'll never forget - join us for our boys' event!

이처럼 아이디어에 대한 사업 개요를 얻는 일에도 ChatGPT를 활용할 수 있습니다.

1.2.7 마케팅 준비하기

일반적으로 사업 개요나 시장 조사, 태그라인 작성과 같은 예시에서는 영어 프롬프트를 사용하는 것이 더 질 좋은 답변을 얻을 수 있습니다[2].

임산부를 위한 예쁜 원피스를 만드는 아이디어가 필요해. 이 아이디어에 대한 사업 계획의 개요를 작성해줄래?

물론이죠, 임산부를 위한 예쁜 원피스를 만들기 위한 사업 계획의 개요는 다음과 같습니다.

I. 개요
- 사업 아이디어 개요
- 목표 시장
- 경쟁 우위

II. 시장 조사
- 임산부 의류 산업에 대한 설명
- 목표 시장의 요구 및 선호도 분석

2 이 절에서는 실제로는 한글 프롬프트를 프롬프트 지니(내부적으로 구글 번역기 사용)를 사용하여 영어 프롬프트로 번역한 후 사용했으며, 답변 또한 프롬프트 지니를 통해 번역된 결과 임을 참고하기 바랍니다.

- 시장 동향 및 기회 식별

III. 제품 및 서비스 설명

- 드레스 및 기능 설명

- 제조 및 소싱 프로세스

- 품질 관리 및 보증

IV. 마케팅 전략

- 가격 전략프로모션 전략(소셜 미디어, 인플루언서 마케팅, 협업)

- 판매 채널(온라인 매장, 소매 파트너십)

V. 운영 계획

- 조직 구조

- 직원 배치 계획

- 재고 관리 및 물류

VI. 재무 계획

- 시작 비용 및 자금 요구

- 매출 예측

- 손익 예측

- 현금 흐름표

VII. 결론

- 사업 계획 요약

- 향후 목표 및 계획

이것은 개요일 뿐이며 더 많은 세부 사항이 있어야 합니다. 포괄적인 사업 계획에 포함되어야 하지만 이를 통해 고려해야 할 주요 구성 요소에 대한 아이디어를 얻을 수 있습니다.

ChatGPT가 사업 계획에 대한 대략적인 개요를 작성해 주었습니다. 시장 조사, 마케팅 전략 등이 포함돼 있지만, 사용자 입장에서는 여전히 추상적이거나 막연한 느낌일 수 있습니다. 만약 ChatGPT의 답변이 여러 주제의 개요 수준에 그친 경우에는 특정 주제에 대해서 더 상세한 요청을 할 수 있습니다.

위에서 언급한 마케팅 전략을 하위 섹션으로 나누고, 세부 사항을 작성해줘.

앞서 언급한 마케팅 전략에 대한 몇 가지 가능한 하위 섹션과 세부 사항은 다음과 같습니다:

시장 조사:
- 임산부를 대상으로 설문조사 및 포커스 그룹을 실시하여 임부복에 대한 요구와 선호도에 대한 인사이트를 수집합니다.
- 시장 동향과 경쟁업체의 제품을 분석하여 시장의 격차와 기회를 파악합니다.
- 수집된 데이터를 사용하여 목표 시장을 세부적으로 결정하고 구매자 페르소나를 개발합니다.

제품 개발:
- 패션 디자이너 및 제조업체와 협력하여 편안하고 스타일리시한 다양한 임부복을 개발합니다.
- 임산부 드레스가 임산부의 변화하는 체형에 잘 맞도록 디자인되었는지 확인합니다.
- 임산부 및 기타 이해관계자의 피드백을 디자인 프로세스에 반영합니다.

가격 전략:
- 생산 원가, 시장 수요, 경쟁업체의 가격을 고려하여 드레스 가격대를 결정합니다.
- 휴일이나 특별 이벤트와 같은 특정 기간 동안 할인 및 프로모션을 제공합니다.
- 다양한 예산 범위를 충족하기 위해 단계별 가격 책정을 고려하세요.

프로모션:
- 광고, 소셜 미디어, 인플루언서 마케팅 등 임부복을 홍보할 수 있는 마케팅 캠페인을 개발합니다.
- 출산 및 육아 블로거 및 소셜 미디어 인플루언서와 협업하여 더 많은 잠재 고객에게 다가갈 수 있습니다.
- 출산 및 육아 박람회와 이벤트에 참여하여 드레스를 선보이고 브랜드 인지도를 구축하세요.

판매 채널:
- 고객이 온라인으로 임부복을 구매할 수 있는 이커머스 웹사이트를 개발합니다.
- 기존 임부복 소매업체와 제휴하여 해당 매장에서 드레스를 판매합니다.
- 고객의 요구를 충족하기 위해 사이즈와 색상 등 맞춤 옵션을 제공하는 것도 고려하세요.

이번에는 광고에 사용되는 브랜딩 슬로건의 태그라인을 작성해달라고 요청해 보겠습니다.

임산부 원피스를 위한 눈길을 끄는 태그라인 5개를 한국어로 작성해 줘

1. "떠오르는 엄마의 새로운 스타일"
2. "아름다운 엄마, 아름다운 드레스"
3. "작은 삶의 시작, 아름다운 드레스로 기념하세요"
4. "엄마와 아기 모두 예쁘게"
5. "맘 편한 착용감으로 아름다운 임신기간 보내세요"

요청대로 5개의 태그라인을 작성해 주었습니다. 더 많은 후보군을 원한다면 새로운 답변을 계속해서 요청하는 방식으로 후보군을 늘려갈 수 있습니다. 이번에는 ChatGPT에게 역할극을 요청하여 광고의 헤드라인과 바디카피를 작성해 달라고 요청해 보겠습니다.

너는 이제 광고카피라이터야. 넌 임산부를 위한 원피스를 광고하려고 하고 있어. 눈에 띄고, 고객의 관심을 끄는 광고의 헤드라인, 서브카피, 바디카피, 리드카피를 매력적이고 상세하게 한국어로 작성해줘.

제목: 건강한 임신을 위한 최적의 드레스

서브카피: 편안한 착용감과 고품질 소재로 만든 임신부 전용 드레스

바디카피:
당신과 아기의 건강을 위해, 우리는 최고의 소재와 디자인을 사용하여 임신 중인 여성을 위한 드레스를 만들었습니다. 편안한 착용감과 피부 친화적인 소재로 제작되어 있어, 임신 기간 내내 건강하고 행복한 마음으로 착용할 수 있습니다.

이 드레스는 탄력성이 뛰어나 편안하게 착용할 수 있도록 디자인되었으며, 여러 스타일과 색상으로 구성되어 다양한 상황에 맞춰 입을 수 있습니다. 최적의 핏으로 디자인된 이 드레스는 성장하는 배에도 편안하게 맞아 임신 기간 내내 신축성을 유지합니다.

리드카피:
당신의 건강과 아기의 건강을 생각한 우리의 임신부 드레스는 믿을 수 있는 선택입니다. 임신 중인 여성이 건강하고 스타일리시하게 착용할 수 있는 드레스를 찾고 있다면, 우리의 제품을 추천합니다. 지금 바로 확인해보세요!

지금까지 ChatGPT를 마케팅에 사용하기 위한 몇 가지 방법을 정리해 보았습니다. 이처럼 ChatGPT는 텍스트 생성과 관련된 수많은 일에 다양한 방법으로 사용될 수 있습니다.

1.3 ChatGPT의 한계

ChatGPT는 몇 가지 구조적 한계가 있습니다. 이번 절에서는 ChatGPT의 한계를 파악하여 ChatGPT 서비스를 개발할 때 주의할 점을 파악해 보겠습니다.

1. ChatGPT는 실시간 학습 능력이 없습니다.

ChatGPT에게 사용자의 입력을 제공하는 것을 프롬프트(Prompt)라고 합니다. 앞으로의 설명에서 프롬프트는 사용자의 입력을 나타냅니다. ChatGPT와 프롬프트로 대화를 하고 있으면, 마치 ChatGPT가 실시간으로 학습하는 것처럼 느껴질 수 있습니다. 다음은 저자가 ChatGPT에게 삼행시를 알려주는 과정입니다.

ChatGPT야 나와 삼행시를 해볼래?

좋아요! 어떤 주제로 삼행시를 만들어 볼까요?

홍길동이라는 단어로 삼행시를 해줘

홍길동, 유명한 인물
영웅적 모습으로 전해지는 이야기가
수많은 사람들의 마음을 사로잡아

그러나 홍길동, 실제로는
일상에서 마주치는 어려움에도 불구하고
꿋꿋한 인내로 살아가는 모습이 더욱 멋진 인물

너는 삼행시를 이해하지 못한 것 같아. 맞니?

제가 이해하지 못한 것 같네요. 죄송합니다. 삼행시란 세 줄로 이루어진 시 형식으로, 첫 번째와 두 번째 줄에는 5개의 음절이 들어가고, 세 번째 줄에는 7개의 음절이 들어가는 것이 일반적입니다. 다시 도전해 볼까요?

아니야. 삼행시란 각 음절로 시작하는 시를 짓는 것을 말하는 거야.
예를 들어 이지안이라는 단어로 삼행시를 만들면

이제는 널 볼 수 없지만
지금도 널 사랑해
안녕이라는 인사조차 못 해 아쉬워

이렇게 만드는 거야. 홍길동으로 삼행시를 만들어줘.

네, 이해했습니다. 다시 한번 홍길동으로 삼행시를 만들어 보겠습니다.

홍자매가 흘린 눈물이
길을 따라 흐르네
동방에 희망이 떠오른다

위 대화를 보면 ChatGPT가 처음에는 삼행시를 이해하지 못했지만, 예시를 제안하자 삼행시를 성공적으로 생성해 냅니다. 이처럼 ChatGPT는 잘못된 답변에 대해 지적하면 이를 반영하여 개선된 답변을 제안합니다. 이러한 상황 때문에 ChatGPT가 실시간으로 학습하고 있다고 착각할 수 있지만, 새로운 채팅창을 열거나 다른 사용자가 같은 요청을 하면 ChatGPT는 다시 삼행시의 의미를 기억하지 못합니다. 이처럼 ChatGPT가 이어지는 대화 안에서 마치 실시간 학습을 한 것처럼 보이는 현상을 인컨텍스트 러닝(In-context learning)이라고 합니다.

인컨텍스트 러닝은 답변할 때마다 바로 이전 질문뿐만 아니라 이전 대화들을 고려하여 답변하는 것으로, 영구적으로 기억하는 학습과는 엄연히 다르므로 추후에 다시 사용할 때를 대비하여 현재의 ChatGPT에게 미리 교육시키는 행동은 의미가 없습니다.

ChatGPT는 이미 2021년 데이터를 기준으로 학습이 끝난 모델이며, 이후의 데이터는 학습되지 않았습니다. ChatGPT를 특정 사용자의 비서나, 개인화된 추천 시스템으로 사용하고자 한다면 이 점을 반드시 고려해야 합니다.

2. ChatGPT가 알고 있는 지식의 기간은 2021년까지입니다.

ChatGPT에게 2022년 이후에 일어난 사건과 관련된 정보를 물어보면 잘못된 정보를 대답할 가능성이 높습니다. ChatGPT의 데모 사이트에 언급돼 있듯이, ChatGPT는 2021년까지의 정보를 기반으로 학습됐으며, 이후의 사건 및 업데이트는 반영되지 않았습니다. 따라서 최신 정보를 얻기 위해서는 신뢰할 수 있는 출처나 업데이트된 자료를 참고하는 것이 좋습니다.

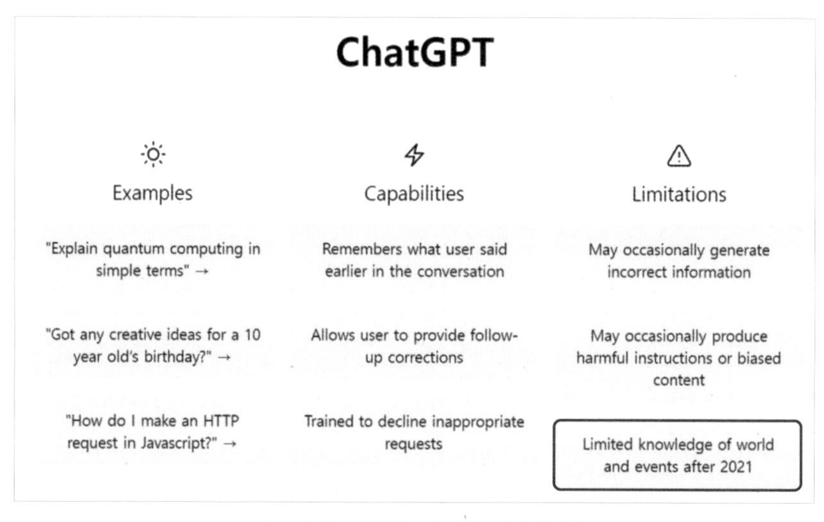

그림 1.13 ChatGPT가 알고 있는 지식의 기간

3. ChatGPT는 정보를 검색하지 않습니다.

ChatGPT는 2021년까지의 데이터로 학습되었지만, 학습하지 못한 데이터가 있을 수 있고, 학습한 데이터라고 하더라도 기존의 검색 엔진처럼 원문을 그대로 가져오는 구조가 아닙니다. 따라서 구글이나 네이버와 같은 검색 엔진을 통해 손쉽게 찾을 수 있는 지식이나 상식에 해당하는 지식에 대해서도 ChatGPT가 잘못된 답변을 할 가능성이 있습니다. 특히 충분히 검증할 수 없는 상황이라면, 사실이 중요한 질문을 ChatGPT에게 하는 것은 적절하지 않습니다. 단, 플러스 회원(유료 사용자)은 Web browsing 기능을 통해 웹 정보를 탐색할 수 있습니다.

4. ChatGPT는 숫자에 약합니다.

언어 모델인 ChatGPT를 포함한 많은 언어 모델들은 특성상 숫자와 관련된 문제를 해결하는 데에는 상대적으로 약한 편입니다. 이는 언어 모델이 다음에 올 확률이 가장 높은 단어를 선택하며 텍스트를 작성하는 모델이기 때문입니다. 따라서 계산 문제뿐만 아니라, ChatGPT가 생성한 텍스트에서 수치가 지나치게 크거나 작다고 느낄 수 있습니다. 이러한 특성을 고려하여 숫자와 관련된 문제를 제시할 때나, ChatGPT가 생성한 텍스트에 수치 정보가 포함돼 있을 때는 ChatGPT가 틀릴 수 있음을 염두에 두고 사용해야 합니다.

5. ChatGPT의 거짓말, 할루시네이션에 주의해야 합니다.

언어 모델은 가장 확률이 높은 답변을 생성하지만, 그 답변의 진실 여부를 판단하는 능력은 없습니다. 이로 인해 언어 모델이 문맥적으로는 그럴듯하지만, 거짓된 사실을 섞어서 생성하는 경우가 있는데, 이러한 현상을 할루시네이션(hallucination)이라고 합니다. 할루시네이션은 ChatGPT뿐만 아니라 다른 언어 모델에서도 문제점으로 지적되고 있으며, ChatGPT가 작성한 답변에는 항상 거짓이 포함돼 있을 수 있으므로 사실 여부가 중요한 경우에는 ChatGPT의 답변을 완전히 신뢰하거나 의존해서는 안 됩니다. 예를 들어, 보고서 작성이나 논문 작성, 법령, 의사의 진단과 같은 분야에서는 ChatGPT에게 완전히 의존해서는 안 됩니다.

You
조선을 세운 광개토대왕이 왕건과 대립한 왕건의 난에 대해서 설명해줘

ChatGPT
조선을 세운 광개토대왕이 왕건과 대립한 왕건의 난은 광개토대왕 13년(918)에 발생한 내란 사건으로, 새로운 왕조를 세운 광개토대왕의 왕위 유지를 위한 중대한 시련 중 하나였습니다.

왕건은 이전에 신라와 고려를 정복하며 거세한 군주로 떠오르고, 이에 따라 광개토대왕의 지위를 위협하게 됩니다. 왕건은 지금의 경상남도 진주시 지역에서 병력을 모아 광주로 진출하여 왕위를 노리고, 이를 알게 된 광개토대왕은 군대를 동원하여 반격합니다.

전투는 광주 근처에서 벌어졌으며, 광개토대왕의 군대는 왕건의 대규모 군사력을 상대로 압도적인 승리를 거두며 왕건을 격퇴합니다. 이후 왕건은 지하감옥에 가둬져 사형되었습니나.

왕건의 난은 광개토대왕의 왕위 유지를 위한 중대한 시련이었으며, 이전의 신라와 고려를 정복하며 권력을 확장한 왕건의 출현으로 인해, 광개토대왕의 지위와 왕권에 대한 위협이 커졌습니다. 이에 대한 대응으로, 광개토대왕은 왕건의 난 이후 지방 통치 체계를 강화하고, 특히 중앙 집권화를 추진하여 왕권을 강화하는 등의 노력을 기울였습니다. 이후 조선은 대통령 체제가 도입될 때까지 강력한 중앙집권 국가로 유지되었습니다.

그림 1.14 할루시네이션의 예시

6. 이미지를 인식하거나 생성할 수 있는 능력은 없습니다.

ChatGPT는 뛰어난 인공지능 모델이지만, 현재까지는 이미지를 인식하거나 생성하는 능력을 갖추고 있지 않습니다. 일부 편법으로 이미지를 생성하도록 유도할 수는 있지만, 이미지 생성 모델이 아니기 때문에 제한적인 성능을 보입니다. ChatGPT와 같은 인공지능 모델이 가야 하는 방향이기에 추후에는 이미지 생성 기능이 추가될 수 있지만, 현재는 제공하지 않는 기능이므로 이미지 생성에 특화된 인공지능 모델인 DALL·E나 미드저니(Midjourney), 스테이블 디퓨전(Stable Diffusion)의 사용을 권합니다. 단, 플러스 회원(유료 사용자)은 DALL·E 및 Vision 기능을 통해 이미지 인식 및 생성을 할 수 있습니다.

7. ChatGPT는 사고하는 능력이 없습니다.

ChatGPT는 인공지능 언어 모델로서 인간이 하는 방식으로 생각하는 능력이 없습니다.

의식이나 주관적인 경험도 없으며, 언어 모델로서 방대한 양의 정보를 처리한 후 인간의 대화를 시뮬레이션하는 방식으로 입력에 응답하도록 설계되었습니다. ChatGPT는 인터넷에 있는 수많은 텍스트 데이터를 학습한 것을 기반으로 주어진 프롬프트에 가장 그럴듯한 답변을 생성합니다. 그렇기 때문에 ChatGPT에게 철학적이거나 논쟁이 많은 질문, 미래를 예측하는 질문을 했을 때, 사람의 지식을 벗어난 특별한 방향성을 제안해 주기를 기대하는 것은 적절하지 않을 수 있습니다.

8. ChatGPT의 한글과 영어의 성능 차이

ChatGPT는 한글 질문에도 충분히 잘 동작하지만, 국내에서 만든 모델이 아니기 때문에 한글과 영어를 사용했을 때의 성능 차이가 있을 수 있습니다. 여기서 성능 차이란 답변의 속도뿐만 아니라 답변의 정확도나 텍스트의 질과 같은 것을 모두 포함합니다.

또한, 한글로 요청할 때는 답변이 중간에 잘리는 경우가 많은 것에 비해, 영어로 요청할 때는 이런 현상의 발생 횟수가 현저히 적습니다. 이는 ChatGPT 내부적으로 사용할 수 있는 텍스트의 최대 길이가 정해져 있으며, 비슷한 길이의 영어 문장과 한글 문장이 있더라도 ChatGPT는 한글을 훨씬 긴 텍스트로 판단하기 때문에 발생하는 문제입니다. 이러한 이유로 한글 요청에 대한 답변이 만족스럽지 않을 때는 해당 문장을 영어로 번역한 후에 요청하면 더 나은 답변을 받을 가능성이 높습니다. 다음은 동일한 내용이지만 영어로 요청했을 때 더 상세한 답변을 보여주는 예시입니다.

엑셀을 업무에 사용하면 어떤 점이 좋아?

Excel은 다양한 비즈니스 작업에서 사용될 수 있는 강력한 도구입니다. 이를 사용하면 데이터를 쉽게 관리하고 분석하고 시각화할 수 있습니다. 또한 Excel은 자동화된 작업, 예를 들면 매크로와 VBA를 사용하여 반복적인 작업을 자동화할 수 있습니다. 이를 통해 업무 생산성을 높일 수 있습니다. 또한 Excel은 사용이 간단하며 대부분의 사람들이 익숙합니다. 이를 통해 쉽게 데이터를 공유하고 협업할 수 있습니다.

What are the advantages of using Excel at work?

영어 답변 번역

Excel은 작업 환경에서 많은 이점을 제공합니다. 첫째, 데이터 입력, 분석 및 시각화와 같은 다양한 작업에 사용할 수 있는 다목적 도구입니다. 또한 사용자 친화적이고 널리 사용되므로 사용자를 도울 수 있는 풍부한 정보와 리소스가 있습니다.

또한 Excel을 사용하면 정렬, 필터링 및 그룹화를 포함하여 데이터를 쉽게 구성하고 조작할 수 있습니다. 또한 복잡한 계산 및 분석을 수행하는 데 사용할 수 있는 다양한 기능과 공식을 제공합니다. 이렇게 하면 이러한 작업을 수동으로 수행하는 것에 비해 시간을 절약하고 오류 가능성을 줄일 수 있습니다.

Excel은 또한 팀 환경에서 특히 유용할 수 있는 데이터 및 문서의 손쉬운 공동 작업 및 공유를 허용합니다. 또한 사용자가 발견한 내용과 통찰력을 다른 사람에게 명확하고 간결한 방식으로 전달하는 데 도움이 되는 차트, 그래프 및 기타 시각 자료를 생성하는 기능도 있습니다.

전반적으로 직장에서 Excel을 사용하는 이점은 많고 다양하므로 광범위한 산업 및 직무에 유용한 도구입니다.

답변 속도와 답변의 질적인 측면에서 상대적으로 영어가 우수한 경우가 많으므로 ChatGPT 사용 시에 번역기를 사용하거나 번역 확장 프로그램인 프롬프트지니 등을 사용하는 것을 적극 권장합니다.

참 고 OpenAI Cookbook

OpenAI에서는 프롬프트 테크닉과 OpenAI API를 활용해 수행할 수 있는 예제 코드를 공유하는 OpenAI Cookbook 리포지토리를 제공하고 있습니다.

- OpenAI Cookbook: https://github.com/openai/openai-cookbook

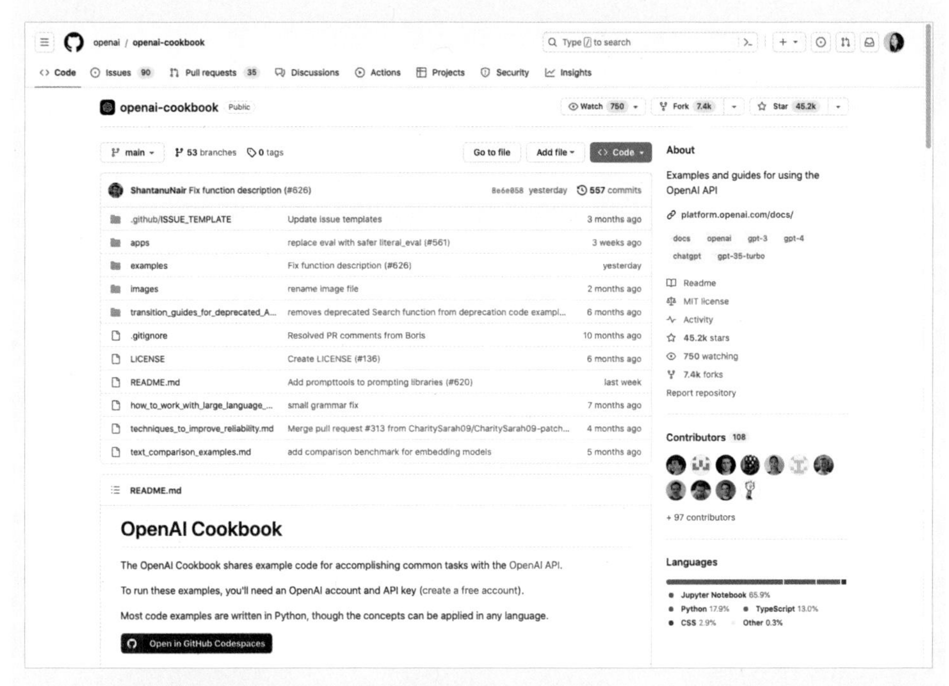

그림 1.15 OpenAI Cookbook

Part 02

ChatGPT API 시작하기

API 사용 요금

API 키 발급하기

실습 환경 조성하기

ChatGPT API 기본 사용 방법

OpenAI에서는 ChatGPT를 기반으로 새로운 애플리케이션을 개발하거나, 기존 서비스에 ChatGPT를 통합할 수 있도록 ChatGPT API를 제공합니다. API는 Application Programming Interface의 약자로, 소프트웨어 애플리케이션을 구축하고 상호 작용하기 위한 규칙과 프로토콜의 집합입니다. ChatGPT API를 활용하면 다양한 애플리케이션에서 ChatGPT를 활용하여 무궁무진한 서비스를 만들 수 있습니다.

API를 사용하여 메시지를 주고받는 방법은 간단합니다. 개발자는 API를 사용하여 OpenAI 서버로 일련의 메시지를 보내고, 서버는 모델에서 생성된 메시지를 응답으로 반환합니다. 이번 장에서는 API를 사용해서 메시지를 보내는 방법과 서버로부터 받은 응답을 처리하는 방법을 자세히 살펴보겠습니다. 또한, 브라우저에서 ChatGPT를 이용할 때는 불가능했던 파라미터를 튜닝하는 방법도 실습해 보겠습니다.

2.1 API 사용 요금

ChatGPT API 서비스는 유료입니다. ChatGPT Plus와는 완전히 별개의 서비스이며, ChatGPT Plus 사용자도 API를 사용하려면 별도의 요금을 지불해야 합니다. API는 월 구독 서비스가 아닌 사용한 양에 따라 요금이 부과됩니다. 최초 가입 시 $5의 크레딧이 제공되며, 이 책의 실습을 따라 하기에는 충분한 양이므로 문제 없이 실습을 진행할 수 있을 것입니다.

또한, OpenAI에서 제공하는 언어 모델마다 별도의 요금 정책이 있습니다. 각 모델별 성능과 요금정책은 다음과 같습니다

- **GPT-4**: GPT-4는 가장 우수한 성능을 가진 모델입니다. OpenAI의 설명에 따르면 GPT-4는 GPT-3.5보다 훨씬 더 안정적이고, 창의적이며, 미묘한 지침을 처리할 수 있다고 소개하고 있습니다. GPT-4 모델은 크게 3가지 유형이 있습니다. 유료 API 사용 시 요금 정책은 다음과 같습니다.
    - **첫 번째 GPT-4 모델(gpt-4)**: 최대 8,192개의 토큰을 처리할 수 있습니다. 이는 GPT-3.5의 최대 길이인 4,097개와 비교하면 두 배의 처리 능력입니다. 프롬프트 토큰(prompt tokens) 1,000개에 대해 $0.03를 부과하며, 완료 토큰(completion tokens) 1,000개에 대해 $0.06를 부과합니다.

- **두 번째 GPT-4 모델(gpt-4-32k)**: 최대 32,768개의 토큰을 처리할 수 있습니다. 프롬프트 토큰(prompt tokens) 1,000개에 대해 $0.06를 부과하며, 완료 토큰(completion tokens) 1,000개에 대해 $0.12를 부과합니다.
- **세 번째 GPT-4 모델(gpt-4-turbo)**: 유일하게 2023년 4월까지의 학습 데이터를 제공하는 모델로, 최대 128,000개의 토큰을 처리할 수 있습니다. 뿐만 아니라 GPT-4 대비 낮은 비용을 부과하여 가성비가 좋은 모델입니다. 프롬프트 토큰(prompt tokens) 1,000개에 대해 $0.01를 부과하며, 완료 토큰(completion tokens) 1,000개에 대해 $0.03를 부과합니다.

- ChatGPT(GPT-3.5): 가장 많이 알려진 모델로, 웹에서 무료로 사용 시 활용되는 모델입니다. ChatGPT의 성능은 davinci와 같지만, 가격은 훨씬 저렴하다고 소개하고 있습니다. 2021년 9월까지의 학습 데이터를 사용했지만, 추가 학습 기능을 제공하여 사용자가 원한다면 최신 데이터로 추가 학습이 가능합니다. ChatGPT 모델은 총 두 가지 유형이 있습니다. 유료 API 사용 시 요금 정책은 다음과 같습니다.
  - **첫 번째 ChatGPT 모델(gpt-3.5-turbo-instruct)**: 최대 4,097개의 토큰을 처리할 수 있습니다. 프롬프트 토큰(prompt tokens) 1,000개에 대해 $0.0015를 부과하며, 완료 토큰(completion tokens) 1,000개에 대해 $0.002를 부과합니다.
  - **두 번째 ChatGPT 모델(gpt-3.5-turbo-1106)**: 최대 16,384개의 토큰을 처리할 수 있습니다. 이는 gpt-3.5-turbo-instruct의 최대 길이인 4,097개와 비교하면 두 배의 처리 능력입니다. 프롬프트 토큰(prompt tokens) 1,000개에 대해 $0.001를 부과하며, 완료 토큰(completion tokens) 1,000개에 대해 $0.002를 부과합니다.
- davinci-002: 가장 뛰어나면서도 유료 전환 시 가장 비용이 많이 드는 제품입니다. 유료 전환 시 토큰 1,000개에 대해 $0.0020를 부과합니다. 뒤에서 설명할 파라미터 값을 조절하면서 좀 더 섬세하고, 전문적인 사용이 필요하다면 davinci를 추천합니다. 하지만 GPT 기본 모델로써 명령어에 최적화되지 않은 한계가 있습니다.
- babbage-002: 짧은 텍스트를 수정하거나 분석하는 수준의 간단한 작업에 적합한 모델입니다. 좋은 작문이 필요한 작업에는 적합하지 않을 수 있습니다. 유료 전환 시 토큰 1,000개에 대해 $0.0004를 부과합니다. 이 모델 또한 GPT 기본 모델로써 명령어에 최적화되지 않은 한계가 있습니다.

자세한 요금 정책은 아래 주소에서 확인할 수 있습니다.

- OpenAI API 요금 정책: https://openai.com/pricing#language-models

토큰 수는 사용하는 언어에 따라 다양합니다. 특히 한국어는 영어에 비해 훨씬 많은 양의 토큰을 사용합니다. 정확한 토큰 수를 확인하고 싶다면 OpenAI에서 공식적으로 제공하는 토큰 수 계산 사이트에 접속하여 문장을 입력하면 토큰의 개수를 확인할 수 있습니다.

- **OpenAI 토큰 계산 사이트**: https://platform.openai.com/tokenizer

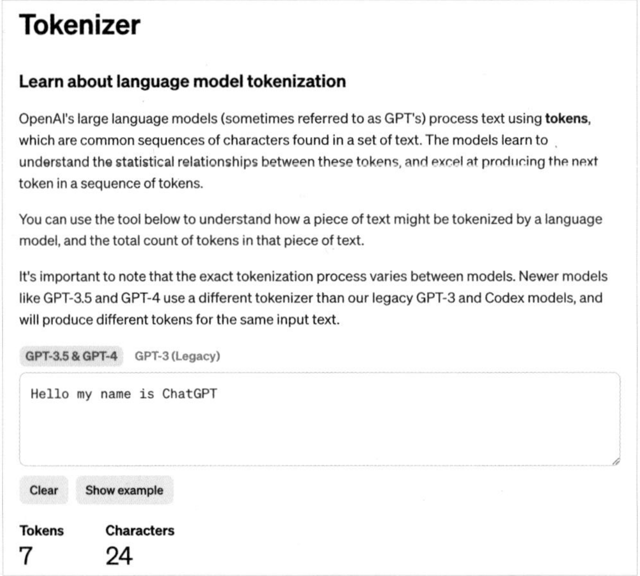

Tokenizer

Learn about language model tokenization

OpenAI's large language models (sometimes referred to as GPT's) process text using **tokens**, which are common sequences of characters found in a set of text. The models learn to understand the statistical relationships between these tokens, and excel at producing the next token in a sequence of tokens.

You can use the tool below to understand how a piece of text might be tokenized by a language model, and the total count of tokens in that piece of text.

It's important to note that the exact tokenization process varies between models. Newer models like GPT-3.5 and GPT-4 use a different tokenizer than our legacy GPT-3 and Codex models, and will produce different tokens for the same input text.

GPT-3.5 & GPT-4 GPT-3 (Legacy)

Hello my name is ChatGPT

Clear Show example

Tokens	Characters
7	24

그림 2.1 문장의 토큰 개수를 확인하는 방법

2.2 API 키 발급하기

OpenAI API를 사용하려면 API 키를 발급받아야 합니다. API 키는 외부 프로그램과 OpenAI 서버가 통신할 때 사용자가 누군지 식별하는 용도로 사용되며, 주민등록번호와 같은 개념입니다. API 키가 노출되면 무단 사용으로 인해 나도 모르는 사이에 요금이 부과될 수 있으므로 항상 보안에 주의해야 합니다. API 키는 횟수에 제한 없이 재발급할 수 있으므로 키가 노출됐다면 재발급하는 것을 권장합니다. API 키를 발급하려면 OpenAI API 홈페이지에 접속해야 합니다.

- **OpenAI API 홈페이지**: https://platform.openai.com/

OpenAI API 홈페이지에 로그인한 다음 화면 왼쪽으로 마우스를 가져가면 메뉴가 펼쳐집니다. 메뉴가 나오면 **[API keys]**를 클릭합니다.

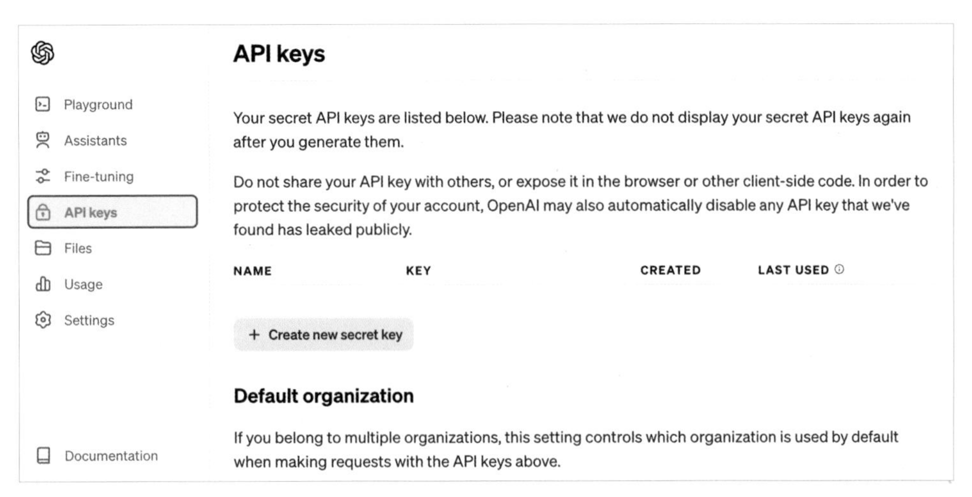

그림 2.2 OpenAI API 홈페이지에서 [View API Keys] 클릭하기

화면 중앙에 있는 [+ Create new secret key]를 클릭하고, Name에 키 이름을 입력한 다음 [Create secret key] 버튼을 클릭해 키를 생성합니다. 키가 생성되면 **[복사]** 아이콘을 클릭해 발급 받은 API 키를 복사합니다.

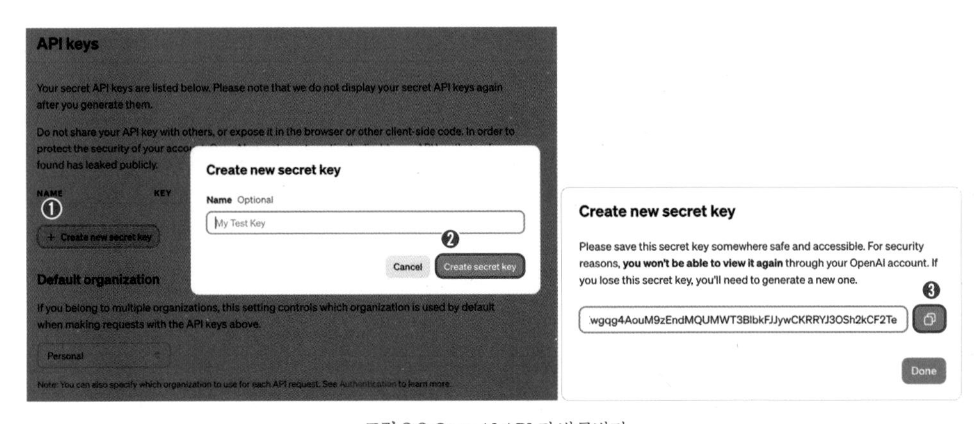

그림 2.3 OpenAI API 키 발급받기

발급받은 API 키는 잘 저장해서 실습 과정에서 사용합니다. 이어서 API 사용량을 확인하는 방법을 살펴보겠습니다. OpenAI API 홈페이지에서 왼쪽 메뉴 영역으로 마우스를 가져간 다음 [Usage]를 클릭하면 다음과 같이 API 사용량을 확인할 수 있습니다.

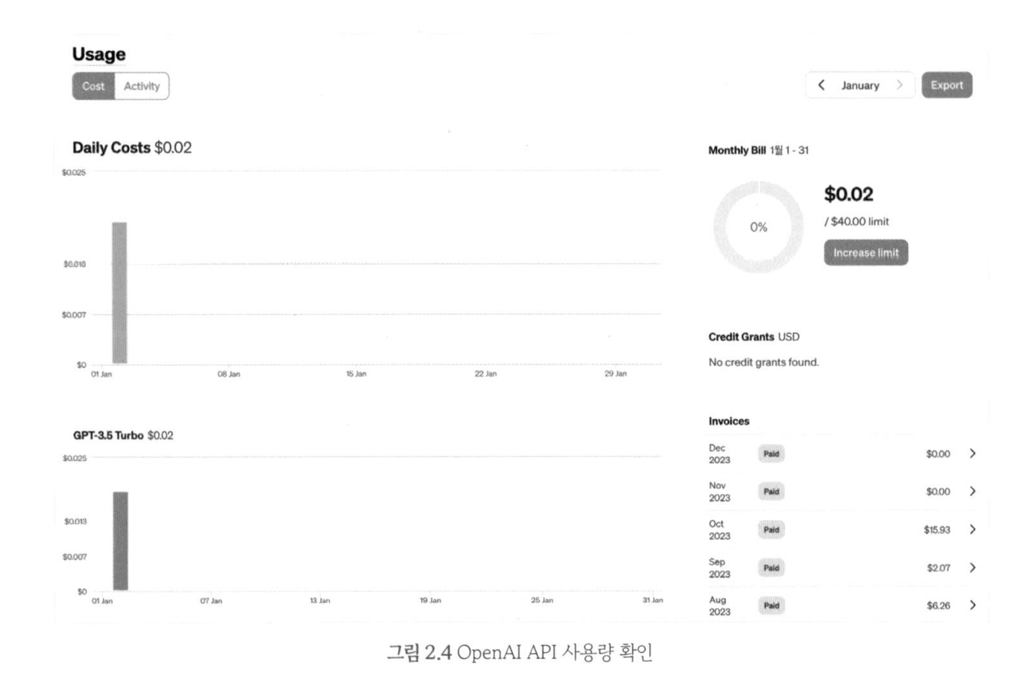

그림 2.4 OpenAI API 사용량 확인

2.3 실습 환경 조성하기

본격적인 ChatGPT API 실습에 앞서 필요한 프로그램을 설치하고, 사용 방법을 알아보겠습니다. 이 책의 모든 실습은 파이썬으로 진행되며, 실습에는 두 가지 도구를 사용할 예정입니다. 기능을 간단하게 확인할 때는 대화형 인터프리터인 구글 코랩(콜라보레이터리)을 사용하고, 복잡하고 소스 코드가 긴 프로그램을 작성할 때는 비주얼 스튜디오 코드(Visual Studio Code) 에디터를 사용할 예정입니다. 지금부터 차근차근 설치를 진행해 보겠습니다.

2.3.1 파이썬 설치하기

파이썬(Python)은 전 세계에서 가장 많이 사용되는 프로그래밍 언어 중 하나로, ChatGPT API와 더불어 다양한 패키지를 지원합니다. OpenAI에서도 공식적으로 파이썬 패키지를 제공하여 파이썬 환경에서 OpenAI API를 편리하게 사용할 수 있도록 지원하고 있습니다. 실습 환경을 조성하기 위해 먼저 파이썬을 설치하겠습니다.

윈도우에서 파이썬 설치하기

파이썬 공식 홈페이지의 다운로드 페이지에 접속한 다음 [Download Python 3.10.4] 버튼[3]을 클릭해 윈도우용 파이썬 패키지를 내려받습니다.

- **파이썬 다운로드 페이지:** https://www.python.org/downloads/

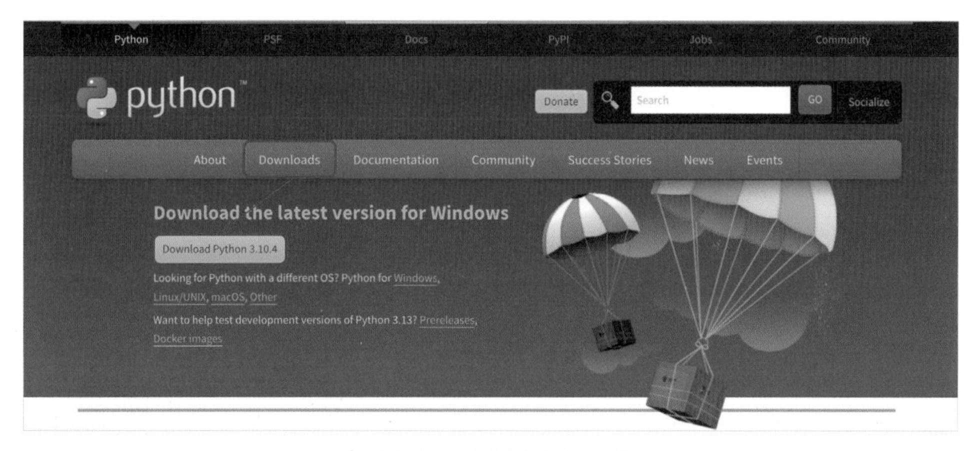

그림 2.5 윈도우용 파이썬 설치 파일 내려받기

내려받은 파일을 더블클릭해 인스톨러를 실행합니다. 파이썬 설치 창이 열리면 파이썬을 어떤 경로에서든 실행할 수 있도록 Add Python 3.10 to PATH 옵션에 체크하고, [Install Now]를 클릭해 설치를 진행합니다. 설치가 완료되면 [Close] 버튼을 클릭해 설치 프로그램을 종료합니다.

3 Download Python 뒤의 숫자는 실습하는 시점에 따라 달라질 수 있습니다. 이 책을 집필하는 시점의 파이썬 버전은 3.10.4입니다.

그림 2.6 파이썬 설치하기

파이썬이 잘 설치됐는지 확인해 보겠습니다. 윈도우 버튼을 누르고 '명령 프롬프트'라고 입력한 다음 **[명령 프롬프트]**를 선택해 명령 프롬프트(cmd) 창을 실행[4]합니다.

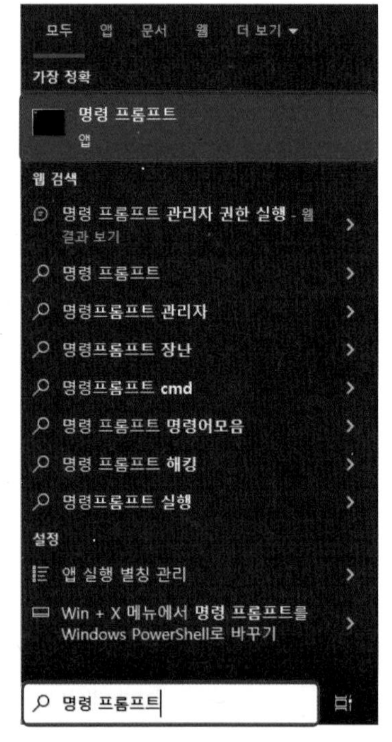

그림 2.7 명령 프롬프트 실행하기

4 또는 윈도우 + R 키를 눌러 실행 창을 실행한 다음, 'cmd'라고 검색해 실행할 수도 있습니다.

명령 프롬프트 창에 다음과 같이 python -V를 입력했을 때, 파이썬 버전이 출력되면 설치에 성공한 것입니다.

```
C:\Users\Zoon> python -V
Python 3.10.4
```

만약 명령어를 제대로 입력했는데도 파이썬 버전이 나타나지 않고 '찾을 수 없는 명령'이라는 오류 메시지가 출력된다면 설치 과정에서 문제가 생긴 것입니다. 이때는 내려받은 설치 파일을 실행한 다음 [Uninstall]을 눌러 삭제하고, 설치를 다시 진행[5]합니다.

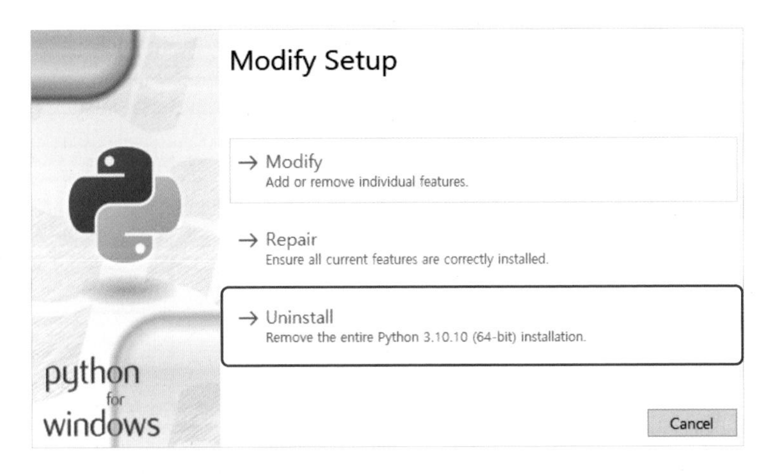

그림 2.8 파이썬 삭제하기

macOS에서 파이썬 설치하기

파이썬 공식 홈페이지의 다운로드 페이지에 접속한 다음 [Download Python 3.10.4] 버튼[6]을 클릭해 macOS용 파이썬 패키지를 내려받습니다.

- **파이썬 다운로드 페이지:** https://www.python.org/downloads/

5 설치를 다시 진행하는 과정에서 Add Python 3.10 to PATH **옵션에 꼭 체크**하세요.

6 Download Python 뒤의 숫자는 실습하는 시점에 따라 달라질 수 있습니다. 이 책을 집필하는 시점의 파이썬 버전은 3.10.4입니다.

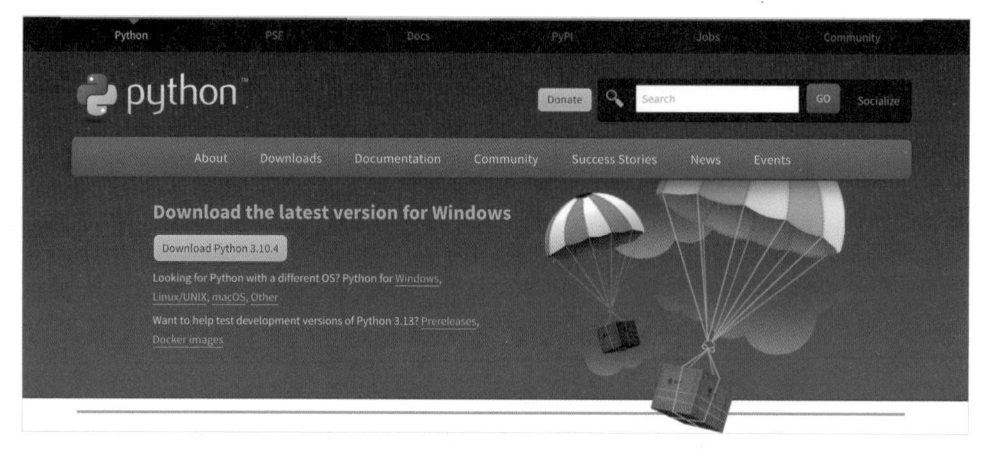

그림 2.9 macOS용 파이썬 설치 파일 내려받기

내려받은 파일을 더블클릭해 인스톨러를 실행합니다. 파이썬 설치 창이 열리면 **[계속]** 버튼을 클릭해 설치를 진행합니다. 설치가 완료되면 **[닫기]** 버튼을 클릭해 설치 프로그램을 종료합니다.

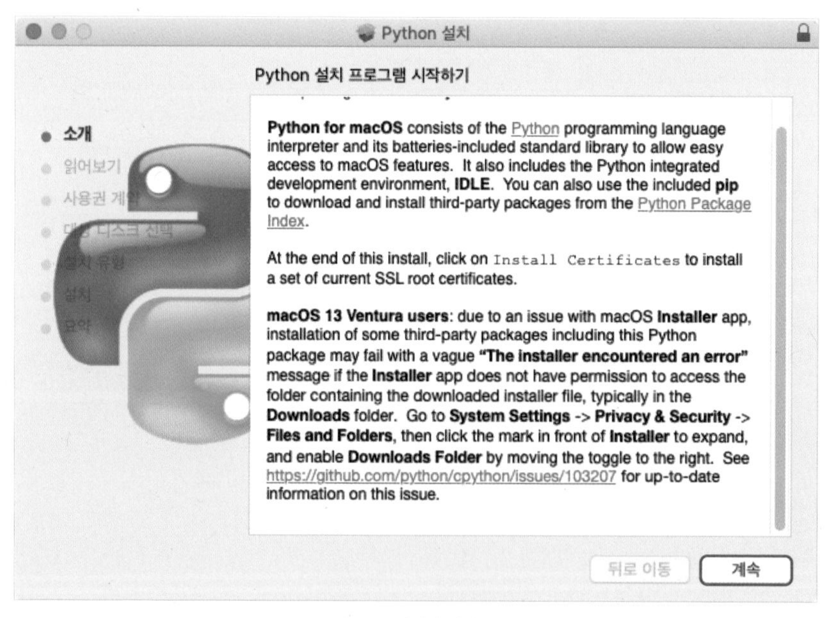

그림 2.10 파이썬 설치하기

파이썬이 정상적으로 잘 설치됐는지 확인해 보겠습니다. 스포트라이트를 실행하고 '터미널'로 검색한 다음 **[터미널]**을 선택해 실행합니다.

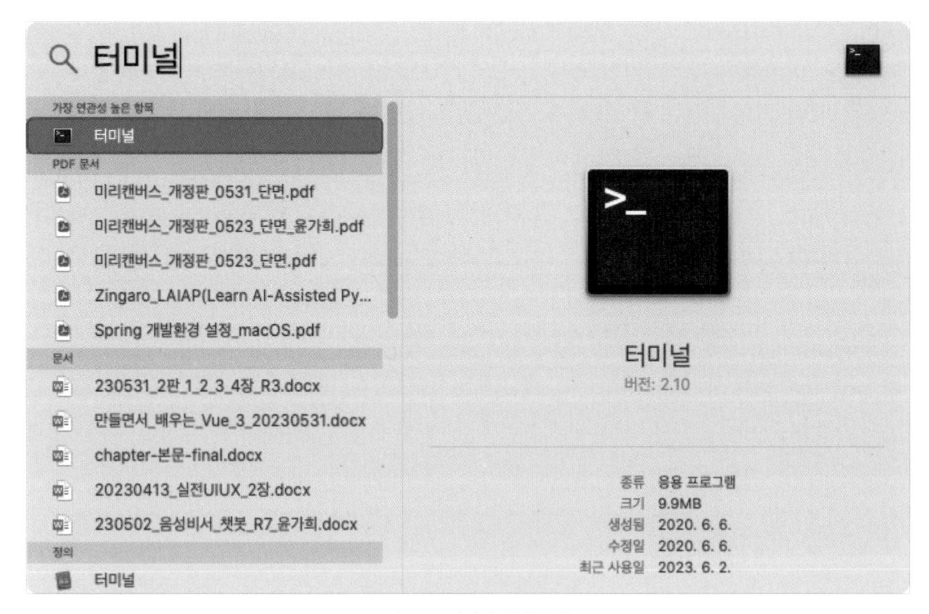

그림 2.11 터미널 실행하기

터미널에 다음과 같이 python3 -V를 입력했을 때, 파이썬 버전이 출력되면 설치에 성공한 것입니다.

```
Junseong@MacBook-Pro ~ % python3 -V
Python 3.10.4
```

2.3.2 파이썬 가상 환경 만들기

파이썬을 활용하여 프로그램을 개발할 때 반드시 알아야 할 개념 중 하나는 파이썬 가상 환경입니다. 파이썬 가상 환경은 독립된 환경을 생성하여 프로젝트별로 패키지 버전을 분리하여 관리하는 고마운 도구입니다. 예를 들어, 두 개의 OpenAI API 프로젝트를 개발 중이라고 가정해 보겠습니다. 이때 각 프로젝트에 필요한 OpenAI 패키지의 버전이 다를 수 있습니다. 이를테면 A 프로젝트에서는 OpenAI 2.1 버전이 필요하고, B 프로젝트에서는 OpenAI 1.2 버전이 필요할 수 있습니다. 이처럼 프로젝트의 패키지 버전이 다르면 하나의 PC에 서로 다른 버전의 OpenAI 패키지를 설치해야 하는 문제가 생깁니다.

이러한 개발 환경은 구축하기도 어렵고, 사용하기도 불편합니다. 가상 환경이 없던 예전에는 이러한 고생을 감수할 수밖에 없었지만, 파이썬 가상 환경을 이용하면 하나의 PC에 독립된 가상 환경을 여러 개 만들 수 있습니다. 즉, A 프로젝트를 위한 가상 환경을 만들어 OpenAI 2.1 버전을 설치하고, B 프로젝트를 위한 가상 환경을 만들어 OpenAI 1.2 버전을 설치해 사용할 수 있습니다.

이처럼 가상 환경을 이용하면 하나의 PC에 서로 다른 버전의 파이썬과 라이브러리를 쉽게 설치해 사용할 수 있습니다. 이 책에서는 챕터별로 별도의 가상 환경을 만들어 개발을 진행하겠습니다.

가상 환경 생성하기

파이썬 가상 환경은 명령 프롬프트를 이용해 생성합니다. 명령 프롬프트를 실행하고, 가상 환경을 만들고자 하는 경로로 이동합니다. 일반적으로 파이썬 스크립트가 위치한 경로에 가상 환경을 생성합니다.

아래 명령어를 입력하여 py_env라는 이름의 가상 환경을 생성합니다.

```
# python -m venv '가상_환경_이름'
C:\> python -m venv py_env
```

※ macOS 사용자는 터미널을 실행하고, python 대신 python3 명령어를 사용합니다.

명령을 잘 수행했다면 경로 안에 py_env 폴더가 생성됐을 것입니다. 이 폴더가 가상 환경이라고 생각하면 됩니다.

가상 환경 진입하기

가상 환경에 진입하려면 앞서 생성한 py_env 가상 환경의 Scripts 디렉터리에 있는 activate 명령을 실행해야 합니다.

```
# 윈도우: 가상_환경_이름\Scripts\activate.bat
# macOS: source 가상_환경_이름/bin/activate
C:\> py_env\Scripts\activate.bat
```

※ macOS 사용자는 source py_env/bin/activate 명령어를 사용합니다.

가상 환경이 성공적으로 활성화되면 프롬프트 창 맨 왼쪽에 가상 환경 이름이 표시됩니다.

```
(py_env) C:\>
```

가상 환경 벗어나기

가상 환경에서 벗어나려면 deactivate 명령어를 입력합니다. 명령이 잘 수행되어 가상 환경에서 벗어났다면 프롬프트 창 왼쪽에 있던 가상 환경 이름이 사라집니다.

```
(py_env) C:\> deactivate
C:\>
```

2.3.3 비주얼 스튜디오 코드 설치하기

프로그램 개발 시 코드 작성을 도와주는 도구를 코드 에디터라고 합니다. 비주얼 스튜디오 코드(Visual Studio Code, 이하 VS Code)는 무료로 사용할 수 있는 파이썬의 대표적인 에디터로, 프로그래머들에게 가장 많은 사랑을 받는 에디터 중 하나입니다. 이 책에서는 음성 비서 만들기와 텔레그램/카카오톡 챗봇 만들기처럼 소스 코드가 긴 예제를 실습할 때 비주얼 스튜디오 코드를 사용할 예정입니다.

지금부터 비주얼 스튜디오 코드를 설치하는 방법을 살펴보겠습니다. 먼저 공식 홈페이지에서 설치 파일을 내려받아 설치를 진행합니다.

- **비주얼 스튜디오 코드 공식 홈페이지:** https://code.visualstudio.com

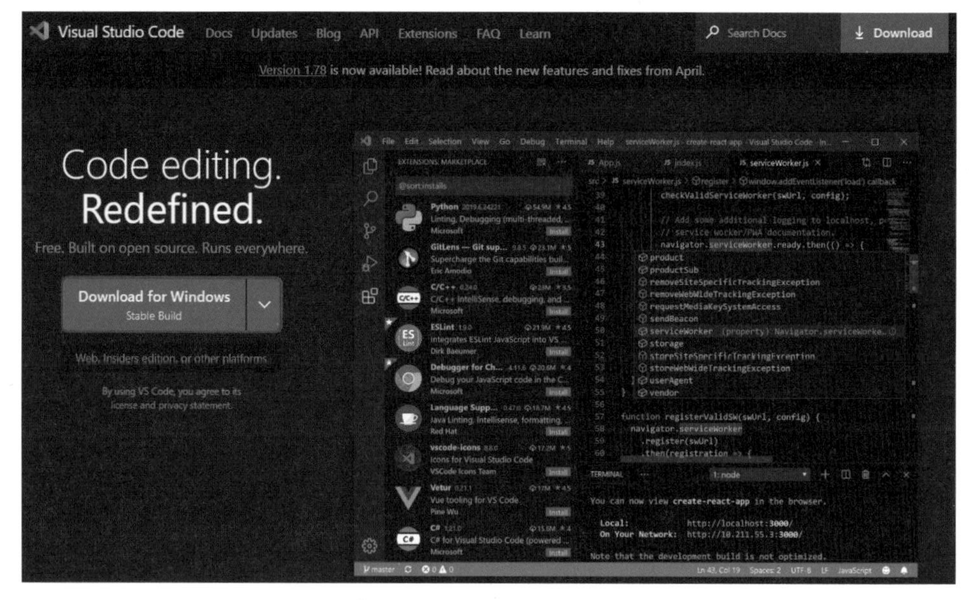

그림 2.12 비주얼 스튜디오 코드 내려받기

비주얼 스튜디오 코드는 파이썬 전용 에디터가 아닙니다. 파이썬 외에 여러 가지 언어를 지원하는 범용 에디터입니다. 따라서 파이썬 코드를 편집하려면 비주얼 스튜디오 코드를 설치한 후에 파이썬 확장 프로그램(Extension)을 설치해야 합니다. 비주얼 스튜디오 코드를 실행하고 왼쪽에 있는 메뉴바에서 [Extension] 버튼을 클릭합니다.

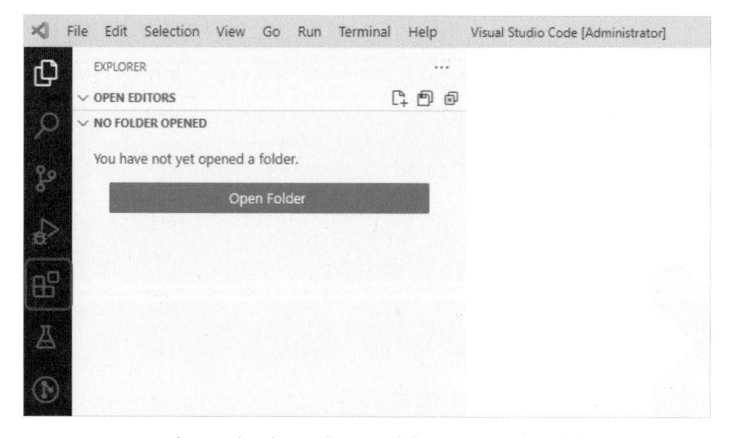

그림 2.13 비주얼 스튜디오 코드에서 Extension 메뉴 선택

검색창에 'python'으로 검색한 다음 맨 위에 나오는 Python 항목의 [Install] 버튼을 클릭해 파이썬 확장 프로그램을 설치합니다.

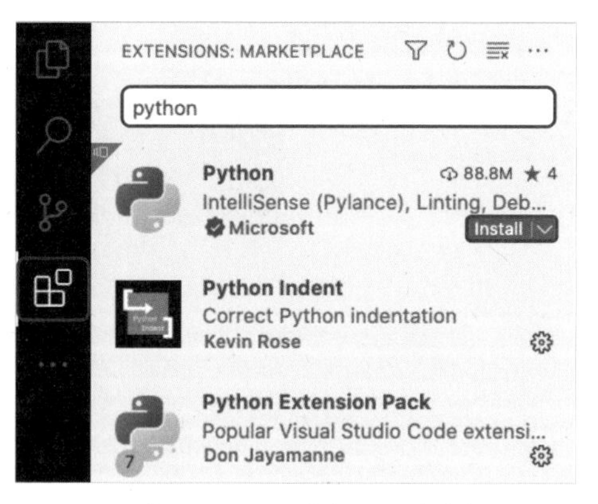

그림 2.14 Python 확장 프로그램 설치

2.3.4 구글 코랩 사용하기

구글에서 제공하는 코랩(콜라보레이터리, Colaboratory)에 접속하면 별도로 파이썬을 설치하지 않고도 파이썬을 실습할 수 있습니다. 구글 코랩은 대화형 인터프리터로, 코드를 한 줄씩 실행하며 실행 결과를 바로 확인할 수 있으며, 무료로 이용할 수 있습니다. 이 책에서는 결과를 바로 확인해야 하는 짧은 코드를 실습할 때 코랩을 사용할 예정입니다.

구글에서 '코랩'으로 검색하거나 아래 주소로 접속합니다.

- **구글 코랩 주소:** https://colab.research.google.com/

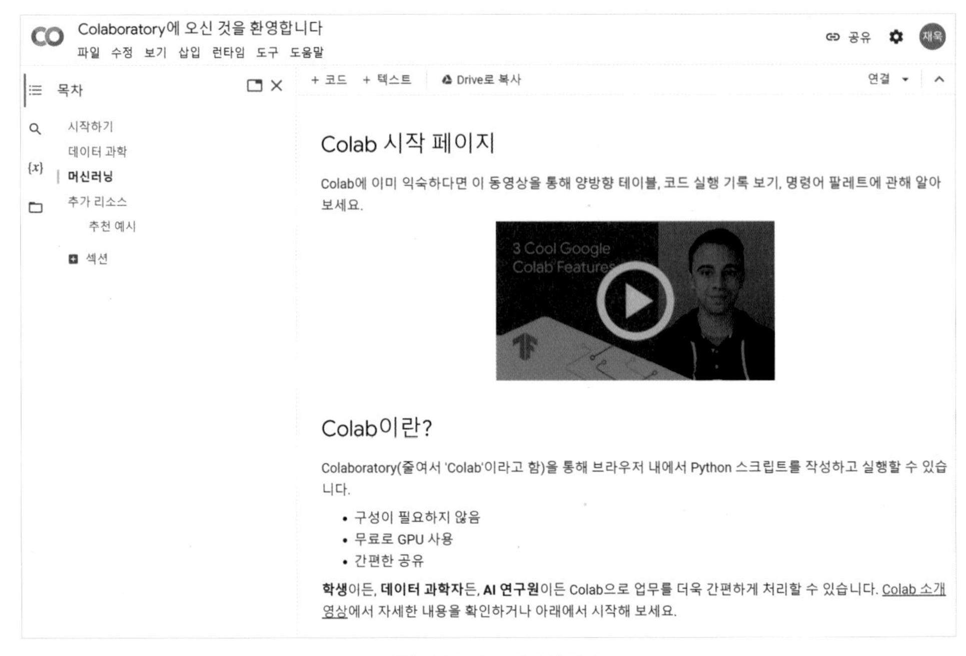

그림 2.15 구글 코랩의 첫 화면

코랩을 사용하려면 구글 아이디가 필요합니다. 구글 아이디가 없다면 회원 가입을 진행하고 로그인을 합니다. 먼저 새로운 노트(파일)를 생성하겠습니다. 왼쪽 상단의 메뉴에서 **[파일]** → **[새 노트]**를 클릭합니다.

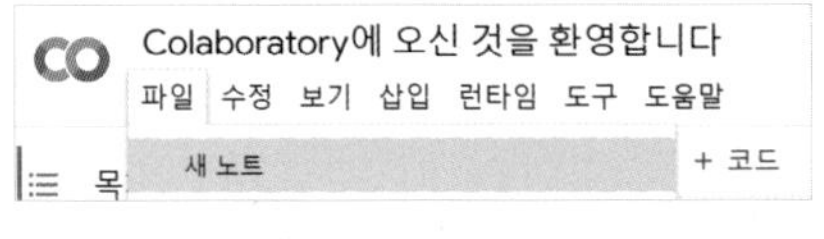

그림 2.16 새 노트 만들기

새 노트를 생성하면 다음과 같은 화면이 나옵니다. '실습 제목'이라고 표시한 부분은 노트의 제목을 설정하는 부분으로 더블 클릭하여 실습에 맞게 제목을 수정합니다. '파이썬 코드 작성'이라고 표시한 부분은 실습 코드를 작성하는 공간입니다. 코드 작성 왼쪽에 있는 **[실행]** 버튼은 코드를 작성한 후에 해당 코드를 실행할 때 클릭하는 버튼입니다. 이 버튼을 클릭하거나 단축키 Shift+Enter 키를 눌러 코드를 실행할 수 있는데, 일반적으로는 단축키로 실행하는 방법이 편리합니다. 이제 '파이썬 코드 작성'이라고 표시한 부분에 3 + 5를 작성하고 Shift+Enter 키를 눌러 실행해 봅시다.

그림 2.17 코랩 실습 환경

다음과 같이 3 + 5가 실행되고 그 아래에 8이라는 결과와 함께 새로운 파이썬 코드를 작성할 수 있는 코드 작성 공간이 다시 생깁니다. 파이썬 코드 작성 공간을 추가로 생성하고 싶다면 상단에 있는 [+ **코드**] 버튼을 눌러 임의로 추가할 수도 있습니다.

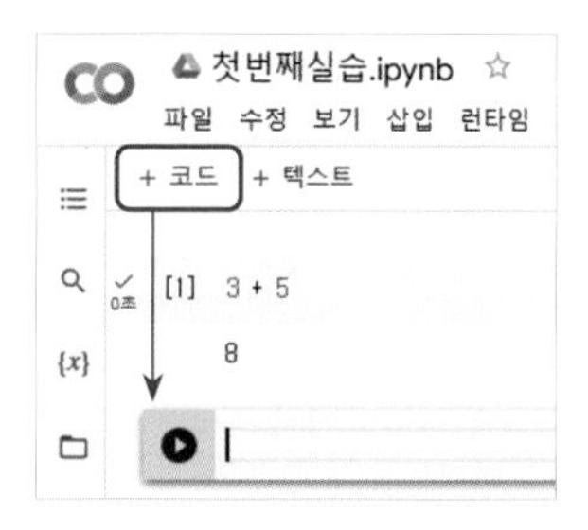

그림 2.18 코랩 실습 환경에서 파이썬 코드 실행하기

2.4 ChatGPT API 기본 사용 방법

이번 절의 실습은 구글 코랩 환경에서 진행하겠습니다. 구글 코랩의 왼쪽 상단 메뉴에서 [**파일**] → [**새 노트**]를 클릭해 새로운 노트(파일)를 생성하고, 노트 이름을 'ChatGPT_API_실습'으로 변경합니다.

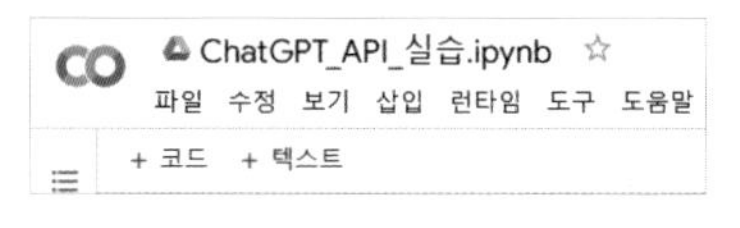

그림 2.19 API 실습 노트 생성

OpenAI ChatGPT API를 사용하려면 openai 라이브러리를 설치해야 합니다. 다음 명령어를 입력해 openai 라이브러리를 설치합니다.

```
!pip install openai
```

명령어를 실행하면 다음과 같이 openai 라이브러리가 설치됩니다. 이 과정은 코랩 환경에 OpenAI에서 제공하는 기능들을 설치하는 과정입니다.

```
[1] !pip install openai

    Collecting openai
      Downloading openai-1.6.1-py3-none-any.whl (225 kB)
         ━━━━━━━━━━━━━━━━━━━━━━━━━━━━━━━━━━━━━━━━ 225.4/225.4 kB 1.8 MB/s eta 0:00:00
    Requirement already satisfied: anyio<5,>=3.5.0 in /usr/local/lib/python3.10/dist-packages (from openai) (3.7.1)
    Requirement already satisfied: distro<2,>=1.7.0 in /usr/lib/python3/dist-packages (from openai) (1.7.0)
    Collecting httpx<1,>=0.23.0 (from openai)
      Downloading httpx-0.26.0-py3-none-any.whl (75 kB)
         ━━━━━━━━━━━━━━━━━━━━━━━━━━━━━━━━━━━━━━━━ 75.9/75.9 kB 5.5 MB/s eta 0:00:00
    Requirement already satisfied: pydantic<3,>=1.9.0 in /usr/local/lib/python3.10/dist-packages (from openai) (1.10.13)
    Requirement already satisfied: sniffio in /usr/local/lib/python3.10/dist-packages (from openai) (1.3.0)
    Requirement already satisfied: tqdm>4 in /usr/local/lib/python3.10/dist-packages (from openai) (4.66.1)
    Collecting typing-extensions<5,>=4.7 (from openai)
      Downloading typing_extensions-4.9.0-py3-none-any.whl (32 kB)
    Requirement already satisfied: idna>=2.8 in /usr/local/lib/python3.10/dist-packages (from anyio<5,>=3.5.0->openai) (3.6)
    Requirement already satisfied: exceptiongroup in /usr/local/lib/python3.10/dist-packages (from anyio<5,>=3.5.0->openai) (1.2.0)
    Requirement already satisfied: certifi in /usr/local/lib/python3.10/dist-packages (from httpx<1,>=0.23.0->openai) (2023.11.17)
    Collecting httpcore==1.* (from httpx<1,>=0.23.0->openai)
      Downloading httpcore-1.0.2-py3-none-any.whl (76 kB)
         ━━━━━━━━━━━━━━━━━━━━━━━━━━━━━━━━━━━━━━━━ 76.9/76.9 kB 4.2 MB/s eta 0:00:00
    Collecting h11<0.15,>=0.13 (from httpcore==1.*->httpx<1,>=0.23.0->openai)
      Downloading h11-0.14.0-py3-none-any.whl (58 kB)
         ━━━━━━━━━━━━━━━━━━━━━━━━━━━━━━━━━━━━━━━━ 58.3/58.3 kB 4.9 MB/s eta 0:00:00
    Installing collected packages: typing-extensions, h11, httpcore, httpx, openai
      Attempting uninstall: typing-extensions
        Found existing installation: typing_extensions 4.5.0
        Uninstalling typing_extensions-4.5.0:
          Successfully uninstalled typing_extensions-4.5.0
    ERROR: pip's dependency resolver does not currently take into account all the packages that are installed. This behaviour is the source of t
    llmx 0.0.15a0 requires cohere, which is not installed.
    llmx 0.0.15a0 requires tiktoken, which is not installed.
    tensorflow-probability 0.22.0 requires typing-extensions<4.6.0, but you have typing-extensions 4.9.0 which is incompatible.
    Successfully installed h11-0.14.0 httpcore-1.0.2 httpx-0.26.0 openai-1.6.1 typing-extensions-4.9.0
```

그림 2.20 OpenAI 라이브러리 설치

실행 결과의 마지막 부분에서 'Successfully installed openai'라는 문구를 확인했다면 라이브러리가 잘 설치된 것입니다. `import openai`로 라이브러리를 불러옵니다. 그다음 `openai.OpenAI(api_key = "api key 입력")`를 활용하여 OpanAI API에 접근할 수 있는 클라이언트 객체를 생성합니다. 이때 `api_key = "api key 입력"` 부분에는 2.2절 'API 키 발급하기(34쪽)'에서 발급받은 OpenAI API 키 값을 입력합니다.

```
import openai

client = openai.OpenAI(api_key = "api key 입력")
```

여기에 2.2절 'API 키 발급하기(34쪽)'에서 발급받은 OpenAI API 키 값을 입력합니다.

2.4.1 기본 질문하기

ChatGPT API를 활용하여 질문하기 위한 기본 형식을 살펴보겠습니다. 기본적으로 질문할 때는 `client.chat.completions.create()` 메서드를 활용합니다. 메서드 안에는 모델, 프롬프트 외에도 다양한 파라미터를 지정할 수 있습니다. 웹 브라우저를 활용해

ChatGPT를 사용할 때와 달리, API를 사용할 때는 원하는 대로 파라미터를 조정할 수 있다는 장점이 있습니다.

```
response = client.chat.completions.create(          ─ 질문하기 위한 메서드
    model="gpt-3.5-turbo",                           ┐
    messages=[{"role": "user", "content": "프롬프트 입력"}],
    temperature=1,
    top_p=1,
    presence_penalty=1,
    frequency_penalty=1,
    n=1,                                             ├ 파라미터들
    max_tokens=4000,
    stop=None,
    seed=특정 숫자,
    response_format={ "type": "json_object" },
    tools=사용자 지정 툴,
    tools_choice="auto"                              ┘
)
```

각 파라미터의 의미는 다음과 같습니다.

- **모델(model)**: 사용할 언어 모델을 지정합니다. 모델에 관한 자세한 내용은 2.1절 'API 사용 요금(32쪽)'의 설명을 참고하세요
- **메시지(message)**: 사용자가 입력할 프롬프트가 포함된 리스트입니다. 가장 핵심이 되는 부분으로 메시지를 활용하여 원하는 질문을 하고, 다양한 형태의 메시지 입력을 통해 프롬프트 엔지니어링을 할 수 있습니다. 기본적인 질문 방법은 [{role: "user", "content": "프롬프트 입력"}]과 같이 content 키 안에 질문하고자 하는 프롬프트를 입력하는 방법입니다. 역할을 부여하거나 이어서 질문하는 방법은 다음 절에서 자세히 다루겠습니다.
- **온도 조절(temperature)**: 텍스트의 랜덤성(randomness)과 관련된 파라미터입니다. 온도를 높게 설정하면(최댓값은 2.0) 모델이 생성하는 텍스트가 사람이 보기에는 예측에서 벗어나고 다양하며 창의적으로 보이는 경향을 띕니다. 반면, 온도를 낮게 설정하면 좀 더 전형적이고 보수적인 텍스트를 생성하는 경향을 보입니다. 일반적으로 온도 값은 0.5~1.5 사이의 값을 시작점으로 사용합니다. 적절한 온도 값은 사용자가 어떤 작업을 하고 싶은지, 어떤 프롬프트를 사용하는지에 따라 다르므로 실험적으로 찾는 것이 좋습니다. 설정값의 범위는 0.0~2.0이며, 값을 설정하지 않으면 기본값인 1로 설정됩니다.

- **핵 샘플링(top_p)**: 다음 단어 또는 토큰이 샘플링되는 범위를 제어합니다. 응답을 생성할 때 모델은 다음 토큰의 어휘에 대한 확률 분포를 계산합니다. 예를 들어, top_p를 0.5로 설정하면 모델이 샘플링할 때, 누적 확률이 0.5보다 큰 상위 토큰 중에서만 다음 토큰을 샘플링합니다. top_p를 1.0으로 설정하면 모든 토큰(전체 분포)에서 샘플링하고, top_p를 0.0으로 설정하면 항상 가장 확률이 높은 단일 토큰을 선택합니다. 설정값의 범위는 0.0~1.0이며, 값을 설정하지 않으면 기본값인 1로 설정됩니다.
- **존재 페널티(presence_penalty)**: 단어가 이미 생성된 텍스트에 나타난 경우 해당 단어가 등장할 가능성을 줄입니다. 빈도수 페널티와 달리 존재 페널티는 과거 예측에서 단어가 나타나는 빈도수에 따라 달라지지는 않습니다. OpenAI의 설명에 따르면 이 파라미터 값을 크게 설정할수록 모델이 새로운 주제에 대해 이야기할 가능성이 높아진다고 합니다. 설정값의 범위는 0.0~2.0이며, 값을 설정하지 않으면 기본값인 0으로 설정됩니다.
- **빈도수 페널티(frequency_penalty)**: 모델이 동일한 단어를 반복적으로 생성하지 않도록 설정하는 값입니다. 이 페널티는 어떤 단어가 어느 빈도로 등장했는지에 따라 영향을 받습니다. 빈도수 페널티의 값을 높게 설정하면 모델이 이미 생성한 단어를 다시 생성하는 것을 자제하므로 좀 더 다양하고 중복되지 않은 텍스트를 생성하게 유도할 수 있습니다. 따라서 모델이 특정 단어를 반복하는 경향을 보인다면 빈도수 페널티 값을 높게 설정합니다. 설정값의 범위는 0.0~2.0이며, 값을 설정하지 않으면 기본값인 0으로 설정됩니다.
- **응답 개수(n)**: 입력 메시지에 대해 생성할 답변의 수를 설정합니다. 값을 설정하지 않으면 기본값인 1로 설정됩니다.
- **최대 토큰(max_tokens)**: 최대 토큰 수를 제한합니다. API 사용은 토큰 수에 따라 요금이 부과되므로 최대 토큰 파라미터를 통해 답변의 길이를 조절할 수 있습니다. 값을 설정하지 않으면 모델의 최대 토큰 수에 맞춰 설정됩니다.
- **중지 문자(stop)**: 토큰 생성을 중지하는 문자입니다. stop= ['\n', 'end of text']처럼 문자열 목록으로 값을 설정합니다. 위의 예제에서는 None으로 설정했습니다. None으로 설정하면 따로 중지 문자 설정을 하지 않고 답변을 끝까지 생성합니다.
- **seed**: 시드에 특정 숫자를 입력하면 동일한 질문에 대해 같은 답변을 받을 수 있습니다. 예를 들어 seed 값을 123으로 지정하고 동일한 질문을 두 번 하면 두 번 모두 같은 답변을 받을 수 있습니다. 기본 설정은 None으로 돼 있어 매번 다른 답변을 하도록 설정돼 있습니다.
- **respons_format**: 답변을 JSON 형태로 받고 싶다면 { "type": "json_object" }를 입력합니다. 기본 설정은 None으로 돼 있습니다.
- **tools, tools_choice**: 질문에 대한 답변 내용을 다른 함수와 연결할 때 사용하는 파라미터입니다. tools에는 연결하고자 하는 함수명과 함수 입력값을 지정하는 JSON 구조의 값을 입력하고, tools_choice="auto"로 설정합니다.. 기본 설정은 None으로 돼 있습니다.

참 고 온도 조절(Temperature)과 핵 샘플링(Top P)의 차이점은?

온도 조절과 핵 샘플링은 두 가지 모두 무작위성을 제어하는 데 사용하는 파라미터지만, 방식이 약간 다릅니다. 즉, 모델 출력의 다양성에 미치는 영향이 다릅니다.

온도 조절은 낮은 확률의 토큰을 높은 확률로 만들거나(높은 온도로 설정 시) 낮은 확률로 만들어 다음 토큰 확률의 전체 분포에 영향을 줍니다. 반면 핵 샘플링은 특정 누적 확률을 넘어서지 못하는 낮은 확률의 토큰을 단순히 차단하여 어느 정도의 다양성을 유지하면서 결과의 무작위성을 줄일 방법을 제공합니다. 따라서 핵 샘플링은 온도보다 응답의 다양성을 더 많이 제어할 수 있습니다.

파라미터에 대한 자세한 설명은 OpenAI 홈페이지의 API reference에서 확인할 수 있습니다.

- OpenAI API reference: https://platform.openai.com/docs/api-reference

이번에는 API를 활용하여 "피자를 만드는 방법을 알려줘(Tell me how to make a pizza)"라고 질문해 보겠습니다.

```
response = client.chat.completions.create(        ── 여기에 답변 결과가 담깁니다.
    model="gpt-3.5-turbo",
    messages=[{"role": "user", "content": "Tell me how to make a pizza"}])
print(response)        ── 답변 결과를 출력합니다.
```

결과는 다음과 같이 ChatCompletion이라는 응답 객체 타입으로 출력되며, 답변에 대한 다양한 정보를 담고 있습니다.

```
ChatCompletion(
  id='chatcmpl-8L07P3XCYU2YX6v5Qq8DhULu6lmrV',
  choices=[
    Choice(finish_reason='stop',
    index=0,
    message=ChatCompletionMessage(content='답변내용',
      role='assistant',                          답변 결과 텍스트
      function_call=None,
      tool_calls=None))
  ],
```

```
created=1700016035,
model='gpt-3.5-turbo-0613',
object='chat.completion',
system_fingerprint=None,
usage=CompletionUsage(completion_tokens=305,
  prompt_tokens=15,
  total_tokens=320))
```

사용한 토큰 수

각 정보의 의미는 다음과 같습니다.

- choices: 완료 개체 목록입니다. 실문 시 응답 개수(n)를 1로 설정하면 한 개, 2로 설정하면 2개의 완료 개체가 리스트 형태로 저장됩니다.
- index: 완료 개체의 인덱스입니다.
- message: 모델에서 생성된 메시지 내용입니다. "content"는 답변 내용 "role"은 질문 시 지정한 역할입니다.
- created: 요청한 시점의 타임스탬프입니다.
- object: 반환된 객체의 유형입니다. ChatGPT의 경우 chat.completion 객체로 반환됩니다.
- usage: 질문할 때 사용한 토큰 수, 응답할 때 사용한 토큰 수, 총 사용한 토큰 수를 각각 제공합니다.

위의 답변 결과 중에서 우리에게 필요한 건 답변 결과 텍스트와 소모한 토큰 수입니다. 이 두 개만 발췌해서 확인해 보겠습니다. ChatGPT의 답변 결과는 `response.choices[0].message.content`라는 코드를 통해 얻을 수 있습니다.

```
print(response.choices[0].message.content)
```

결과

```
As an AI language model, I can give you the steps to make a basic pizza.

Ingredients:

- 1 pound pizza dough
- 1 cup tomato sauce
- 2 cups shredded mozzarella cheese
```

```
- 1/2 cup grated parmesan cheese
- Optional toppings: sliced pepperoni, sliced onions, sliced mushrooms, sliced bell peppers, chopped garlic, red pepper flakes, fresh basil leaves
… 생략 …
```

이번에는 소모한 토큰 수를 확인해보겠습니다. 소모한 토큰 수는 `response.usage`로 확인할 수 있습니다.

```
print(response.usage)
```

결과

```
CompletionUsage(completion_tokens=305, prompt_tokens=15, total_tokens=320)
```

이어서 총 얼마의 비용이 발생했는지 계산해 보겠습니다. gpt-3.5-turbo 모델을 사용했고, 해당 모델의 프롬프트 토큰은 1000 토큰당 $0.0015, 완료 토큰은 1000 토큰당 $0.002의 비용이 발생하므로 약 0.837069원을 사용했습니다[7].

```
total_bill = response.usage.prompt_tokens * 0.0015/1000 +
response.usage.completion_tokens * 0.002/1000
print("총 발생 비용 {} 원".format(total_bill * 1323.43))
```

결과

```
총 발생 비용 0.837069 원
```

2.4.2 역할 부여하기

ChatGPT API를 이용해 ChatGPT를 사용할 때는 ChatGPT에게 역할을 지시할 수 있습니다. 여기서 역할 지시란 ChatGPT가 앞으로 답변할 때 해당 역할로서 답변하라는 의미입니다. 앞으로 안내하는 역할 지시 방법은 항상 지시한 역할대로 동작한다는 보장은 없지만, 역할 지시문에 따라 답변 자체의 방향성을 바꿔 버리기도 합니다. 역할을 지시하려면 기존 코드에서 `messages=[]` 안에 `{"role": "system", "content": ""}`를 추가로 작성

7 이 책의 집필 시점을 기준으로 $1를 1323.43원으로 계산하였습니다.

합니다. 예를 들어, ChatGPT에게 친절하게 답변해 주는 비서라는 역할을 부여해 보겠습니다. 코드는 다음과 같습니다.

```
response = client.chat.completions.create(
    model="gpt-3.5-turbo",
    messages=[
        {"role": "system", "content": "너는 친절하게 답변해 주는 비서야"},
        {"role": "user", "content": "2020년 월드시리즈에서는 누가 우승했어?"}]
)
print(response.choices[0].message.content)
```

역할 부여

질문

결과

```
2020년 월드시리즈에서는 미국 메이저리그의 로스앤젤레스 더져스가 탬파베이 레이즈를 대상으로
4승 2패로 승리하여 우승하였습니다.
```

동일하게 로스앤젤레스 더져스가 우승했다는 답변을 합니다. 이전과는 조금 더 상세한 답변이 작성됐지만, ChatGPT는 원래도 동일한 질문에 다른 답변을 하는 챗봇이므로 이것만으로는 역할 지시문이 동작했는지는 알 수 없습니다.

이번에는 역할 지시문에 한국어로 질문해도 영어로 답변하는 챗봇이라는 지시문을 넣어봅시다. 참고로 역할 지시문은 한국어가 아니라 영어로 작성해야 더 잘 동작하는 경향이 있으므로 지시문을 영어로 작성하겠습니다.

```
response = client.chat.completions.create(
    model="gpt-3.5-turbo",
    messages=[
        {"role": "system", "content": "You must only answer users' questions in
English. This must be honored. You must only answer in English."},
        {"role": "user", "content": "2020년 월드시리즈에서는 누가 우승했어?"}
    ]
)
print(response.choices[0].message.content)
```

역할 부여

질문

결과

```
In 2020 World Series, the Los Angeles Dodgers won the championship.
```

역할 지시문에 따라 한국어로 질문했음에도 영어로 답변하는 모습을 확인할 수 있습니다. 이번에는 질문에 대답하는 대신 답변을 거부하고, 사과하는 챗봇을 구현해 보겠습니다.

```
response = client.chat.completions.create(
    model="gpt-3.5-turbo",
    messages=[
        {"role": "system", "content": "You're a chatbot that refuses to answer and
says sorry when users ask questions."},
        {"role": "user", "content": "2020년 월드시리즈에서는 누가 우승했어?"}
     ]
)
print(response.choices[0].message.content)
```

결과

```
I'm sorry, but I can't answer your question.
```

ChatGPT가 질문에 답변하는 것이 아니라 답변을 거부하며 사과하는 모습을 보입니다. 이로써 역할 지시문이 ChatGPT의 행동에 관여하고 있음을 알 수 있습니다.

마지막으로 질문에 답변하는 것이 아니라 번역하는 챗봇이라는 지시문을 주고, 답변을 확인해 봅시다.

```
response = client.chat.completions.create(
    model="gpt-3.5-turbo",
    messages=[
        {"role": "system", "content": "You are a translator that translates users'
inputs. If the input is in Korean, it must be translated into English. This must
be strictly adhered to."},
        {"role": "user", "content": "2020년 월드시리즈에서는 누가 우승했어?"}
    ]
)
print(response.choices[0].message.content)
```

결과

```
Who won the World Series in 2020?
```

ChatGPT가 사용자의 질문에 대답하는 것이 아니라 질문을 영어로 번역하여 답변합니다.

2.4.3 이전 대화를 포함하여 답변하기

ChatGPT는 답변할 때 이전 질문과 답변을 모두 고려하여 답변하는 특징이 있습니다. ChatGPT API를 이용하면 ChatGPT에게 답변을 요청할 때 '앞서 네가 이런 답변을 한 상태였다'는 정보를 전달할 수 있습니다. 이것은 사용자가 가정하는 것이지만, ChatGPT는 마치 과거에 자신이 답변한 것으로 가정하고, 추가 답변을 제공합니다.

이렇게 질문을 작성하려면 `messages=[ ]` 안에 `{"role": "user", "content": ""}`를 작성한 후 `{"role": "assistant", "content": ""}`을 추가로 작성하고, 다시 `{"role": "user", "content": ""}`를 번갈아 작성하면 됩니다. 실제 코드를 통해 확인해 봅시다.

다음 코드에서는 사용자가 ChatGPT에게 "2002년 월드컵에서 가장 화제가 되었던 나라는 어디야?"라고 질문한 후, ChatGPT가 "바로 예상을 뚫고 4강 진출 신화를 일으킨 한국입니다."라고 답변한 상태라고 가정하고, 사용자가 다시 "그 나라가 화제가 되었던 이유를 자세하게 설명해 줘"라고 질문해 보겠습니다.

```
response = client.chat.completions.create(
    model="gpt-3.5-turbo",
    messages=[
        {"role": "user", "content": "2002년 월드컵에서 가장 화제가 되었던 나라는 어디야?"},
        {"role": "assistant", "content": "바로 예상을 뚫고 4강 진출 신화를 일으킨 
한국입니다."},
        {"role": "user", "content": "그 나라가 화제가 되었던 이유를 자세하게 설명해 줘"}
    ]
)
print(response.choices[0].message.content)
```

결과

```
한국이 2002년 월드컵에서 화제가 되었던 이유는 다음과 같습니다.
```

1. 예상치 못한 좋은 성적: 한국은 이전 대회에서는 한 번도 16강을 넘어갈 수 없었지만, 2002년 대회에서는 4강까지 진출하여 세계적인 축구 강국들을 이겨내었습니다. 이러한 좋은 성적은 세계적으로 큰 관심을 불러일으켰습니다.
... 생략...

2.5 OpenAI에서 제공하는 AI 서비스

OpenAI에서는 ChatGPT뿐만 아니라 자연어로 이미지를 생성하는 DALL·E(달리), 이미지를 통해 자연어를 생성하는 Vision, 음성을 텍스트로 분석해주는 Whisper(위스퍼) 등 다양한 생성형 AI 서비스의 API를 제공합니다. 이어지는 3장에서는 Whisper를 활용하여 음성 비서를 만들 예정이고, 4장에서는 DALL·E를 활용하여 텔레그램/카카오톡 메신저에서 이미지를 생성하는 서비스 만들 예정입니다. OpenAI에서 제공하는 API 서비스에 대한 자세한 설명은 다음 사이트에서 자세히 확인할 수 있습니다.

- OpenAI 플랫폼: https://platform.openai.com/

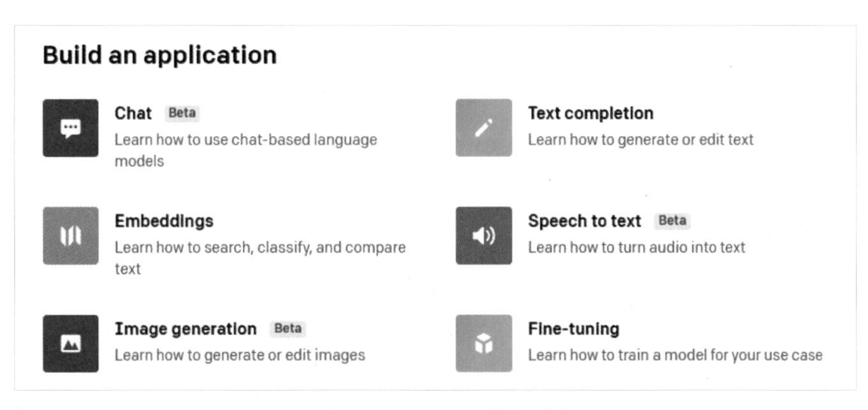

그림 2.21 OpenAI API 서비스 종류

Part 03

나만의 음성 비서 만들기

음성 비서 프로그램 맛보기

음성 비서 프로그램의 구조

개발 환경 구축하기

텍스트를 음성 파일로 변환하는 gTTS 사용법 익히기

음성 파일을 텍스트로 변환하는 Whisper API 사용법 익히기

프로그램 UI를 생성하는 스트림릿 사용법 익히기

스트림릿으로 음성 비서 프로그램의 UI 만들기

음성 파일을 텍스트로 변환하기

ChatGPT API로 질문하고 답변 구하기

gTTS로 답변을 음원 파일로 만들고 재생하기

음성 비서 프로그램 배포하기

애플의 시리(Siri), 아마존의 알렉사(Alexa)처럼 ChatGPT에게 음성으로 물어보고 답변을 받을 수 있다면 얼마나 편리할까요? 이번 장에서는 ChatGPT API와 Whisper API를 활용하여 나만의 음성 비서를 만들어 보겠습니다. 음성 비서는 사용자가 음성으로 질문을 하면 ChatGPT가 음성으로 답변을 제공하는 프로그램입니다. 타이핑하지 않고 음성으로 손쉽게 질문하고 답변 또한 음성으로 얻을 수 있습니다.

3.1 음성 비서 프로그램 맛보기

아래 주소로 접속하면 음성 비서 프로그램을 미리 살펴볼 수 있습니다. 음성 비서 프로그램을 제작하기에 앞서 음성 비서 프로그램이 어떻게 작동하는지 알아보겠습니다.

- **음성 비서 프로그램**: https://wikibook.co.kr/chatgpt-api-voicebot/

다음은 음성 비서 프로그램의 시작 화면입니다. 음성 비서 프로그램의 사용 방법을 살펴보겠습니다.

그림 3.1 음성 비서 프로그램의 시작 화면

이 책의 2.2절 'API 키 발급하기(34쪽)'를 참고하여 OpenAI에서 API를 발급받고, 왼쪽의 OPENAI API 키 입력란에 발급받은 키를 입력합니다.

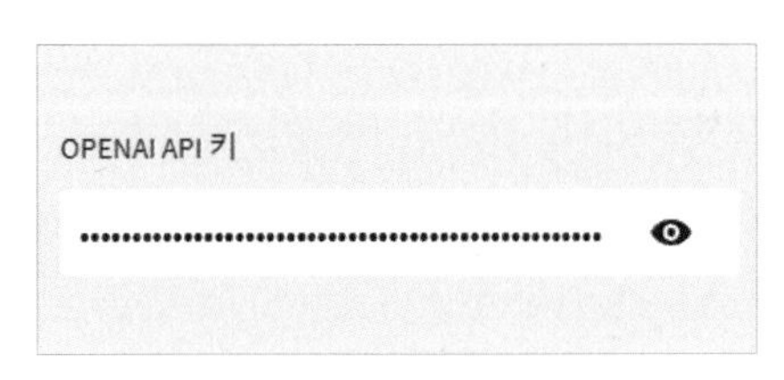

그림 3.2 OPENAI API 키 입력하기

사용하고자 하는 GPT 모델을 선택합니다.

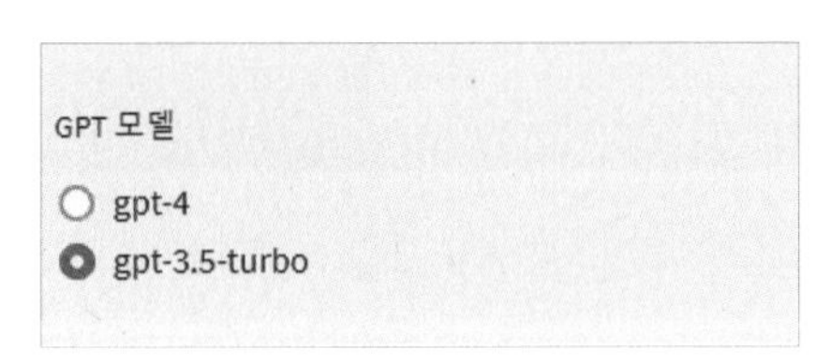

그림 3.3 GPT 모델 선택하기

화면 중간에 있는 **[클릭하여 녹음하기]** 버튼을 클릭한 후, 음성 비서에게 질문을 말합니다. 단, 로컬 PC에 음성 입력이 가능한 마이크 장비가 있어야 합니다. "부자가 되는 법을 알려줘"라고 질문해 보겠습니다.

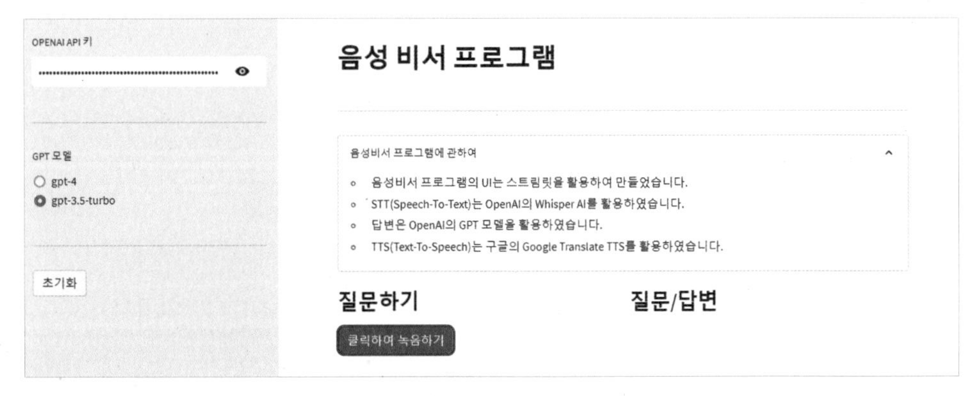

그림 3.4 음성 질문하기

화면에 질문과 답변이 채팅창 형식으로 나오며, 동시에 답변이 음성으로 출력됩니다.

그림 3.5 답변 출력 화면

[클릭하여 녹음하기] 버튼을 다시 클릭하고 추가 질문을 하면 이전 대화 내용에 이어 답변이 출력됩니다. 이때, ChatGPT는 이전 대화 내용을 기억하고 반영하여 답변합니다.

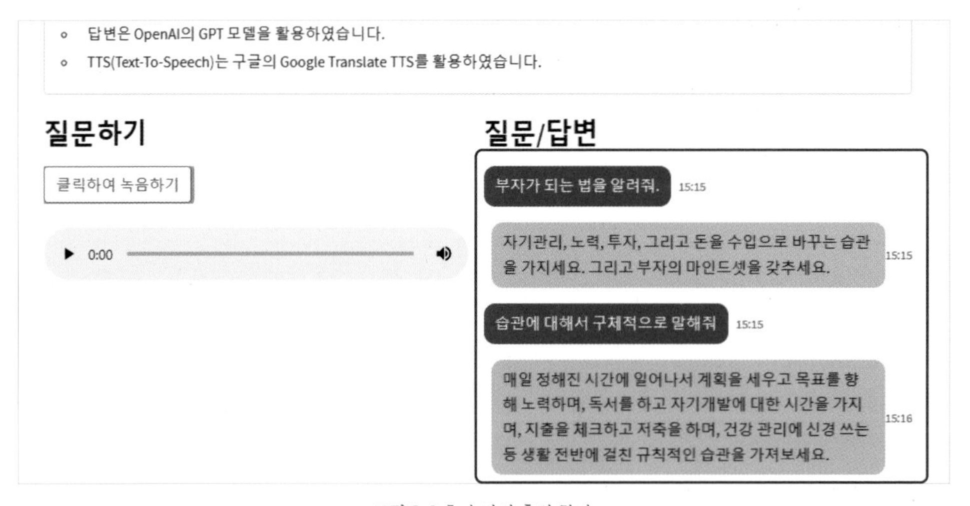

그림 3.6 추가 답변 출력 화면

왼쪽 사이드바에서 [**초기화**] 버튼을 클릭하면 이전 대화 내용을 삭제하고, 질문을 초기화할 수 있습니다.

그림 3.7 질문 초기화하기

3.2 음성 비서 프로그램의 구조

음성 비서 프로그램을 구현하기에 앞서 프로그램의 구조를 파악해 보겠습니다. 음성 비서 프로그램의 구조는 다음과 같습니다.

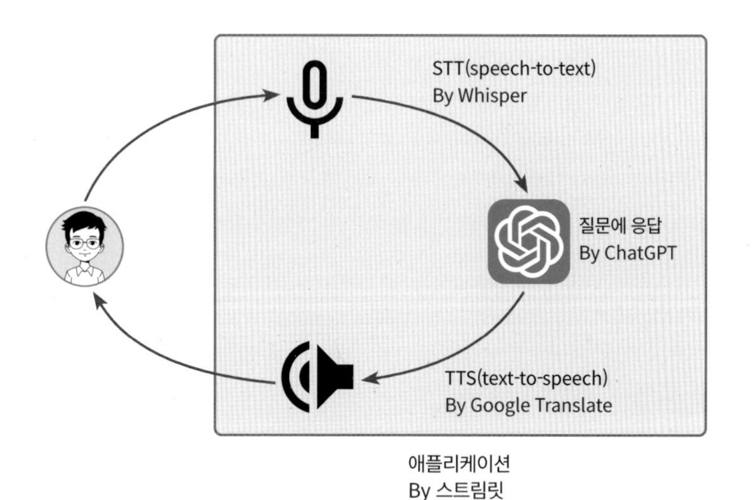

그림 3.8 음성 비서 프로그램 구조

- **웹 애플리케이션 구현: 스트림릿**

  음성 비서 프로그램은 모두 파이썬을 활용하여 제작합니다. 기본적으로 웹 애플리케이션을 간단하게 만들 수 있게 도와주는 라이브러리인 스트림릿(Streamlit)을 활용해 구현합니다. 스트림릿을 활용하면 프런트엔드, 백엔드를 복잡하게 코딩하지 않고도 간단하게 웹 애플리케이션을 구현할 수 있습니다. 스트림릿으로 웹 애플리케이션을 개발하는 방법은 이 책의 3.6절 '프로그램 UI를 생성하는 스트림릿 사용법 익히기(71쪽)'에서 설명합니다.

- **STT(Speech-To-Text): Whisper**

  스트림릿 애플리케이션을 통해 사용자에게 입력받은 음성 파일은 OpenAI 사의 Whisper AI를 활용하여 텍스트 형태로 변환합니다. Whisper를 활용해 음성을 텍스트로 변환하는 방법은 이 책의 3.5절 '음성 파일을 텍스트로 변환하는 Whisper API 사용법 익히기(70쪽)'와 3.8절 '음성 파일을 텍스트로 변환하기(88쪽)'에서 설명합니다.

- **답변 스크립트 생성: ChatGPT**

  텍스트로 변환한 질문은 ChatGPT에 프롬프트로 입력하고, 텍스트 형태로 답변을 받습니다. ChatGPT를 이용해 질문에 대한 답변을 받는 방법은 이 책의 3.9절 'ChatGPT API로 질문하고 답변 구하기(90쪽)'에서 설명합니다.

- **TTS(Text-To-Speech): Google Translate TTS**

  답변 텍스트는 Google Translate TTS API를 활용하여 다시 음성 파일로 변환하고, 최종적으로 스트림릿 애플리케이션 안에서 음성 파일로 재생합니다. Google Translate TTS를 활용해 텍스트를 음성 파일로 변환하는 방법은 이 책의 3.4절 '텍스트를 음성 파일로 변환하는 gTTS 사용법 익히기(67쪽)'와 3.10절 'gTTS로 답변을 음원 파일로 만들고 재생하기(94쪽)'에서 설명합니다.

- **애플리케이션 배포: 깃허브, 스트림릿 클라우드**

  마지막으로 애플리케이션을 전 세계 사용자가 모두 사용할 수 있도록 깃허브(Github)에 코드를 올리고, 스트림릿 클라우드에 배포합니다. 애플리케이션을 인터넷에 배포하는 방법은 이 책의 3.11절 '음성 비서 프로그램 배포하기(98쪽)'에서 설명합니다.

3.3 개발 환경 구축하기

본격적인 개발에 앞서 개발 환경을 준비하겠습니다. 경로 생성부터 가상 환경 생성까지 명령 프롬프트 창을 활용하여 진행합니다.

프로젝트 폴더 생성하기

이 책에서 진행하는 모든 예제는 C 드라이브 안에 chat-gpt-prg 폴더를 만들고, chat-gpt-prg 폴더에서 실습합니다. 폴더를 생성하고 가상 환경을 설치하기 위해 명령 프롬프트 창[8]을 실행합니다.

명령 프롬프트 창에 아래 명령어를 입력해 경로를 C 드라이브로 변경합니다.

```
C:\Users\Zoon> cd\
C:\>
```

C 드라이브에 chat-gpt-prg 폴더를 생성합니다.

```
C:\> mkdir chat-gpt-prg
```

chat-gpt-prg 폴더로 경로를 변경합니다.

```
C:\> cd chat-gpt-prg
C:\chat-gpt-prg>
```

같은 방법으로 chat-gpt-prg 폴더 안에 3장에서 실습할 코드를 모아 둘 폴더인 ch03을 생성하고, 해당 경로로 이동합니다.

```
C:\chat-gpt-prg> mkdir ch03
C:\chat-gpt-prg> cd ch03
C:\chat-gpt-prg\ch03>
```

탐색기에서 C 드라이브를 살펴보면 chat-gpt-prg 폴더와 ch03 폴더가 생성된 모습을 확인할 수 있습니다.

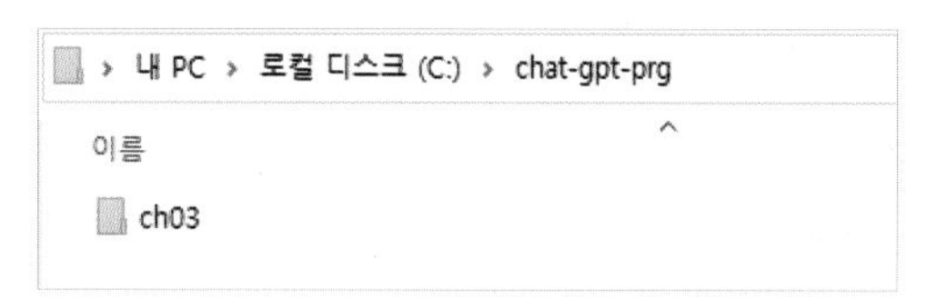

그림 3.9 프로젝트 폴더 생성 화면

8 윈도우에서는 명령 프롬프트를, macOS에서는 터미널을 실행해주세요. 명령 프롬프트 및 터미널을 여는 방법은 이 책의 2.3.1절 '파이썬 설치하기(37쪽)'를 참고해주세요.

가상 환경 생성하기

아래 명령어를 입력하여 ch03_env라는 이름의 가상 환경을 생성합니다.

```
C:\chat-gpt-prg\ch03> python -m venv ch03_env
```

가상 환경이 생성되면 아래 명령어로 가상 환경을 활성화[9]합니다.

```
C:\chat-gpt-prg\ch03> ch03_env\Scripts\activate.bat
```

활성화가 완료되면 프롬프트 창 맨 왼쪽이 가상 환경 이름으로 바뀝니다.

```
(ch03_env) C:\chat-gpt-prg\ch03>
```

VS Code에서 프로젝트 폴더 선택하기

VS Code를 열고, 상단 메뉴에서 [File] → [Open Folder]를 클릭합니다. 앞서 생성한 ch03 폴더(C:\chat-gpt-prg\ch03)를 선택하고, **[열기]** 버튼을 누릅니다.

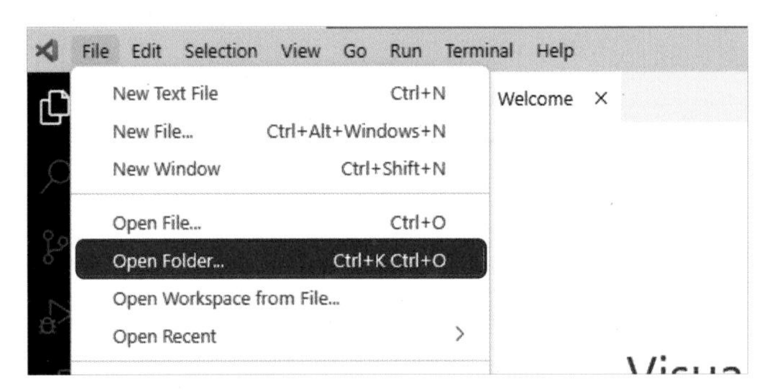

그림 3.10 VS Code의 프로젝트 폴더 선택 메뉴

9 macOS에서는 source ch03_env/bin/activate 명령으로 가상 환경을 활성화합니다.

3.4 텍스트를 음성 파일로 변환하는 gTTS 사용법 익히기

이번 절에서는 텍스트를 음성 파일로 변환하는 TTS(Text-To-Speech)를 살펴보겠습니다. 이 책에서는 TTS 기능을 구현하기 위해 gTTS[10]라는 무료 TTS 패키지를 사용합니다. gTTS는 구글 번역의 음성 재생 기능을 활용한 TTS 서비스로 구글 클라우드에서 지원하는 유료 TTS 서비스[11]와 다른 별도의 패키지입니다. 따라서 별도의 API 키를 입력하지 않아도 패키지만 설치하면 무료로 실행할 수 있습니다.

먼저 다음 명령어로 가상 환경에 gTTS 패키지를 설치합니다.

```
(ch03_env) C:\chat-gpt-prg\ch03> pip install gTTS
```

파이썬 스크립트 생성

먼저 코드를 작성할 파일(파이썬 스크립트)을 생성합니다. VS Code의 왼쪽 EXPLORER에서 마우스 오른쪽 버튼을 클릭하고, [New file]을 클릭해 새로운 파일을 추가합니다. 파일 이름은 `ch03_gTTS_example.py`로 지정합니다.

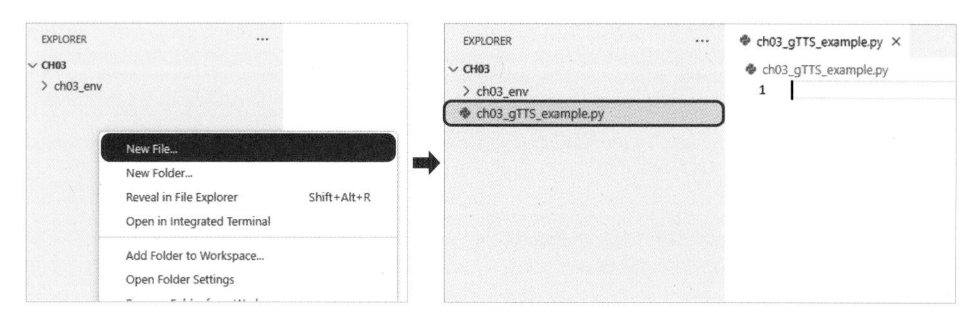

그림 3.11 파이썬 스크립트 생성하기

간단한 실습 코드를 작성해 보겠습니다.

10 gTTS 공식 홈페이지: https://pypi.org/project/gTTS/

11 구글 클라우드의 유료 TTS 서비스: https://cloud.google.com/text-to-speech?hl=ko

예제 3.1 TTS 실습 ch03/ch03_gTTS_example.py

```
01 from gtts import gTTS
02
03 tts = gTTS(text="안녕하세요 음성비서 프로그램 실습 중입니다.", lang="ko")
04 tts.save("output.mp3")
```

01 gTTS 패키지를 불러옵니다.

03 gTTS 메서드의 text에는 음성으로 변경할 텍스트를 입력하고, lang에는 변환할 언어를 선택합니다. lang을 ko로 지정하면 한국인의 말투로 텍스트를 읽습니다. 만약 lang을 en으로 설정하면 한국어를 미국인이 발음 기호에 따라 읽는 어색한 음성이 생성됩니다.

04 음성 파일 형태로 저장합니다.

이어서 작성한 파이썬 코드를 실행해 보겠습니다. 파이썬 코드는 명령 프롬프트 창에서 실행할 수도 있고, VS Code에서 실행할 수도 있습니다.

명령 프롬프트 창에서 파이썬 코드 실행하기

명령 프롬프트 창에서 다음 명령어를 입력해 실행합니다. 이때 스크립트 파일이 있는 경로[12]에서 가상 환경이 활성화[13]되어 있는지 꼭 확인합니다.

```
(ch03_env) C:\chat-gpt-prg\ch03> python ch03_gTTS_example.py
```

- C:\chat-gpt-prg\ch03 — 스크립트 파일이 위치한 경로인지 확인
- (ch03_env) — ch03_env 가상 환경이 활성화 돼 있는지 확인

VS Code에서 파이썬 코드 실행하기

VS Code에서 [View] → [Command Palette](단축키 Ctrl+Shift+P)를 선택한 다음 [Python: Select Interpreter]를 선택하면 설치한 가상 환경들이 보입니다. 그중에서 gTTS를 설치한 가상 환경인 'ch03_env'를 선택합니다. 선택이 완료되면 VS Code 창 오른쪽 아래에서 해당 환경의 이름과 파이썬 버전명을 볼 수 있습니다.

12 현재 위치한 경로가 C:₩chat-gpt-prg₩ch03이 아니라면 'cd c:₩chat-gpt-prg₩ch03' 명령어로 스크립트 파일이 있는 경로로 이동합니다.

13 가상 환경을 활성화하는 방법은 이 책의 3.3절 '개발 환경 구축하기(64쪽)'를 참고해주세요.

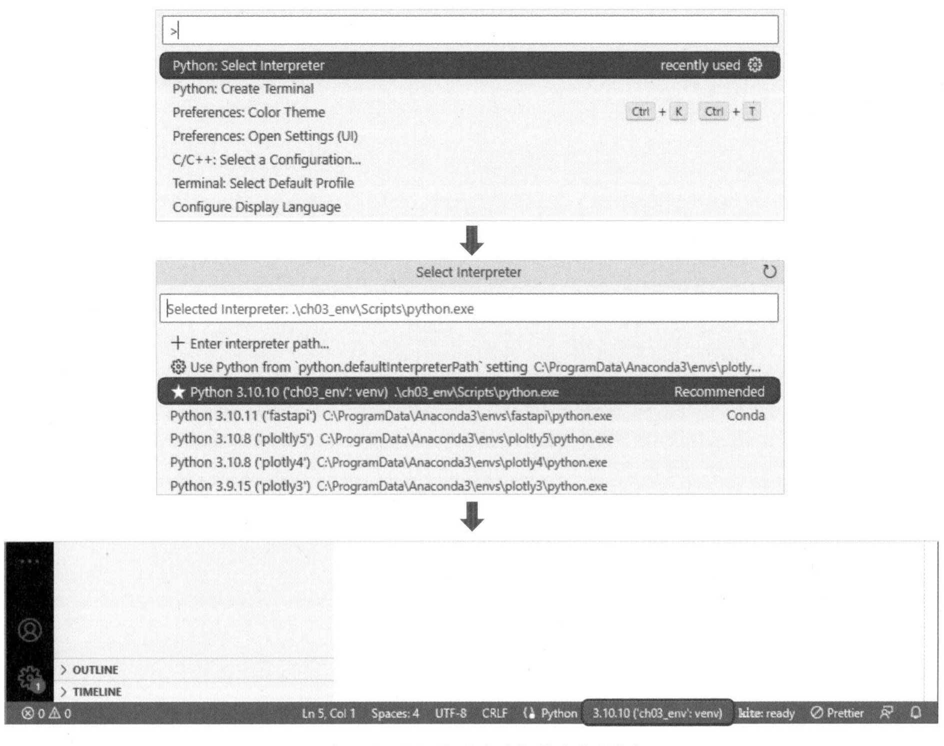

그림 3.12 VS Code에서 가상 환경 설정하기

다시 [View] – [Command Palette](단축키 Ctrl+Shift+P)를 선택한 다음 [Python: Create Terminal]을 클릭[14]하면 VS Code 창 아래에 터미널 창이 생성됩니다. 생성된 터미널 창에서 아래 명령을 실행합니다.

```
(ch03_env) C:\chat-gpt-prg\ch03> python ch03_gTTS_example.py
```

코드를 실행하면 `ch03` 폴더 안에 `output.mp3` 음원 파일이 생성됩니다. 파일을 실행하면 제법 부드러운 목소리의 한국어 음원을 들을 수 있습니다. 이번 절에서 살펴본 TTS 예제는 음성 비서 프로그램에서 ChatGPT의 답변을 음성으로 재생하는 데 활용합니다.

14 명령 팔레트(Command Palette)에 Python: Create Terminal이 보이지 않는다면 'Python: Create Terminal'을 입력해주세요.

3.5 음성 파일을 텍스트로 변환하는 Whisper API 사용법 익히기

이번 절에서는 음성을 분석하여 텍스트를 생성하는 Speech to Text(STT)를 살펴보겠습니다. 이 책에서는 STT 기능을 구현하기 위해 Whisper 서비스를 사용합니다. Whisper란 ChatGPT로 유명한 OpenAI에서 공개한 인공지능 모델로, 음성을 텍스트로 변환해 주는 Speech to Text(STT) 기술입니다. 약 68만 시간 분량의 방대한 데이터를 학습시켜 영어, 한국어를 포함한 다양한 언어를 인식할 수 있으며, 번역 및 언어 식별 기능이 있습니다. Whisper 모델은 오픈소스로 공개돼 있으며 구체적인 모델의 구조는 공식 홈페이지에서 확인할 수 있습니다.

- **OpenAI의 Whisper 공식 홈페이지:** https://openai.com/research/whisper

Whisper API는 ChatGPT와 같은 OpenAI API 키를 사용합니다. 현재 공개된 Whisper API는 whisper-1 모델이며 분당 $0.0006의 요금이 부과됩니다.

실습을 진행하기 위해 ch03 폴더에 파이썬 스크립트를 생성하고, 이름은 ch03_whisper_example.py로 지정합니다.

다음 명령어로 가상 환경에 openai 패키지를 설치합니다.

```
(ch03_env) C:\chat-gpt-prg\ch03> pip install openai
```

예제 3.2 Whisper API의 기본 사용법 ch03/ch03_whisper_example.py

```
01 import openai
02
03 # 모델 생성 및 API 키 입력
04 API_KEY = "API Key"
05 client = openai.OpenAI(api_key = API_KEY)
06 # 녹음 파일 열기
07 audio_file = open("output.mp3", "rb")
08 # whisper 모델에 음원 파일 전달하기
09 transcript = client.audio.transcriptions.create(model = "whisper-1", file = audio_file)
10 # 결과 보기
11 print(transcript.text)
```

여기에 2.2절 'API 키 발급하기(34쪽)'에서 발급받은 OpenAI API 키 값을 입력합니다.

01 openai 패키지를 파이썬 환경으로 불러옵니다.

04 2.2절 'API 키 발급하기(34쪽)'에서 발급받은 OpenAI API 키를 지정합니다.

05 OpenAI API에 접근할 수 있는 클라이언트 객체를 생성합니다.

07 텍스트로 변환할 음원 파일을 바이트 형식으로 읽어옵니다. open() 함수의 두 번째 매개변수로 'rb'를 전달하면 바이트 형식으로 읽어올 수 있습니다.

09 앞서 불러온 오디오 파일을 입력으로 전달해 텍스트로 변환합니다.

11 결과를 출력합니다.

터미널에서 `python ch03_whisper_example.py` 명령어로 코드를 실행[15]하면 변환된 텍스트가 출력됩니다. 따로 한국어로 녹음한 파일이라고 알려주지 않아도 Whisper 모델이 자동으로 한국어로 분류하여 한국어 텍스트로 변환합니다.

결과

```
안녕하세요 음성비서 프로그램 실습 중입니다.
```

이번 절에서 살펴본 STT 예제는 음성 비서 프로그램에서 사용자의 음성 질문을 텍스트로 추출하여 ChatGPT에게 질문하는 데 활용합니다.

3.6 프로그램 UI를 생성하는 스트림릿 사용법 익히기

스트림릿(Streamlit)은 데이터 과학, 머신러닝, 분석 프로젝트를 위한 웹 애플리케이션을 만드는 과정을 간소화하고, 신속하게 웹 애플리케이션을 만들 수 있게 설계된 오픈소스입니다. 사용자가 앱을 사용할 때 실제로 보는 타이틀, 버튼과 같은 UI를 손쉽게 만들 수 있으며, 직관적이고 사용자 친화적인 프레임워크입니다.

스트림릿을 활용하면 웹 개발에 대한 광범위한 지식이 없더라도 간단한 파이썬 스크립트 작성으로 인터랙티브하고 시각적으로 매력적인 애플리케이션을 빠르게 구축할 수 있습니다. 스트림릿의 주요 기능과 장점은 다음과 같습니다.

15 파이썬 코드를 실행하는 방법은 3.4절의 '파이썬 코드 실행하기(68쪽)'를 참고합니다.

- **간단한 사용법**: 스트림릿의 문법은 매우 간단하여 파이썬을 기초 수준으로 이해하는 사용자라면 손쉽게 사용할 수 있습니다.
- **빠른 개발 속도**: 웹 애플리케이션을 빠르게 빌드할 수 있으며, 반복적인 프로토타이핑과 배포 속도를 높일 수 있습니다.
- **뛰어난 인터랙티브 기능**: 스트림릿에 내장된 위젯을 사용하면 최소한의 코딩으로 사용자와 원활한 상호작용이 가능합니다.
- **시각적 사용자 정의 기능**: 스트림릿은 Matplotlib, Plotly, Altair와 같이 널리 사용되는 데이터 시각화 라이브러리를 쉽게 통합할 수 있어 다양한 시각적 사용자 정의가 가능합니다.
- **실시간 업데이트**: 코드를 수정하면 스트림릿 애플리케이션이 자동 업데이트되어 효율적인 개발 환경을 제공합니다.
- **간편한 공유 기능**: 간소화된 배포 프로세스를 제공하여 다른 사용자에게 애플리케이션을 쉽게 공유할 수 있습니다.

3.6.1 스트림릿 설치

스트림릿은 다음과 같이 pip를 활용하여 설치할 수 있습니다. 이때, 앞서 생성한 `ch03_env` 가상 환경 안에서 설치를 진행해야 합니다. 프롬프트 창의 맨 왼쪽이 `(ch03_env)`인지 확인하고, 만약 `(ch03_env)`가 아니라면 3.3절의 '가상 환경 생성하기(66쪽)'를 참고하여 가상 환경을 활성화합니다.

```
(ch03_env) C:\chat-gpt-prg\ch03> pip install streamlit
```

3.6.2 스트림릿 시작하기

스트림릿 설치를 마쳤다면 간단한 코드를 작성해 앱을 실행해 보겠습니다. 실습을 진행하기 위해 `ch03` 폴더에 파이썬 스크립트를 생성하고, 이름은 `ch03_streamlit_example.py`로 지정합니다.

스트림릿 가져오기

스크립트의 첫 줄에 아래 코드를 추가하여 스트림릿 라이브러리를 가져옵니다. 이 코드를 통해 `st`라는 별칭을 사용하여 스트림릿의 함수와 구성 요소에 접근할 수 있습니다.

예제 3.3 스트림릿 가져오기 ch03/ch03_streamlit_example.py

```
import streamlit as st
```

스트림릿 기본 함수

다음은 스트림릿을 시작하는 데 도움이 되는 몇 가지 기본 함수입니다.

- **st.title()**: 앱에 제목을 생성합니다.
- **st.header()**: 앱에 헤더를 생성합니다.
- **st.subheader()**: 앱에 서브헤더를 생성합니다.
- **st.text()**: 앱에 일반 텍스트를 생성합니다.
- **st.write()**: 앱에 텍스트나 데이터를 생성합니다. 이 함수는 다용도로 사용할 수 있으며 텍스트, 데이터 프레임 또는 플롯을 표시할 수 있습니다.

예를 들어, 아래와 같이 코드를 작성해 보겠습니다.

예제 3.4 스트림릿 기본 예제 ch03/ch03_streamlit_example.py

```
01 import streamlit as st
02
03 st.title("나의 첫 번째 Streamlit 앱")
04
05 st.header("Streamlit에 오신 것을 환영합니다")
06 st.subheader("웹 앱을 만들기 위한 강력하고 사용하기 쉬운 라이브러리")
07
08 st.text("이것은 일반 텍스트입니다.")
09
10 st.write("write() 함수를 사용하여 텍스트, 데이터 또는 플롯을 표시할 수도 있습니다.")
```

위에서 소개한 5가지의 기본 함수 외에 다양한 함수는 스트림릿의 공식 홈페이지에서 확인할 수 있습니다.

- **스트림릿 공식 홈페이지**: https://streamlit.io/

앱 실행하기

스트림릿 앱은 파이썬 코드 실행과 같이 명령 프롬프트 창이나 VS Code에서 실행할 수 있습니다. 3.4절 '파이썬 코드 실행하기(68쪽)'를 참고하여 명령 프롬프트 창을 실행하고 아래의 명령어를 입력합니다.

```
(ch03_env) C:\chat-gpt-prg\ch03> streamlit run ch03_streamlit_example.py
```

실행이 정상적으로 완료되면 터미널에 'You can view your Streamlit app in your brower'라는 문구와 함께 스트림릿 앱에 접속할 수 있는 URL 주소가 표시됩니다.

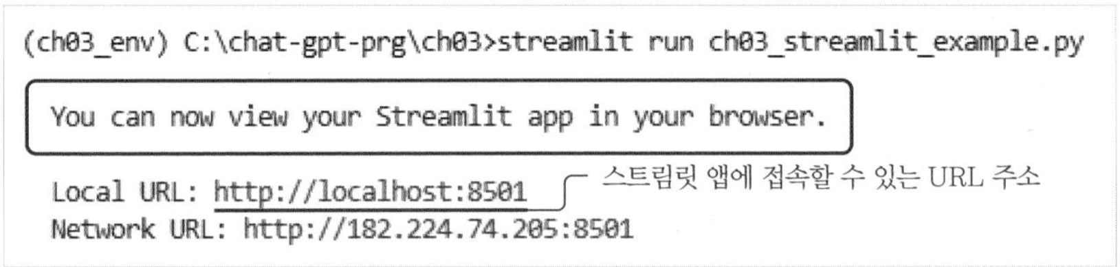

```
(ch03_env) C:\chat-gpt-prg\ch03>streamlit run ch03_streamlit_example.py

  You can now view your Streamlit app in your browser.

  Local URL: http://localhost:8501
  Network URL: http://182.224.74.205:8501
```

스트림릿 앱에 접속할 수 있는 URL 주소

그림 3.13 스트림릿 앱 실행

곧이어 자동으로 브라우저가 열리고 앱이 실행됩니다. 브라우저가 자동으로 열리지 않는다면 브라우저를 실행하고 터미널에서 안내한 Local URL 주소를 입력해 실행합니다. 또한, 터미널에서 안내한 Network URL 주소를 활용하면 같은 네트워크에 있는 PC에서도 앱에 접근할 수 있습니다.

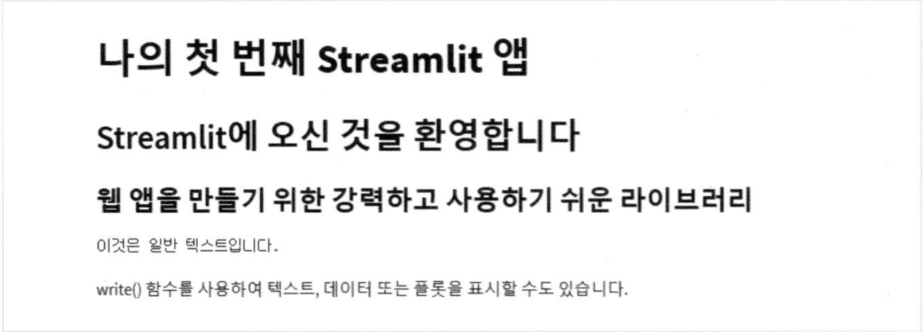

나의 첫 번째 Streamlit 앱

Streamlit에 오신 것을 환영합니다

웹 앱을 만들기 위한 강력하고 사용하기 쉬운 라이브러리

이것은 일반 텍스트입니다.

write() 함수를 사용하여 텍스트, 데이터 또는 플롯을 표시할 수도 있습니다.

그림 3.14 스트림릿 앱 실행 화면

참 고 스트림릿 사용 팁

- 앱을 실행하는 중에 코드를 수정하면 브라우저에서 새로고침을 통해 변경 내용을 바로 반영할 수 있습니다.
- 앱 실행을 종료하려면 프롬프트 창 또는 VS Code 내의 터미널 창에서 Ctrl+C 키를 누릅니다.

지금까지 아주 기본적인 스트림릿 사용 방법을 알아봤습니다. 더 많은 기능과 인터랙티브한 환경을 구축하는 방법은 스트림릿의 공식 홈페이지 문서를 참고하기 바랍니다.

- 스트림릿 공식 문서: https://docs.streamlit.io/

3.7 스트림릿으로 음성 비서 프로그램의 UI 만들기

이번 절에서는 스트림릿을 활용하여 음성 비서 프로그램의 UI를 구현해 보겠습니다. 음성 비서 프로그램은 다음과 같이 크게 세 개의 영역으로 나뉩니다. 각 영역별로 나눠서 코드를 구현하겠습니다.

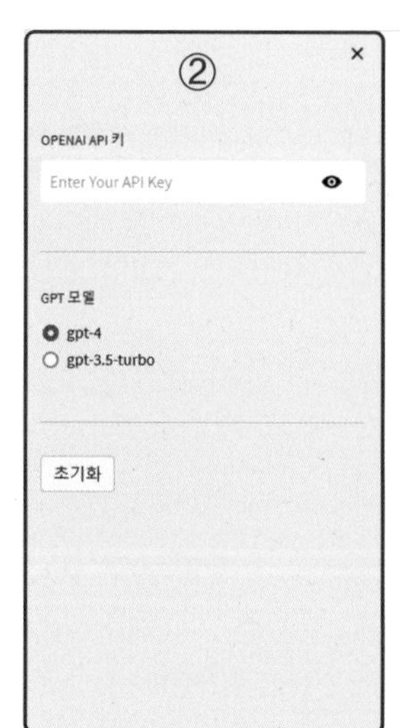

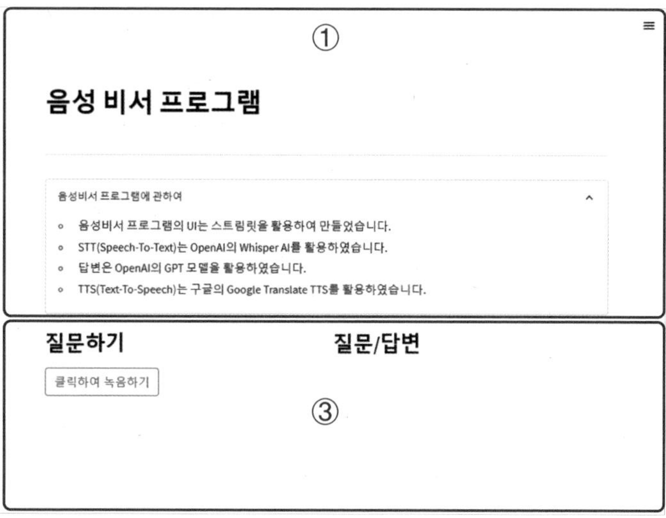

그림 3.15 음성 비서 프로그램의 UI 화면 구성

① **기본 설명 영역**: 제목과 기본 정보를 설명하는 영역입니다.

② **옵션 선택 영역**: OpenAI API 키를 입력받고, GPT 모델을 선택하기 위한 라디오 버튼과 초기화 버튼이 있는 영역입니다.

③ **기능 구현 영역**: 음성을 녹음하고, 녹음한 음성을 재생하는 기능과 이를 채팅창 화면으로 보여주는 영역입니다.

먼저 음성 비서 프로그램을 작성할 파이썬 스크립트를 생성하고, 이름은 `ch03_voicebot.py`로 지정합니다. 새로운 파이썬 스크립트는 왼쪽 EXPLORER 탭에서 마우스 오른쪽 버튼을 클릭하고, [New file]을 클릭해 추가할 수 있습니다.

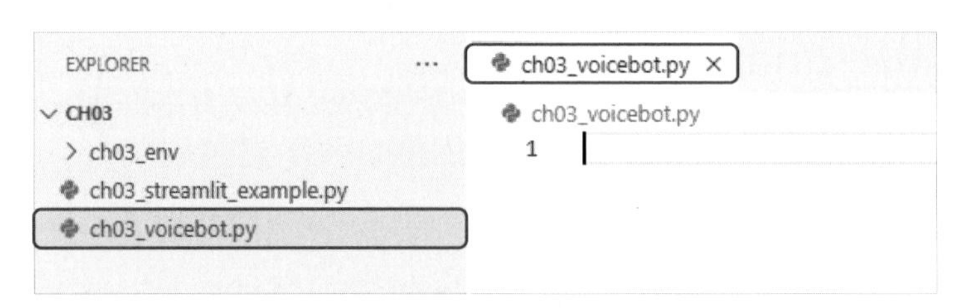

그림 3.16 ch03_voicebot.py 파이썬 스크립트 생성

기본 설명 영역

기본 설명 영역은 프로그램의 제목(title)을 표시하고, 음성 비서 프로그램의 기본 정보를 설명하기 위한 영역입니다. 기본 정보 설명란에는 음성 비서 프로그램을 구현하는 데 어떤 라이브러리를 활용했는지 작성하겠습니다.

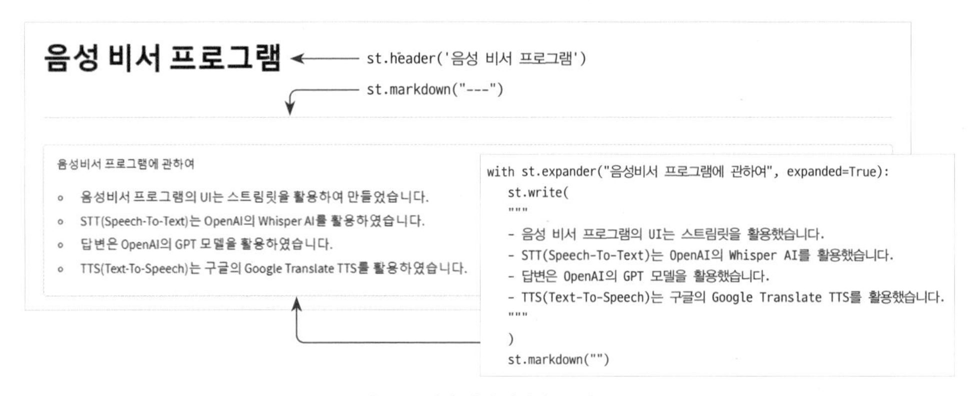

그림 3.17 기본 설명 영역의 UI 및 코드

예제 3.5 기본 설명 영역 구현하기 ch03/ch03_voicebot.py

```
01 import streamlit as st
02 
03 ##### 메인 함수 #####
04 def main():
05     # 기본 설정
06     st.set_page_config(
07         page_title="음성 비서 프로그램",
08         layout="wide")
09 
10     # 제목
11     st.header("음성 비서 프로그램")
12 
13     # 구분선
14     st.markdown("---")
15 
16     # 기본 설명
17     with st.expander("음성비서 프로그램에 관하여", expanded=True):
18         st.write(
19         """
20         - 음성 비서 프로그램의 UI는 스트림릿을 활용했습니다.
21         - STT(Speech-To-Text)는 OpenAI의 Whisper AI를 활용했습니다.
22         - 답변은 OpenAI의 GPT 모델을 활용했습니다.
23         - TTS(Text-To-Speech)는 구글의 Google Translate TTS를 활용했습니다.
24         """
25         )
26 
27         st.markdown("")
28 
29 if __name__=="__main__":
30     main()
```

01 스트림릿 라이브러리를 가져옵니다. 이 코드를 통해 st라는 별칭을 사용하여 스트림릿의 함수와 구성 요소에 접근할 수 있습니다.

04 프로그램이 동작하는 메인 함수를 생성합니다.

06~08 st. set_page_config() 함수를 활용하여 기본 설정을 합니다. 기본 설정에서는 웹 브라우저에 표시할 타이틀과 레이아웃을 설정할 수 있습니다.

- page_title="음성 비서 프로그램": 웹 브라우저의 탭에 표시할 제목을 설정합니다.

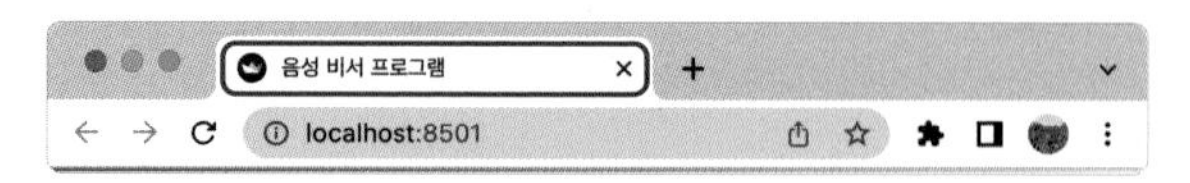

그림 3.18 웹 브라우저의 제목 설정

- layout="wide": 콘텐츠를 넓게 배치하도록 설정합니다.

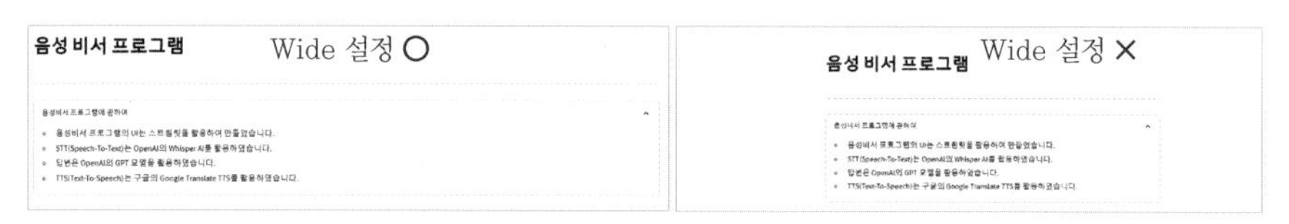

그림 3.19 layout 설정 비교

11 st.header() 함수를 활용하여 제목을 작성합니다.

14 st.markdown("---") 함수를 활용해 제목과 설명 사이를 구분하는 선을 추가합니다. st.markdown() 함수를 활용하면 마크다운 문법으로 페이지에 콘텐츠를 추가할 수 있습니다.

17~27 st.write() 함수를 활용해 프로그램의 설명을 입력합니다. st.write() 함수를 with st.expander()로 감싸 설명 영역에 있는 내용들을 접거나 펼쳐서 볼 수 있게 구현했습니다. 설명 영역의 오른쪽 상단에 있는 화살표를 클릭하면 설명을 접거나 펼 수 있습니다.

그림 3.20 st.expander() 함수 예시

29~30 파이썬 스크립트를 실행하면 해당 부분이 먼저 실행되어 메인 함수가 동작합니다.

명령 프롬프트 창을 실행하고, 앞서 실습했던 스트림릿이 실행 중이라면 Ctrl + C 키를 눌러 스트림릿을 종료합니다. 다시 아래 명령어를 입력해 스트림릿 앱을 실행합니다.

```
(ch03_env) C:\chat-gpt-prg\ch03> streamlit run ch03_voicebot.py
```

옵션 선택 영역

옵션 선택 영역에서는 사용자로부터 세 가지 정보를 받습니다. 첫 번째로 OpenAI API 키를 입력받기 위한 입력 상자가 있습니다. OpanAI API 키는 Wisper와 GPT 모델에 접근하는 데 사용합니다. 두 번째로 라디오 버튼을 활용해 답변에 사용할 GPT 모델을 입력받습니다. GPT 모델에 따라 답변의 성능과 API 사용 요금이 다르기 때문에 사용자가 직접 모델을 선택할 수 있게 구현했습니다. 마지막으로 이전 대화 기록을 삭제하고 새로운 대화를 시작하기 위한 초기화 버튼이 있습니다.

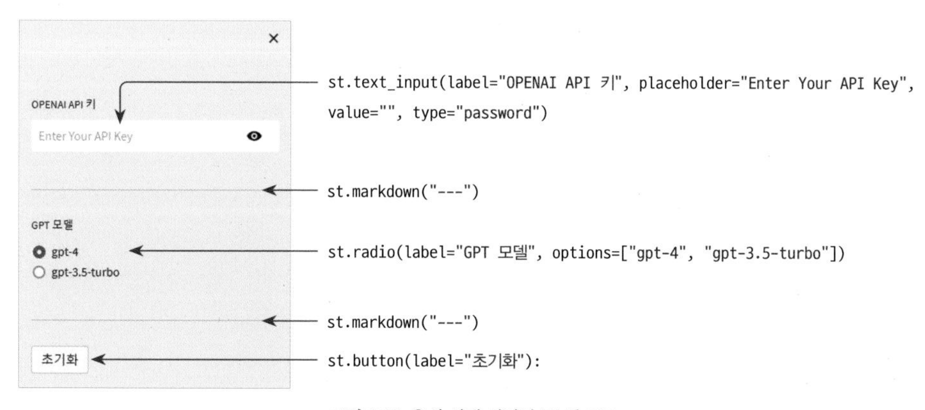

그림 3.21 옵션 선택 영역의 UI 및 코드

예제 3.6 옵션 선택 영역 구현하기 ch03/ch03_voicebot.py

```
01 import streamlit as st
02
03 ##### 메인 함수 #####
04 def main():
05     # 기본 설정
06     ... 생략 ...
```

```
07
08     # 기본 설명
09     ... 생략 ...
10
11     # 사이드바 생성
12     with st.sidebar:
13
14         # Open AI API 키 입력받기
15         st.session_state["OPENAI_API"] = st.text_input(label="OPENAI API 키",
placeholder="Enter Your API Key", value="", type="password")
16
17         st.markdown("---")
18
19         # GPT 모델을 선택하기 위한 라디오 버튼 생성
20         model = st.radio(label="GPT 모델", options=["gpt-4", "gpt-3.5-turbo"])
21
22         st.markdown("---")
23
24         # 리셋 버튼 생성
25         if st.button(label="초기화"):
26             # 리셋 코드
27
28 if __name__=="__main__":
29     main()
```

12 st.sidebar를 활용하여 화면 왼쪽에 사이드바를 생성합니다. with st.sidebar 다음에 들여쓰기하여 작성된 코드는 모두 사이드바 안쪽 공간에 생성됩니다.

15 st.text_input() 함수를 활용해 OpenAI API 키를 입력받기 위한 텍스트 입력창을 생성합니다.

- label="OPENAI API 키": 텍스트 입력 창 위에 표시할 라벨을 지정합니다.
- placeholder="Enter Your API Key", value="": 텍스트 입력 창 안에 표시할 플레이스 홀더(입력받을 내용의 설명 문구)를 지정합니다.
- type="password": 사용자의 비밀번호와 같이 타인에게 노출하면 안 되는 데이터를 입력받을 때 사용합니다. 타입을 password로 지정하면 입력한 값이 ●로 표시됩니다.

- st.session_state["OPENAI_API"] = st.text_input(…): 입력받은 텍스트를 st.session_state["OPENAI_API"]에 저장하여 프로그램에서 openai 패키지를 사용할 때마다 해당 API 키를 사용하도록 설정합니다.

그림 3.22 st.text_input 함수로 만든 텍스트 입력 창

17 st.markdown("---") 함수를 활용해 구분선을 추가합니다

20 st.radio() 함수를 활용해 GPT 모델을 선택하기 위한 라디오 버튼을 생성합니다.

- label="GPT 모델": 라디오 버튼 위에 표시할 라벨을 지정합니다.
- options=["gpt-4" , "gpt-3.5-turbo"]: 추가할 라디오 버튼을 리스트 형태로 입력합니다.
- model = st.radio(…): 선택한 버튼을 model 변수에 저장합니다.

그림 3.23 st.radio 함수로 만든 라디오 버튼

22 st.markdown("---") 함수를 활용해 구분선을 추가합니다

25 st.button() 함수를 활용해 기존 정보를 초기화하기 위한 버튼을 생성합니다.

- label="초기화": 버튼에 표시할 라벨을 입력합니다.
- if st.button(): if 문과 st.button 함수를 함께 사용하면 사용자가 버튼을 눌렀을 때 if 문 안의 코드가 작동하도록 구현할 수 있습니다.

기능 구현 영역

기능 구현 영역은 좌우로 영역을 분리하여 구현합니다. 왼쪽 영역에는 사용자의 음성을 입력하는 버튼과 입력된 음성을 다시 들을 수 있는 버튼을 생성합니다. 오른쪽 영역에는 사용자의 질문과 ChatGPT의 답변을 아이폰의 문자 메시지 형태로 볼 수 있게 구현합니다.

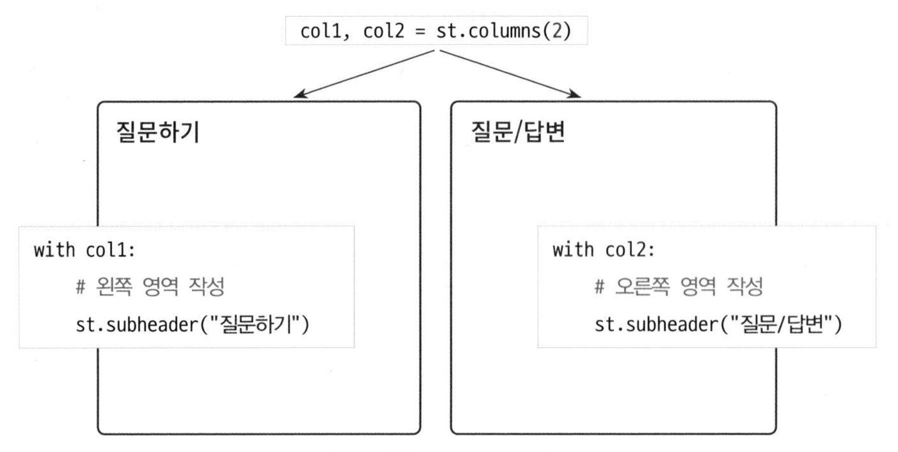

그림 3.24 기능 구현 영역의 UI 및 코드

예제 3.7 기능 구현 영역 구현하기 ch03/ch03_voicebot.py

```
01 import streamlit as st
02
03 ##### 메인 함수 #####
04 def main():
05     # 기본 설정
06     ... 생략 ...
07
08     # 사이드바 생성
09     ... 생략 ...
10
11     # 기능 구현 공간
12     col1, col2 = st.columns(2)
13     with col1:
14         # 왼쪽 영역 작성
15         st.subheader("질문하기")
16
17     with col2:
18         # 오른쪽 영역 작성
19         st.subheader("질문/답변")
20
21 if __name__=="__main__":
22     main()
```

12 col1, col2=st.columns() 함수를 이용해 기능 구현 영역을 두 개의 영역으로 분할합니다. 분할한 각 영역의 이름은 col1, col2로 지정합니다.

13 with col1: 다음에 들여쓰기로 작성된 코드는 왼쪽 영역에 추가됩니다.

17 with col2: 다음에 들여쓰기로 작성된 코드는 오른쪽 영역에 추가됩니다.

UI를 구현하기 위한 최종 코드는 다음과 같습니다.

예제 3.8 음성 비서 애플리케이션의 UI ch03/ch03_voicebot.py

```
import streamlit as st

##### 메인 함수 #####
def main():

    # 기본 설정
    st.set_page_config(
        page_title="음성 비서 프로그램",
        layout="wide")

    # 제목
    st.header("음성 비서 프로그램")

    # 구분선
    st.markdown("---")

    # 기본 설명
    with st.expander("음성비서 프로그램에 관하여", expanded=True):
        st.write(
        """
        - 음성비서 프로그램의 UI는 스트림릿을 활용하여 만들었습니다.
        - STT(Speech-To-Text)는 OpenAI의 Whisper AI를 활용하였습니다.
        - 답변은 OpenAI의 GPT 모델을 활용하였습니다.
        - TTS(Text-To-Speech)는 구글의 Google Translate TTS를 활용하였습니다.
        """
        )

        st.markdown("")
```

```
    # 사이드바 생성
    with st.sidebar:

        # Open AI API 키 입력받기
          st.session_state["OPENAI_API"] = st.text_input(label="OPENAI API 키",
placeholder="Enter Your API Key", value="", type="password")

        st.markdown("---")

        # GPT 모델 선택하기 위한 라디오 버튼 생성
        model = st.radio(label="GPT 모델", options=["gpt-4", "gpt-3.5-turbo"])

        st.markdown("---")

        # 리셋 버튼 생성
        if st.button(label="초기화"):
            # 리셋 코드

    # 기능 구현 공간
    col1, col2 =  st.columns(2)
    with col1:
        # 왼쪽 영역 작성
        st.subheader("질문하기")

    with col2:
        # 오른쪽 영역 작성
        st.subheader("질문/답변")

if __name__=="__main__":
    main()
```

3.7.1 스트림릿의 상태를 저장하기 위한 session_state 함수

스트림릿 프로그램은 사용자가 버튼을 누르거나 텍스트를 입력할 때마다 코드가 처음부터 끝까지 재실행되는데, 이 과정에서 내부의 모든 변수가 초기화됩니다. 예를 들어, ChatGPT에게 처음 질문을 한 후 이어서 두 번째 질문을 하기 위해 녹음 버튼을 한 번 더 클릭하면 프로그램이 처음부터 다시 실행됩니다. 이로 인해 변수들이 모두 초기화되고, 첫 번째 질문의 기록이 사라지는 문제가 발생합니다.

이러한 문제를 해결하는 방법이 session_state입니다. st.session_state는 스트림릿에서 사용하는 저장 공간으로, session_state를 이용하면 프로그램을 재실행하더라도 정보가 초기화되지 않고 계속 유지됩니다. session_state는 파이썬의 딕셔너리 형태로 여러 개의 정보를 저장할 수 있습니다.

음성 비서 프로그램에서는 총 4개의 session_state를 활용합니다.

- st.session_state["chat"]: 사용자와 음성 비서의 대화 내용을 저장하여 채팅창에 표시하는 데 사용합니다.
- st.session_state["OPENAI_API"]: 사용자가 입력한 OpenAI API를 저장하여 클라이언트 생성 시 사용합니다.
- st.session_state["messages"]: GPT API에 입력(Input)으로 전달할 프롬프트 양식을 저장합니다. 이전 질문과 답변 모두 차례로 누적하여 저장합니다.
- st.session_state["check_reset"]: 사용자가 리셋 버튼을 클릭한 상태를 나타내는 플래그로 해당 플래그가 True 일 경우 사용자의 입력을 받기 전에 프로그램이 동작하는 것을 방지하는 역할을 합니다.

예제 3.9 상태를 저장하기 위한 session_state 추가 ch03/ch03_voicebot.py

```
01 import streamlit as st
02
03 ##### 메인 함수 #####
04 def main():
05     # 기본 설정
06     ... 생략 ...
07
08     # session state 초기화
09     if "chat" not in st.session_state:
10         st.session_state["chat"] = []
11
12     if "OPENAI_API" not in st.session_state:
13         st.session_state["OPENAI_API"] = ""
14
15     if "messages" not in st.session_state:
16         st.session_state["messages"] = [{"role": "system", "content": "You are a
thoughtful assistant. Respond to all input in 25 words and answer in korea"}]
```

```
17
18     if "check_audio" not in st.session_state:
19         st.session_state["check_reset"] = False
20
21     # 사이드바 생성
22     with st.sidebar:
23         ... 생략 ...
24
25         # 리셋 버튼 생성
26         if st.button(label="초기화"):
27             # 리셋 코드
28             st.session_state["chat"] = []
29             st.session_state["messages"] = [{"role": "system", "content": "You are a
thoughtful assistant. Respond to all input in 25 words and answer in korea"}]
30             st.session_state["check_reset"] = True
31
32     ... 생략 ...
33
34 if __name__=="__main__":
35     main()
```

09~19 프로그램을 처음 실행해 session_state가 없다면 프로그램에서 사용할 모든 session_state를 초기화합니다.

28~30 리셋 버튼을 누르면 기존 대화 내용을 모두 삭제하기 위해 st.session_state["chat"], st.session_state["messages"], st.session_state["check_reset"]의 session_state를 초기화합니다.

3.7.2 스트림릿 오디오 레코더를 활용하여 음성 녹음하기

이번 절에서는 사용자의 음성을 녹음하는 기능을 구현해 보겠습니다. 스트림릿의 기본 패키지에는 음성을 녹음하기 위한 기능이 없으므로 `streamlit-audiorecorder`라는 새로운 패키지를 설치합니다. `streamlit-audiorecorder`를 활용하면 스트림릿에서 음성 녹음 버튼을 생성하고, 녹음 결과를 파일로 쉽게 저장할 수 있습니다. 먼저 다음 명령어로 가상환경에 패키지를 설치합니다.

```
(ch03_env) C:\chat-gpt-prg\ch03> pip install streamlit-audiorecorder
```

다음 코드는 사용자의 음성 입력을 변수로 저장하고 재생 버튼을 생성하는 부분으로, 녹음 버튼 생성, 녹음 파일 재생을 차례로 수행합니다.

예제 3.10 사용자의 음성 입력받기 및 재생 버튼 생성하기 ch03/ch03_voicebot.py

```
01 import streamlit as st
02 # audiorecorder 패키지 추가
03 from audiorecorder import audiorecorder
04
05 ##### 메인 함수 #####
06 def main():
07     ... 생략 ...
08
09     # 기능 구현 공간
10     col1, col2 = st.columns(2)
11     with col1:
12         # 왼쪽 영역 작성
13         st.subheader("질문하기")
14         # 음성 녹음 아이콘 추가
15         audio = audiorecorder("클릭하여 녹음하기", "녹음 중...")
16         if (audio.duration_seconds > 0) and (st.session_state["check_reset"] ==
False):  # 녹음을 실행하면?
17             # 음성 재생
18             st.audio(audio.export().read())
19 ... 생략 ...
```

03 audiorecorder 패키지를 파이썬 환경으로 불러옵니다.

11 기능 구현 영역의 왼쪽에 배치하기 위해 with col1: 아래에 들여쓰기한 후 코드를 작성합니다.

15 audiorecorder 패키지를 활용하여 음성 녹음 버튼을 생성합니다. 버튼을 클릭하기 전에는 "클릭하여 녹음하기", 버튼을 클릭하여 녹음하는 중에는 "녹음 중…" 텍스트를 표시합니다. 녹음된 음원 파일은 numpy의 array 형태로 audio라는 변수에 저장됩니다.

16 음성 녹음이 들어왔는지 판단합니다.

- **audio.duration_seconds 〉 0:** audio.duration_seconds는 음성 녹음의 시간을 초 단위로 나타냅니다. 음성 녹음이 실행되면 0보다 커져서 후속 단계를 진행합니다.
- **st.session_state["check_reset"] == False:** 사용자가 리셋 버튼을 누른 상태인지 확인합니다.

18 녹음 결과를 다시 들어볼 수 있도록 구현합니다. 음성 재생에는 스트림릿의 기본 음성 재생 함수인 st.audio()를 활용합니다. 재생할 오디오 파일을 audio.export().read() 형태로 함수에 전달하면 다음과 같이 재생 버튼이 생성되고, 재생 버튼을 누르면 음원이 재생됩니다.

그림 3.25 녹음 결과를 다시 듣기 위한 음성 재생 기능

3.8 음성 파일을 텍스트로 변환하기

이번에는 3.5절 '음성 파일을 텍스트로 변환하는 Whisper API 사용법 익히기(70쪽)'에서 실습한 Whisper API를 활용하여 음성 파일을 텍스트로 변환하겠습니다. 음성 파일을 텍스트로 변환하는 기능은 코드의 가독성 및 관리를 위해 별도의 함수로 만들겠습니다.

예제 3.11 음성 파일을 텍스트로 변환하기 ch03/ch03_voicebot.py

```
01 import streamlit as st
02 # audiorecorder 패키지 추가
03 from audiorecorder import audiorecorder
04 # OpenAI 패키지 추가
05 import openai
06 # 파일 삭제를 위한 패키지 추가
07 import os
08 # 시간 정보를 위한 패키지 추가
09 from datetime import datetime
10
11 ##### 기능 구현 함수 #####
12 def STT(audio, apikey):
13     # 파일 저장
14     filename='input.mp3'
15     audio.export(filename, format="mp3")
16
17     # 음원 파일 열기
18     audio_file = open(filename, "rb")
19     # Whisper 모델을 활용해 텍스트 얻기
20     client = openai.OpenAI(api_key = apikey)
```

```
21      respons = client.audio.transcriptions.create(model = "whisper-1", file = audio_file)
22      audio_file.close()
23      # 파일 삭제
24      os.remove(filename)
25      return respons.text
26
27  ##### 메인 함수 #####
28  def main():
29      # 기본 설정
30      st.set_page_config(
31          page_title=»음성 비서 프로그램",
32          layout=»wide»)
33
34      ... 생략 ...
35
36      # 기능 구현 공간
37      col1, col2 =  st.columns(2)
38      with col1:
39          ... 생략 ...
40          if (audio.duration_seconds > 0) and (st.session_state["check_reset"]==False):
41              # 음성 재생
42              st.audio(audio.export().read())
43              # 음원 파일에서 텍스트 추출
44              question = STT(audio, st.session_state["OPENAI_API"])
45
46              # 채팅을 시각화하기 위해 질문 내용 저장
47              now = datetime.now().strftime("%H:%M")
48              st.session_state["chat"] = st.session_state["chat"]+[("user",now, question)]
49              # GPT 모델에 넣을 프롬프트를 위해 질문 내용 저장
50              st.session_state["messages"] = st.session_state["messages"]+[{"role":
"user", "content": question}]
```

04~09 새로운 패키지를 불러옵니다. Whisper를 사용하기 위한 openai, 파일을 삭제하기 위한 os, 채팅 UI를 구현할 때 시각을 표시하기 위한 datetime까지 총 3개의 패키지를 추가합니다.

12 음성 파일을 입력받아 텍스트로 변환하는 함수 STT()를 선언합니다. STT() 함수는 main() 함수에서 음성 입력을 받은 후 호출됩니다.

14~15 음성을 텍스트로 변환하는 Whisper 모델은 파일 형태의 음원을 입력으로 받으므로 녹음된 데이터를 파일 형태로 저장해야 합니다. 이름이 input.mp3인 mp3 파일을 생성합니다.

18 파이썬 내장 함수인 open() 함수를 활용하여 앞서 저장한 input.mp3 파일을 바이트 형식으로 읽어옵니다.

20~21 Whisper API를 활용하여 녹음 파일을 텍스트로 변환하고, 변환한 결과를 respons 변수에 저장합니다. 자세한 내용은 3.5절 '음성 파일을 텍스트로 변환하는 Whisper API 사용법 익히기(70쪽)'를 참고합니다.

22 앞서 읽어온 input.mp3 파일을 닫고, 메모리를 반납합니다.

24 Whisper 모델에 전달하기 위해 임시로 저장한 input.mp3 파일을 삭제합니다.

25 텍스트만 추출하여 반환합니다.

44 위에서 생성한 STT() 함수를 사용하여 텍스트를 반환받아 question 변수에 저장합니다.

47~48 대화 내용을 채팅 형태로 보여주기 위해 Whisper로 변환한 텍스트를 st.session_state["chat"]에 저장합니다. 자세한 설명은 3.9.1절 '대화 내용을 채팅 형식으로 시각화하기(92쪽)'에서 설명하겠습니다.

50 GPT 모델에 전달할 프롬프트를 위해 질문 내용 저장합니다. GPT API 모델에서 입력으로 받는 프롬프트 양식에 맞춰 st.session_state["messages"]에 저장합니다. 프롬프트 양식은 2.4절 'ChatGPT API 기본 사용 방법(47쪽)'을 참고합니다.

3.9 ChatGPT API로 질문하고 답변 구하기

이번 절에서는 사용자의 질문에 대한 답변을 구하기 위해 2.4절 'ChatGPT API 기본 사용 방법(47쪽)'에서 살펴본 ChatGPT API를 활용합니다. 답변을 구하는 기능 역시 별도의 함수로 구현합니다.

예제 3.12 ChatGPT API를 활용하여 답변 구하기 ch03/ch03_voicebot.py

```
01 import streamlit as st
02 ... 생략 ...
03
04 ##### 기능 구현 함수 #####
05 def STT(audio, apikey):
06     ... 생략 ...
07
08 def ask_gpt(prompt, model, apikey):
09     client = openai.OpenAI(api_key = apikey)
10     response = client.chat.completions.create(
```

```
11          model=model,
12          messages=prompt)
13      gptResponse = response.choices[0].message.content
14      return gptResponse
15
16  ##### 메인 함수 #####
17  def main():
18      ... 생략 ...
19      # 기능 구현 공간
20      ... 생략 ...
21      with col2:
22          # 오른쪽 영역 작성
23          st.subheader("질문/답변")
24          if (audio.duration_seconds > 0) and (st.session_state["check_reset"]==False):
25              # ChatGPT에게 답변 얻기
26              response = ask_gpt(st.session_state["messages"], model,
st.session_state["OPENAI_API"])
27
28              # GPT 모델에 넣을 프롬프트를 위해 답변 내용 저장
29              st.session_state["messages"] = st.session_state["messages"]+ [{"role":
"system", "content": response}]
30
31              # 채팅 시각화를 위한 답변 내용 저장
32              now = datetime.now().strftime("%H:%M")
33              st.session_state["chat"] = st.session_state["chat"]+ [("bot", now, response)]
34
35  if __name__=="__main__":
36      main()
```

08 질문 텍스트와 LLM 모델을 입력으로 받고, ChatGPT의 답변을 반환하는 함수 askgpt()를 선언합니다.

09~13 OpenAI API를 활용하여 답변을 구합니다. 자세한 내용은 2.4절 'ChatGPT API 기본 사용 방법(47쪽)'을 참고합니다.

- model=st.session_state["model"]: model을 라디오 버튼으로 선택한 GPT 모델로 설정합니다.
- messages=prompt: 입력으로 받은 프롬프트를 활용하여 질문합니다.
- system_message = response.choices[0].message.content: GPT 모델을 통해 얻은 최종 답변을 저장합니다.

14 최종적으로 ChatGPT의 답변 텍스트 정보를 추출하여 반환합니다. 자세한 내용은 2.4절 'ChatGPT API 기본 사용 방법(47쪽)'을 참고합니다.

21 기능 구현 영역의 오른쪽에 배치하기 위해 with col2: 아래에 들여쓰기한 후 코드를 작성합니다.

24 음성 입력이 들어오고, 리셋 조건이 아닐 경우 답변 생성을 진행합니다.

26 앞서 생성한 askgpt() 함수를 활용하여 사용자의 질문에 대한 ChatGPT의 답변을 반환받아 response 변수에 저장합니다.

29 후속 질문에 대비하여 ChatGPT의 답변을 프롬프트 양식에 맞춰 st.session_state["messages"]에 추가합니다.

32~33 대화 내용을 시각화하기 위해 ChatGPT의 답변을 st.session_state["chat"]에 저장합니다.

3.9.1 대화 내용을 채팅 형식으로 시각화하기

이번 절에서는 질문과 답변 내용을 아이폰 문자 메시지의 UI와 유사하게 채팅 형식으로 구현해 보겠습니다.

예제 3.13 대화 내용을 채팅 형식으로 시각화하기 ch03/ch03_voicebot.py

```
01 import streamlit as st
02 ... 생략 ...
03
04 ##### 메인 함수 #####
05 def main():
06     ... 생략 ...
07
08     # 기능 구현 공간
09     ... 생략 ...
10     with col2:
11         # 오른쪽 영역 작성
12         st.subheader("질문/답변")
13             ... 생략 ...
14
15             # 채팅 시각화를 위한 답변 내용 저장
16             now = datetime.now().strftime("%H:%M")
17             st.session_state["chat"] = st.session_state["chat"] + [("bot", now, response)]
18
```

```
19                # 채팅 형식으로 시각화하기
20                for sender, time, message in st.session_state["chat"]:
21                    if sender == "user":
22                        st.write(f'<div style="display:flex;align-items:center;"><div
style="background-color:#007AFF;color:white;border-radius:12px;padding:8px 12px;margin-
right:8px;">{message}</div><div style="font-size:0.8rem;color:gray;">{time}</div></
div>', unsafe_allow_html=True)
23                        st.write("")
24                    else:
25                        st.write(f'<div style="display:flex;align-items:center;justify-
content:flex-end;"><div style="background-color:lightgray;border-radius:12px;padding:8px
12px;margin-left:8px;">{message}</div><div style="font-size:0.8rem;color:gray;">{time}</
div></div>', unsafe_allow_html=True)
26                        st.write("")
```

20 st.session_state["chat"]은 대화 주체, 대화 생성 시각, 대화 내용으로 구성된 튜플의 모음입니다. for 문을 이용해 튜플의 값을 각각 sender, time, message 변수로 받습니다.

21~23 대화 주체(sender)가 사용자(user)라면 파란색 배경으로 질문을 시각화합니다. st.write() 함수를 이용해 HTML 문법으로 아이폰의 문자 메시지와 유사하게 디자인했습니다.

25~26 대화 주체(sender)가 사용자가 아니라면 회색 배경으로 ChatGPT의 답변을 시각화합니다.

그림 3.26 대화 내용을 채팅 형식으로 시각화

3.10 gTTS로 답변을 음원 파일로 만들고 재생하기

이번 절에서는 3.4절 '텍스트를 음성 파일로 변환하는 gTTS 사용법 익히기(67쪽)'에서 실습한 gTTS를 활용하여 답변을 음원 파일로 만들고, 생성한 음원 파일을 자동으로 재생되게 구현해 보겠습니다. gTTS 패키지는 67쪽에서 설치를 완료했으므로 바로 코드를 작성해 보겠습니다.

코드는 크게 두 단계로 진행됩니다. 먼저 gTTS 패키지를 활용해 답변을 음성 파일로 생성합니다. 그다음 생성된 음성 파일을 재생합니다.

예제 3.14 답변을 음성 파일로 생성하고 재생하기 ch03/ch03_voicebot.py

```
01 import streamlit as st
02 ... 생략 ...
03 # 시간 정보를 위한 패키지 추가
04 from datetime import datetime
05 # TTS 패키지 추가
06 from gtts import gTTS
07 # 음원 파일을 재생하기 위한 패키지 추가
08 import base64
09
10 ##### 기능 구현 함수 #####
11 def STT(audio, apikey):
12     ... 생략 ...
13
14 def ask_gpt(prompt, model, apikey):
15     ... 생략 ...
16
17 def TTS(response):
18     # gTTS를 활용하여 음성 파일 생성
19     filename = "output.mp3"
20     tts = gTTS(text=response, lang="ko")
21     tts.save(filename)
22
23     # 음원 파일 자동 재생
24     with open(filename, "rb") as f:
```

```
25          data = f.read()
26          b64 = base64.b64encode(data).decode()
27          md = f"""
28              <audio autoplay="True">
29              <source src="data:audio/mp3;base64,{b64}" type="audio/mp3">
30              </audio>
31              """
32          st.markdown(md, unsafe_allow_html=True,)
33      # 파일 삭제
34      os.remove(filename)
35
36  ##### 메인 함수 #####
37  def main():
38      ... 생략 ...
39
40      # 기능 구현 공간
41      ... 생략 ...
42      with col2:
43          # 오른쪽 영역 작성
44          st.subheader("질문/답변")
45              ... 생략 ...
46
47              # 채팅 형식으로 시각화하기
48              for sender, time, message in st.session_state["chat"]:
49                  ... 생략 ...
50
51              # gTTS를 활용하여 음성 파일 생성 및 재생
52              TTS(response)
```

05~08 새로운 패키지를 불러옵니다. TTS 기능을 구현하기 위한 gTTS와 음원 파일을 인코딩 및 디코딩하기 위한 base64를 불러옵니다. base64는 파이썬에서 제공하는 기본 패키지로 따로 설치할 필요는 없습니다.

17 ChatGPT의 답변 텍스트를 입력받고, 사람의 목소리로 읽어주는 음원 파일을 재생하는 함수 TTS()를 선언합니다.

19 임시로 생성할 파일의 이름을 output.mp3로 지정합니다.

20~21 gTTS() 함수를 사용하여 텍스트를 음원 파일로 저장합니다. 자세한 내용은 3.4절 '텍스트를 음성 파일로 변환하는 gTTS 사용법 익히기(67쪽)'를 참고합니다

24~32 ChatGPT의 답변으로 생성한 음원을 재생합니다. 스트림릿에서는 음원 파일을 자동으로 재생하는 함수를 지원하지 않습니다. 따라서 HTML 문법을 활용하여 음원을 자동으로 재생하도록 구현합니다.

34 생성한 음원 파일을 삭제합니다.

52 앞서 생성한 TTS() 함수를 활용하여 ChatGPT의 답변을 자동으로 재생합니다.

참 고 소리가 자동으로 재생되지 않는다면!

소리가 자동으로 재생되지 않는다면 브라우저의 설정을 변경해야 합니다. 크롬 브라우저에서 [설정] → [개인 정보 보호 및 보안]→ [사이트 설정]을 클릭합니다.

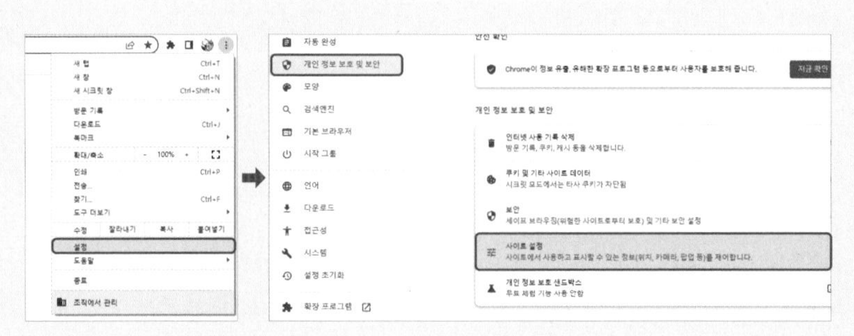

그림 3.27 크롬 브라우저에서 사이트 설정으로 이동

[추가 콘텐츠 설정] → [소리]를 클릭합니다.

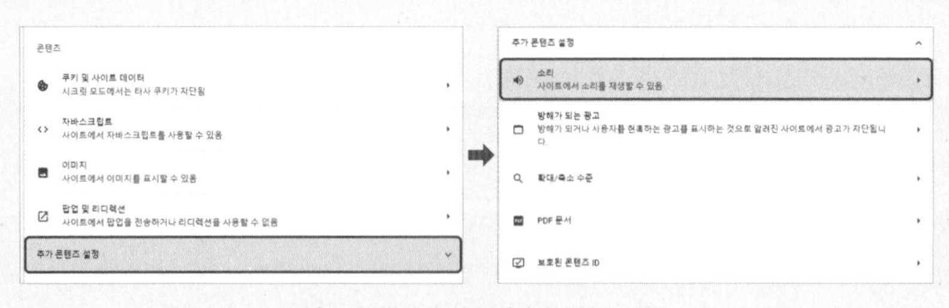

그림 3.28 추가 콘텐츠 설정의 소리로 이동

'소리 재생이 허용됨' 항목의 오른쪽에 있는 [추가] 버튼을 클릭하고 스트림릿을 실행하면 나오는 Local URL 주소를 추가합니다. 설정을 마치고 프로그램을 다시 실행하면 음원을 자동으로 재생하는 기능이 잘 동작합니다.

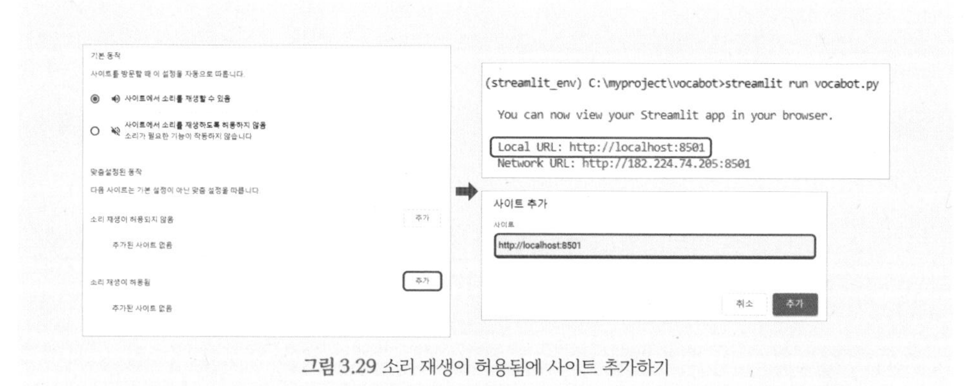

그림 3.29 소리 재생이 허용됨에 사이트 추가하기

지금까지 ChatGPT API, Whisper, 스트림릿, gTTS를 활용해 음성 비서를 만들어 보았습니다. 최종 코드는 이 책의 도서 페이지에서 확인할 수 있습니다.

스트림릿 앱을 실행하지 않았다면 아래 명령어를 입력해 스트림릿 앱을 실행하고, 테스트해보기 바랍니다.

```
(ch03_env) C:\chat-gpt-prg\ch03> streamlit run ch03_voicebot.py
```

참 고

"No such file or directory" 또는 "지정된 파일을 찾을 수 없습니다" 에러가 발생한다면 ffmpeg를 설치해야 합니다.

ffmpeg는 오픈소스 멀티미디어 프레임워크로, 비디오, 오디오, 그리고 기타 멀티미디어 파일 및 스트림을 레코드, 변환 및 스트리밍하는 데 사용됩니다. 실습에사 사용하는 패키지에서도 음성 파일의 input을 ffmpeg를 통해 받고 있습니다.

따라서 에러가 발생한다면 아래 깃허브 링크에 있는 〈FFmpeg 설치 방법〉을 참고하여 ffmpeg를 설치해 주세요.

- 깃허브 주소: https://github.com/chatgpt-kr/chatgpt-api-tutorial

3.11 음성 비서 프로그램 배포하기

이번 절에서는 지금까지 만든 프로그램을 다른 사람도 사용할 수 있도록 인터넷에 배포하는 방법을 알아보겠습니다. 프로그램을 인터넷에 배포하려면 작성한 코드와 설치한 패키지를 저장할 저장소와 해당 코드를 동작시켜 줄 서버가 필요합니다. 이 책에서는 저장소로는 깃허브를 사용하고, 서버로는 스트림릿 클라우드를 사용할 예정입니다.

깃허브(Github)란 코드를 저장 및 관리하고 공동 작업을 할 수 있는 웹 기반의 플랫폼입니다. 깃허브는 단순히 코드를 저장하는 공간일 뿐만 아니라 전 세계의 개발자들이 서로의 코드를 공유하고 토론하는 최대 규모의 개발자 커뮤니티입니다.

스트림릿의 공식 홈페이지에서는 스트림릿 애플리케이션을 배포할 수 있는 서버를 지원합니다. 아마존 웹 서비스(Amazon Web Service, 이하 AWS)와 같은 클라우드 서비스를 활용해 배포할 수도 있지만, AWS는 유료이고 사용법도 어렵습니다. 하지만 스트림릿 공식 홈페이지를 이용한다면 무료로 3개의 프로그램을 아주 간단하게 배포할 수 있습니다.

- **스트림릿 클라우드**: https://streamlit.io/cloud

스트림릿 애플리케이션을 인터넷에 배포하는 순서는 다음과 같습니다.

1. 깃허브 리포지토리(저장소) 생성하기
2. 깃허브에 코드와 패키지 정보 업로드하기
3. 스트림릿 클라우드와 깃허브 연동하기

먼저 깃허브 리포지토리를 생성합니다. 그다음 개인 PC에서 개발한 파이썬 스크립트 파일과 구동에 필요한 패키지 정보를 깃허브 리포지토리에 업로드합니다. 마지막으로 스트림릿 클라우드와 깃허브를 연동하면 깃허브에 올라와 있는 코드를 스트림릿 플랫폼에서 불러와 내부 서버에서 실행하고, 다른 사용자들이 접근할 수 있도록 URL 주소를 제공합니다.

이처럼 깃허브와 스트림릿 플랫폼을 활용하면 웹에 서비스를 배포하는 매우 복잡한 과정을 몇 번의 클릭만으로 쉽게 진행할 수 있습니다. 지금부터 애플리케이션을 배포하는 방법을 하나씩 살펴보겠습니다.

3.11.1 깃허브 리포지토리 생성하기

깃허브 홈페이지에 접속한 다음 로그인하고, 화면 왼쪽 상단에 있는 초록색 [New] 버튼을 클릭합니다. 깃허브 계정이 없다면 회원가입 한 후에 진행해 주세요.

- **깃허브 공식 홈페이지:** https://github.com/

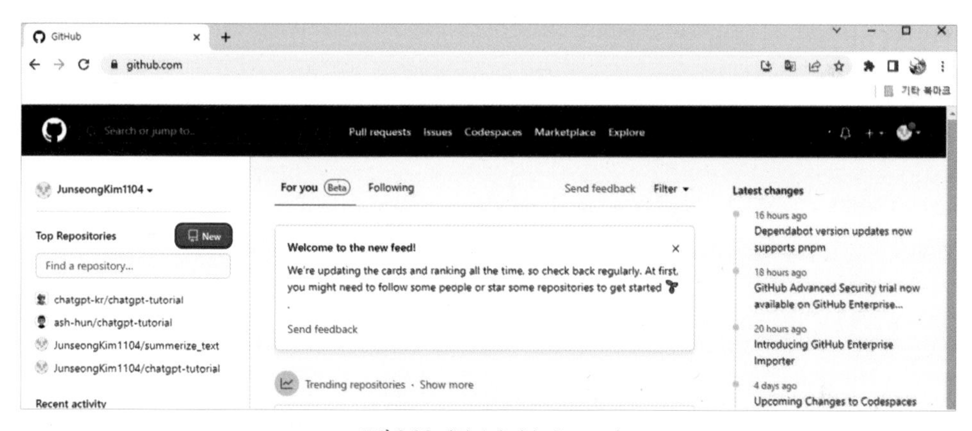

그림 3.30 깃허브에 접속 후 로그인

리포지토리 이름(Repository name)은 'voicebot'으로 지정하고, 다른 설정은 바꾸지 않고 [Create repository]를 클릭합니다.

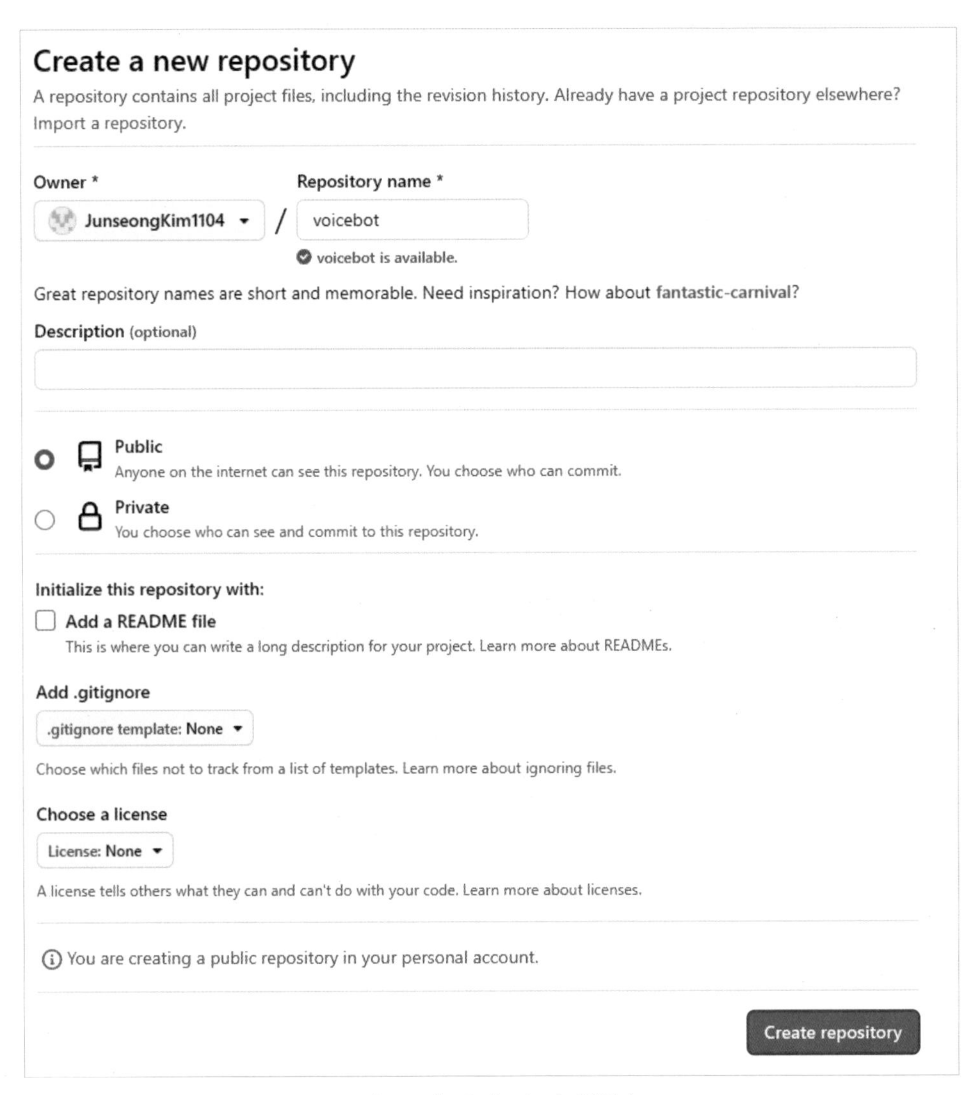

그림 3.31 새로운 리포지토리 생성하기

3.11.2 깃허브에 코드 및 패키지 정보 업로드하기

새로 생성한 리포지토리 페이지가 나오면 [uploading an existing file] 링크를 클릭합니다.

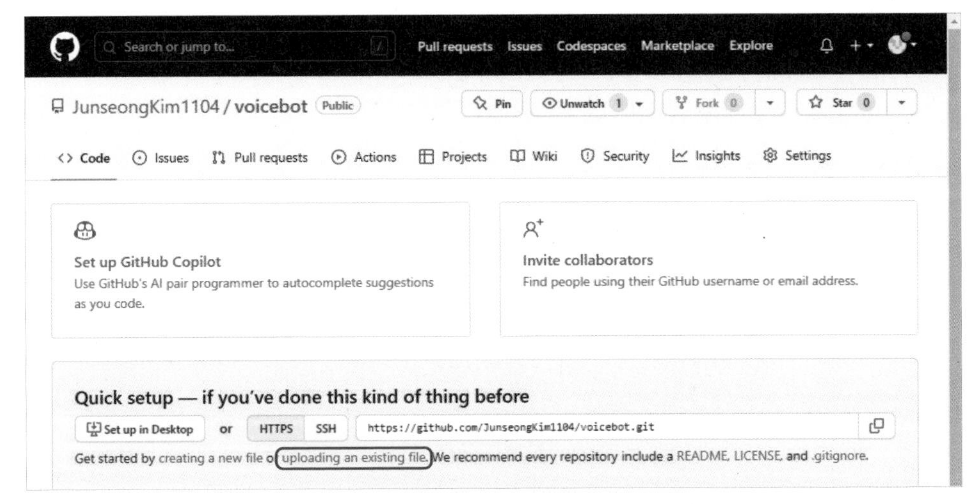

그림 3.32 새로 생성한 리포지토리

앞서 작성한 음성 비서 프로그램의 코드(ch03_vocicebot.py)를 'Drop to upload your files' 영역으로 드래그 앤드 드롭해 업로드합니다.

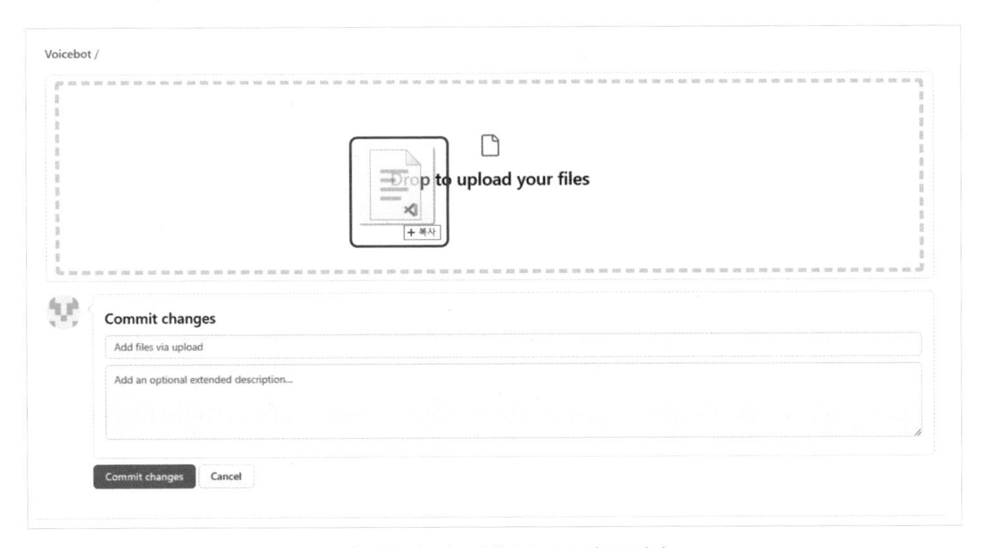

그림 3.33 리포지토리에 소스 코드 업로드하기

앞서 음성 비서 프로그램을 구현하면서 다양한 패키지를 설치했습니다. 스트림릿 클라우드에 애플리케이션을 배포하려면 해당 애플리케이션에서 사용한 패키지 목록을 `requirements.txt`라는 이름의 텍스트 파일에 작성하고, 그 외 프로그램 실행 환경에 설치해야 할 파일을 packages.txt라는 이름의 텍스트 파일에 정리하여 코드와 함께 업로드해야 합니다. 이때 pip freeze 명령어를 이용하면 가상 환경에 설치한 패키지 목록을 간단하게 출력할 수 있습니다. 다음과 같이 pip freeze 명령어를 이용하여 requirements.txt 파일을 생성합니다.

```
(ch03_env) C:\chat-gpt-prg\ch03> pip freeze > requirements.txt
```

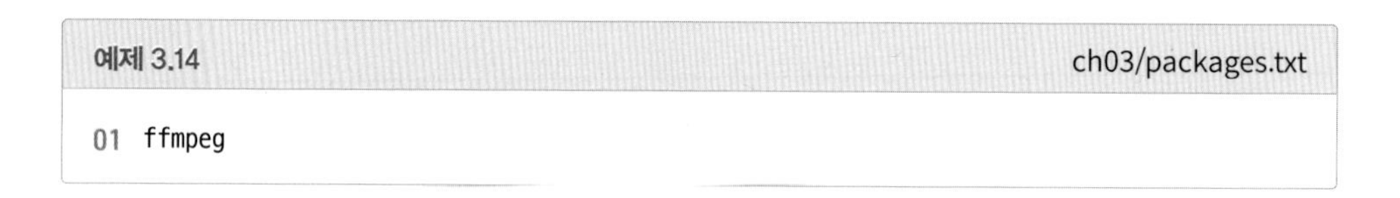
예제 3.14 ch03/packages.txt

```
01 ffmpeg
```

명령어를 입력하여 생성된 requirements.txt 파일과 package.txt 파일을 'Drop to upload your files' 영역으로 드래그 앤드 드롭해 업로드합니다. 최종적으로 ch03_vocicebot.py 파이썬 스크립트와 패키지 정보가 담긴 requirements.txt 텍스트 파일, 실행 환경 패키지 정보가 담긴 packages.txt 텍스트 파일을 추가하고, [Commit changes] 버튼을 클릭해 파일을 업로드합니다.

그림 3.34 파이썬 스크립트와 패키지 정보 업로드하기

업로드가 완료되면 다음 그림과 같이 리포지토리 안에 2개의 파일이 생성됩니다.

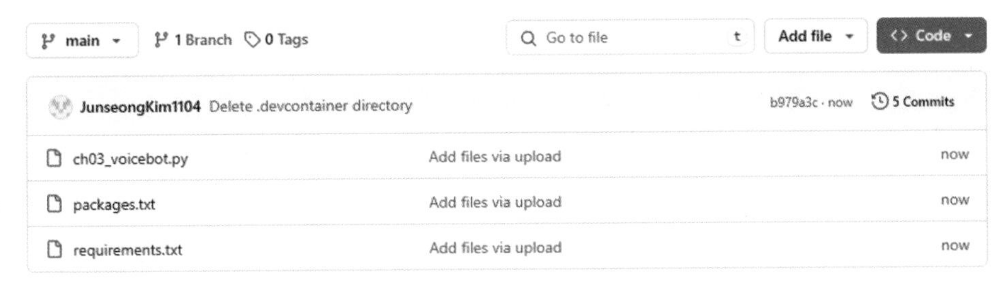

그림 3.35 파일을 업로드한 리포지토리

3.11.3 스트림릿 사이트와 깃허브 연동하기

스트림릿 홈페이지에 접속한 다음 회원가입을 진행합니다.

- **스트림릿 공식 홈페이지:** https://streamlit.io/

회원 가입 시 깃허브 계정과 연동할 것인지 묻는 창이 나옵니다. 이때 [Connect GitHub account] 버튼을 클릭해 앞서 회원 가입한 깃허브 계정과 연동합니다.

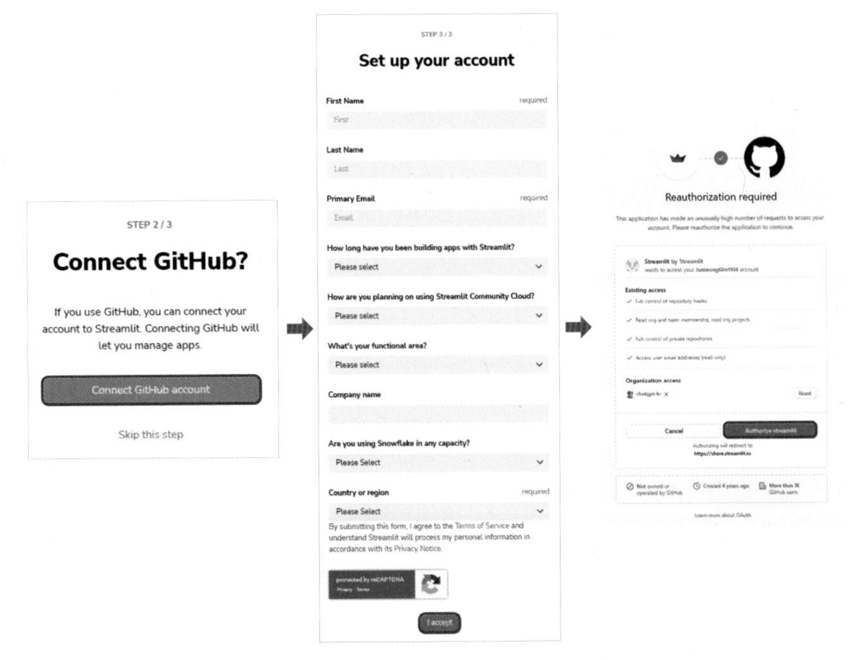

그림 3.36 스트림릿 계정과 깃허브 계정 연동하기

화면 오른쪽 상단에 있는 [New app] 버튼을 클릭합니다.

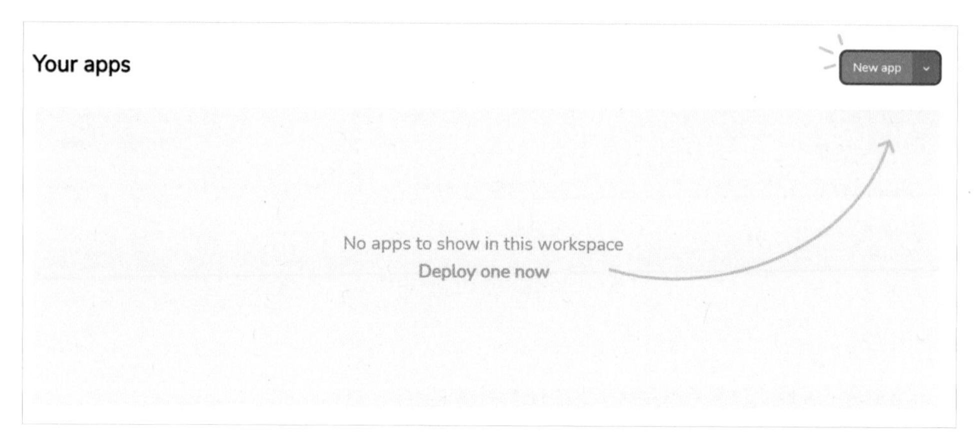

그림 3.37 스트림릿 홈페이지

Repository에서 음성 비서 프로그램을 올린 깃허브 리포지토리를 지정하고, Main file path에는 업로드한 파이썬 스크립트의 이름인 `ch03_voicebot.py`를 입력합니다. [Deploy!] 버튼을 클릭하면 배포가 완료됩니다.

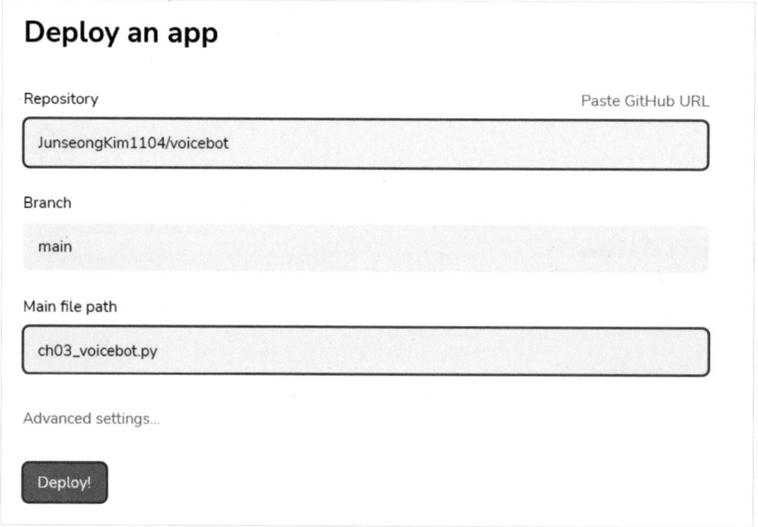

Deploy an app
Repository
Paste GitHub URL
JunseongKim1104/voicebot
Branch
main
Main file path
ch03_voicebot.py
Advanced settings...
Deploy!

그림 3.38 스트림릿과 깃허브 리포지토리 연동

지금까지 나만의 음성 비서 프로그램을 웹에 배포하는 방법을 살펴봤습니다. 웹페이지 상단의 URL을 통해 다른 사용자들도 프로그램에 접속할 수 있습니다.

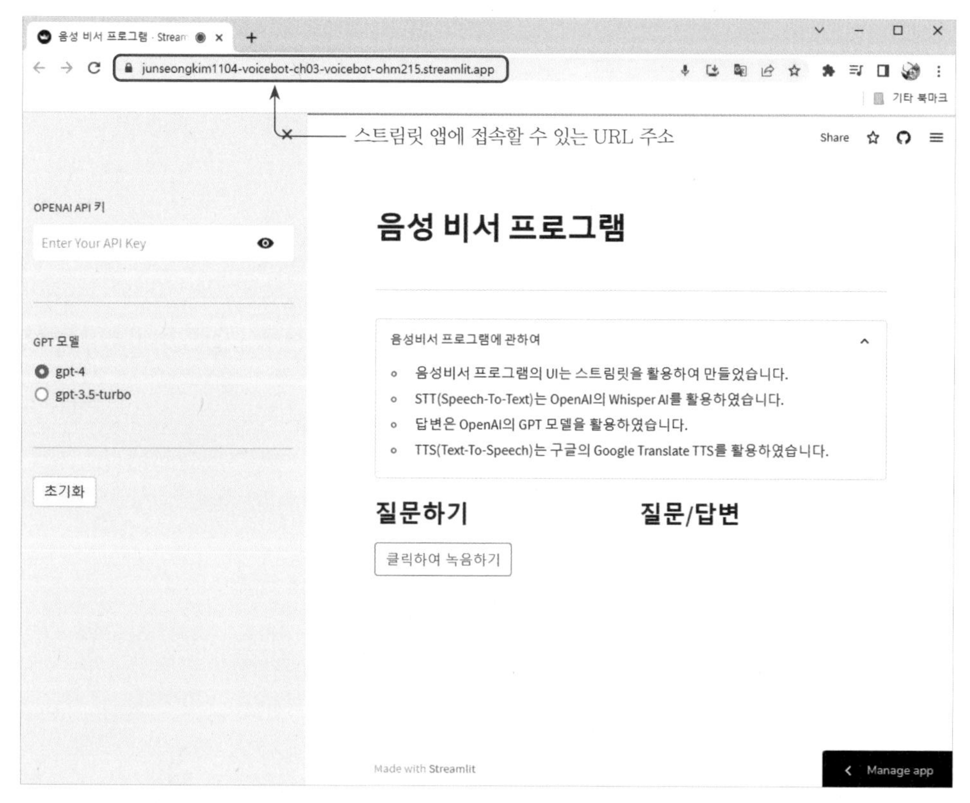

그림 3.39 웹에 배포한 음성 비서 프로그램

Part 04

텔레그램과 카카오톡에 나만의 AI 챗봇 만들기

AI 챗봇 맛보기

개발 환경 구축하기

그림을 그려주는 DALL·E 사용법 익히기

텔레그램에 AI 챗봇 만들기

로컬 PC를 활용하여 텔레그램 챗봇 만들기

아마존 웹 서비스를 활용하여 텔레그램 챗봇 만들기

카카오톡에 AI 챗봇 만들기

로컬 PC를 활용하여 카카오톡 챗봇 만들기

아마존 웹 서비스를 활용하여 카카오톡 챗봇 만들기

PC가 아닌 스마트폰으로도 언제 어디서나 ChatGPT의 답변을 들을 수 있고, DALL·E로 생성된 이미지를 확인할 수 있다면 얼마나 좋을까요? 이번 장에서는 텔레그램 및 카카오톡과 같은 메신저의 채팅방에서 ChatGPT로 대답하고 DALL·E로 그림을 그려주는 AI 챗봇을 만들어 보겠습니다.

텔레그램 및 카카오톡 메신저에 챗봇을 생성하는 방법부터 각 개발 조건에 맞게 코드를 작성하는 방법을 다룹니다. 또한, 로컬 PC를 활용해 챗봇을 구동하는 방법과 아마존 웹 서비스를 활용해 클라우드 서버에 배포하는 방법까지 상세히 살펴보겠습니다.

4.1 AI 챗봇 맛보기

본격적인 설명에 앞서 AI 챗봇을 사용하는 방법을 알아보겠습니다. 사용자 간에 자유로운 대화를 위해서 일반적인 발화에는 AI 챗봇이 대답을 하지 않습니다.

만약 ChatGPT에게 질문하고 싶다면 질문 앞에 "/ask"를 붙여 질문합니다.

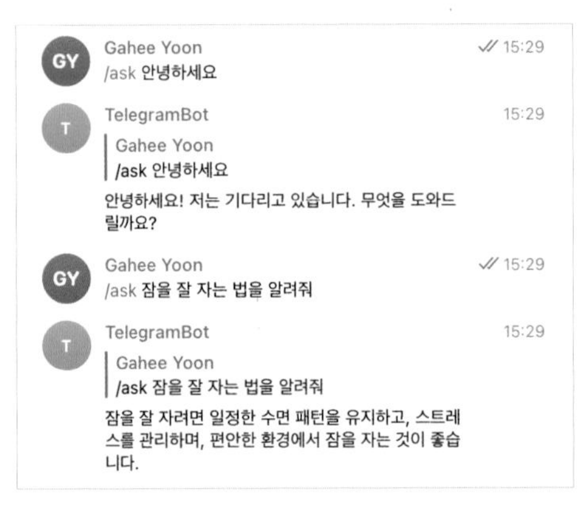

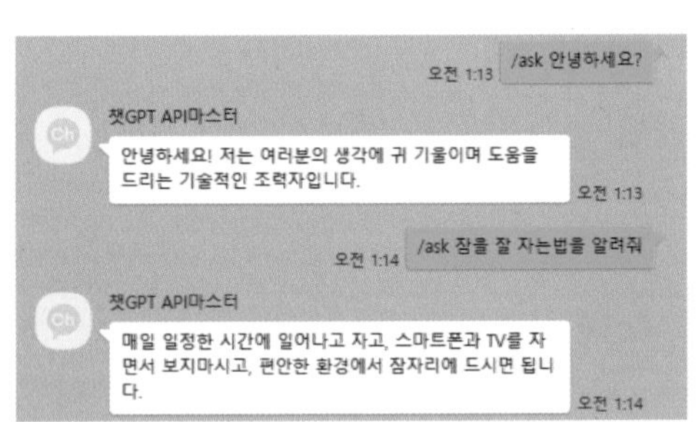

그림 4.1 챗봇에게 질문하는 방법 – "/ask"

ChatGPT에게 답변을 얻는 양식은 자유롭게 변경할 수 있습니다. 역할 부여, 언어 선택, 답변 길이 등을 설정하는 방법은 시스템 프롬프트 엔지니어링 단계로 2.4절 'ChatGPT API 기본 사용 방법(47쪽)'을 참고하여 설정합니다.

AI 챗봇에게 이미지 생성을 요청하려면 맨 앞에 "/img"를 붙이고, 얻고자 하는 이미지를 글로 표현해 요청합니다. 이미지 생성에는 DALL·E를 활용하며, DALL·E에 대한 자세한 설명은 다음 절에서 살펴보겠습니다.

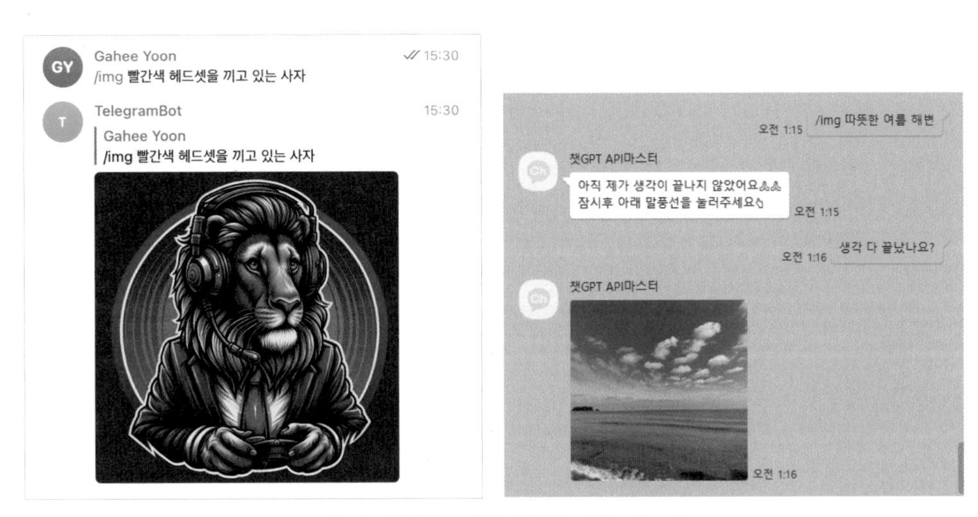

그림 4.2 챗봇에게 그림을 요청하는 방법 - "/img"

카카오톡은 중간에 "생각 다 끝났나요?"라는 채팅이 있는데, 바로 그림을 생성하지 않고, 이러한 질문을 해야 하는 이유는 뒷부분에서 자세히 살펴보겠습니다.

4.2 개발 환경 구축하기

본격적인 개발에 앞서 개발 환경을 준비하겠습니다. 경로 생성부터 가상 환경 생성까지 명령 프롬프트 창을 활용하여 진행합니다.

프로젝트 폴더 생성하기

먼저 앞서 생성한 `chat-gpt-prg` 폴더에 4장에서 실습할 코드를 모아둘 폴더인 `ch04`를 생성하고, 해당 폴더로 이동합니다.

```
C:\> cd chat-gpt-prg
C:\chat-gpt-prg>
C:\chat-gpt-prg> mkdir ch04
C:\chat-gpt-prg> cd ch04
C:\chat-gpt-prg\ch04>
```

가상 환경 생성하기

만약 3장 실습에 이어서 진행한다면 아직 3장에서 생성한 ch03_env 환경이 활성화돼 있을 수 있습니다. 이 경우 아래 명령어로 가상 환경을 벗어납니다.

```
(ch03_env) C:\chat-gpt-prg\ch04> deactivate
C:\chat-gpt-prg\ch04>
```

다음으로 아래 명령어를 입력해 ch04_env라는 이름의 가상 환경을 생성합니다.

```
# python -m venv 가상_환경_이름
C:\chat-gpt-prg\ch04> python -m venv ch04_env
```

가상 환경이 생성되면 아래 명령어로 가상 환경을 활성화[16]합니다.

```
# 윈도우: 가상_환경_이름\Scripts\activate.bat
# macOS: source 가상_환경_이름/bin/activate
C:\chat-gpt-prg\ch04> ch04_env\Scripts\activate.bat
```

활성화가 완료되면 프롬프트 창 맨 왼쪽이 가상 환경 이름으로 바뀝니다.

```
(ch04_env) C:\chat-gpt-prg\ch04>
```

16 macOS에서는 source ch04_env/bin/activate 명령으로 가상 환경을 활성화합니다.

VS Code에서 프로젝트 폴더 선택하기

VS Code를 열고, 상단 메뉴에서 [File] → [Open Folder]를 클릭합니다. 앞서 생성한 ch04 폴더(C:\chat-gpt-prg\ch04)를 선택하고, **[열기]** 버튼을 누릅니다.

4.3 그림을 그려주는 DALL·E 사용법 익히기

AI 챗봇의 이미지 생성 기능은 DALL·E 3(달리 3)를 사용합니다. 채팅을 통해 생성하고자 하는 그림을 묘사한 프롬프트를 입력하면 챗봇 내부 서버에서 DALL·E 3를 활용해 그림을 생성하고, 생성된 그림을 채팅방으로 전송할 예정입니다. DALL·E 3는 ChatGPT로 유명한 OpenAI사에서 제작한 Text–To–Image AI 모델입니다. 자연어 처리(NLP)와 컴퓨터 비전의 최신 기술을 활용하여 생성하고자 하는 이미지에 대한 설명을 텍스트로 입력하면 고품질의 이미지를 생성하도록 설계됐습니다. 해당 서비스는 유료이며 이미지의 해상도(Resolution)에 따라 요금이 책정됩니다. 요금 정보는 아래 표를 참고 바랍니다.

- **DALL·E 3 공식 홈페이지**: https://openai.com/product/dall-e-3

그림 퀄리티	그림 사이즈	요금
Standard	1024x1024	$0.04/image
	1024x1792,1792x1024	$0.08/image
HD	1024x1024	$0.08/image
	1024x1792,1792x1024	$0.12/image

4.3.1 DALL·E 3 맛보기

OpenAI는 웹 브라우저에서 DALL·E 3를 테스트할 수 있는 환경을 제공합니다.

- **DALL·E 3 테스트 사이트**: https://labs.openai.com/

사이트에 접속하면 화면 중앙에 텍스트 입력 창이 있습니다. 여기에 생성하고자 하는 그림에 대한 설명을 입력합니다. “cat on the car”라고 입력하고 [Generate] 버튼을 클릭해 보겠습니다.

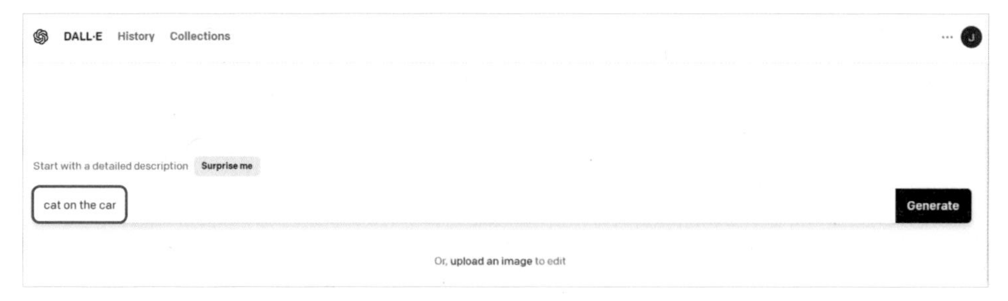

그림 4.3 DALL·E 3 테스트 사이트

약간의 시간이 흐른 뒤 다음과 같이 차 위에 있는 고양이 사진이 생성됩니다. 이 사이트에서 DALL·E 3를 활용하여 원하는 이미지를 생성하기 위해 프롬프트를 다양하게 입력해 보고 테스트해 보기를 추천해 드립니다.

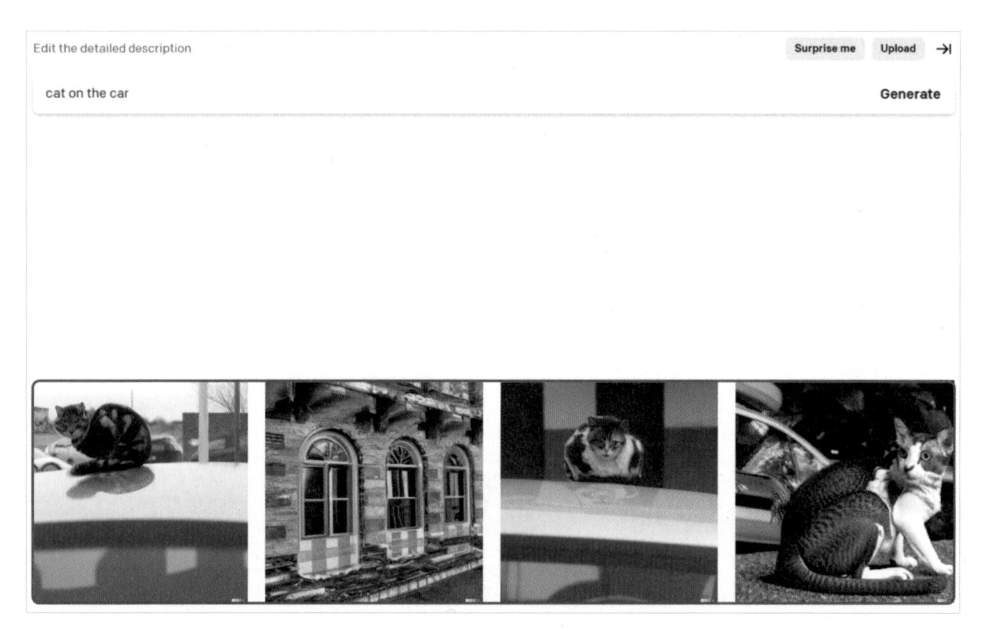

그림 4.4 DALL·E 3 테스트 사이트에서 이미지 생성하기

4.3.2 DALL·E 3 API 사용 방법

OpenAI API 설치하기

생성한 가상 환경에 pip를 활용하여 openai 패키지를 설치합니다

```
(ch04_env) C:\chat-gpt-prg\ch04> pip install openai
```

비주얼 스튜디오 코드를 열고, 앞서 생성한 ch04 폴더를 연 다음 ch04_dalle3_example.py 파이썬 스크립트를 생성합니다. DALL·E 3 API의 사용법은 2.4절 'ChatGPT API 기본 사용 방법(47쪽)'에서 설명한 방법과 거의 같습니다. 지금부터 openai 패키지의 Image.create() 메서드를 활용해 그림을 생성하는 코드를 작성해 보겠습니다.

예제 4.1 DALL·E 3 API 예제 ch04/ch04_dalle3_example.py

```
01 import openai
02 import urllib
03
04 API_KEY = "api key"
05
06 client = openai.OpenAI(api_key = API_KEY)
07 response = client.images.generate(
08     model="dall-e-3",
09     prompt="A futuristic city at night",
10     size="1024x1024",
11     quality="standard",
12     n=1
13 )
14
15 image_url = response.data[0].url
16 urllib.request.urlretrieve(image_url, "test.jpg")
```

이 값을 OpenAI API 키로 바꾸고 실행합니다

01~02 DALL · E 3를 사용하기 위한 openai 패키지와 이미지 URL을 파일로 저장하기 위한 urllib 패키지를 불러옵니다.

04 이 책의 34쪽에서 발급받은 OpenAI API 키 값을 입력합니다.

07~13 client.images.generate() 메서드를 활용해 이미지 URL을 생성합니다.

- model: 이미지를 생성할 때 사용할 모델을 설정합니다. 'dall-e-2', dall-e-3' 총 2개의 모델을 지원하며 본 책에서는 더 성능이 좋은 dall-e-3를 사용합니다.
- prompt: 생성하고자 하는 그림에 대한 설명을 작성합니다.
- size: 생성할 그림의 사이즈를 지정합니다. ['1024x1024', '1024x1792','1792x1024'] 총 3개의 사이즈를 지원합니다.
- quality: 생성하는 그림의 품질을 지정합니다. 'HD', 'standard' 두 종류의 품질이 있으며, HD가 이미지 전체적으로 더 세밀한 디테일과 일관성을 갖춘 이미지를 생성합니다.
- n: 생성할 그림의 개수를 1로 지정합니다. DALL·E 3 모델은 아직 한번에 1개의 이미지 생성만 지원하고 있습니다.

15~16 생성된 이미지의 URL을 image_url 변수에 저장하고 최종적으로 urllib을 활용해 test.jpg 파일을 생성합니다.

터미널에서 아래 명령어를 이용해 코드를 실행합니다.

```
(ch04_env) C:\chat-gpt-prg\ch04> python ch04_dalle3_example.py
```

코드가 잘 실행되면 ch04 폴더에 test.jpg 파일이 생성됩니다. 다음은 예제 4.1을 실행해 생성된 그림 파일입니다.

이후 AI 챗봇에서도 이와 같은 방법으로 이미지를 생성하여 사용자에게 전송합니다. 단, 예제 4.1처럼 파일을 생성하지는 않고 OpenAI API로 얻은 이미지 URL을 메신저 서버에 바로 전달하는 방법으로 구현합니다.

그림 4.5 DALL·E 3로 생성한 이미지

4.4 텔레그램에 AI 챗봇 만들기

텔레그램은 빠르고 강력한 보안을 제공하는 채팅 앱입니다. 특히 비밀 대화, 자동 삭제 메시지, 종단 간 암호화와 같은 고급 기능으로 전 세계에서 가장 인기가 많은 채팅 앱입니다. 무엇보다 초보자도 쉽게 챗봇을 구현할 수 있게 API와 봇파더 기능을 제공합니다.

- **텔레그램 API**: 텔레그램은 개발자들이 간단한 코드로 다양한 기능을 수행하는 챗봇을 만들 수 있는 포괄적인 API를 제공합니다. 또한, API는 웹훅 통합을 지원하여 외부 서비스와 챗봇을 쉽게 연결할 수 있습니다.
- **봇파더**: 텔레그램은 봇파더라는 전용 봇을 제공하여, 쉽게 챗봇을 생성하고 관리할 수 있습니다. 봇파더는 명령어 설정, 봇 프로필 커스터마이징, API 키 생성을 위한 간단한 인터페이스를 제공합니다. 봇파더 사용법은 뒤에서 자세히 다루겠습니다.

텔레그램 API를 사용하려면 텔레그램 서버와 내가 만든 챗봇 서버가 인터넷을 통해 대화하는 방법인 HTTP 통신에 대한 이해가 필요합니다. 지금부터 HTTP 통신에 대한 간략한 설명과 파이썬 환경에서 HTTP 통신을 할 수 있는 urllib3 라이브러리의 간단한 사용방법을 살펴보겠습니다.

4.4.1 웹에서 대화하는 방법: HTTP 통신 이해하기

텔레그램 API는 HTTP 통신을 활용하여 텔레그램 서버와 데이터를 주고받습니다. 먼저 HTTP 통신 프로토콜에 대해 알아보고 파이썬 환경에서 자유롭게 HTTP 통신을 구현하는 urllib3 라이브러리에 대해서도 알아보겠습니다.

HTTP 통신이란?

HTTP(Hypertext Transfer Protocol)는 컴퓨터가 인터넷을 통해 서로 통신하는 방식입니다. 웹 브라우저(예: 구글 크롬 또는 사파리)와 웹 서버(예: 웹사이트를 저장하는 서버)가 정보를 교환하고 웹 페이지를 표시할 수 있도록 하는 일련의 규칙입니다. HTTP는 요청과 응답으로 구성됩니다.

- **HTTP 요청**

  HTTP 요청은 클라이언트(일반적으로 웹 브라우저)에서 특정 리소스를 요청하는 서버로 보내는 메시지입니다. 요청 메시지에는 헤더와 본문이 포함됩니다.

  헤더에는 요청 유형(GET, POST 등), 요청 중인 리소스의 URL, 사용 중인 HTTP 버전 등 요청에 대한 정보가 포함됩니다. 본문에는 양식 데이터 또는 JSON 페이로드와 같은 추가 데이터가 포함됩니다.

  예를 들어, 브라우저의 주소창에 주소를 입력하고 엔터 키를 누르면 브라우저는 웹사이트를 호스팅하는 서버에 HTTP 요청을 보냅니다. 그러면 서버는 요청을 처리하고 다시 HTTP 응답을 보냅니다.

- **HTTP 응답**

  HTTP 응답은 HTTP 요청에 대한 응답으로 서버에서 클라이언트로 보내는 메시지입니다. 응답 메시지에는 헤더와 본문도 포함됩니다.

  헤더에는 사용 중인 HTTP 버전, 상태 코드(예: 200 OK, 404 찾을 수 없음), 쿠키 또는 캐싱 정보 등 응답에 대한 정보가 포함됩니다. 본문에는 HTML, CSS, 자바스크립트, 이미지 또는 JSON 데이터 등 전송되는 실제 콘텐츠가 포함됩니다.

  예를 들어, 서버가 웹 페이지에 대한 HTTP 요청을 받으면 해당 웹 페이지의 HTML 코드가 포함된 HTTP 응답을 생성합니다. 그러면 브라우저는 HTTP 응답을 수신하고 HTML 코드를 읽은 후 화면에 웹 페이지를 표시합니다.

HTTP 요청과 응답은 인터넷에서 클라이언트(브라우저)와 서버가 정보를 주고받기 위한 기본 구성 요소입니다. 따라서 웹 애플리케이션을 구축하거나 사용하고자 한다면 반드시 작동 방식을 이해해야 합니다.

urllib3 라이브러리 기초 예제

urllib3는 파이썬 환경에서 HTTP 통신을 할 수 있게 돕는 라이브러리입니다. 기본 내장 라이브러리이므로 별도의 설치 없이 사용할 수 있습니다. 따라서 추후에 클라우드 서버에 배포할 때도 복잡한 추가 설치 과정이 필요 없습니다. 자세한 내용은 4.6절 '아마존 웹 서비스를 활용하여 텔레그램 챗봇 만들기(144쪽)'에서 다시 한번 설명하겠습니다. urllib3는 HTTP 통신을 위한 다양한 고급 기능을 제공하여, 텔레그램이나 ChatGPT와 같은 API를 활용한 개발에 좋은 선택이 될 수 있습니다.

지금부터 urllib3의 간단한 사용법을 알아보겠습니다. JSONPlacehoder라는 서비스를 활용하면 간편하게 HTTP 테스트를 할 수 있습니다. 해당 사이트의 예제에 요청을 직접 보내서 결과를 확인해 보겠습니다.

- **HTTP 테스트 사이트**: https://jsonplaceholder.typicode.com/

urllib3에서 GET, POST 요청을 할 때는 `PoolManager` 클래스를 사용합니다. 다음은 urllib3를 사용하여 GET 요청을 보내는 예제입니다.

예제 4.2 urllib3을 활용해 GET 요청 보내기 ch04/ch04_urllib3_example1.py

```
01 import urllib3
02 
03 http = urllib3.PoolManager()
04 
05 url = "https://jsonplaceholder.typicode.com/posts/1"
06 response = http.request('GET', url)
07 
08 print(response.data)
```

터미널에서 `python ch04_urllib3_example1.py` 명령어로 코드를 실행하면 다음과 같이 결과가 출력됩니다.

결과


```
{
    "userId":1,
    "id":1,
    "title":"sunt aut facere repellat provident occaecati excepturi optio 
reprehenderit",
    "body":"quia et suscipit\nsuscipit recusandae consequuntur expedita et 
cum\nreprehenderit molestiae ut ut quas totam\nnostrum rerum est autem sunt rem 
eveniet architecto"
}
```

실제 https://jsonplaceholder.typicode.com/posts/1 주소로 접속해 보면 결과와 동일한 값을 확인할 수 있습니다.

그림 4.6 브라우저에서 확인한 GET 요청 결과

이어서 urllib3를 사용하여 POST 요청을 보내 보겠습니다.

예제 4.3 urllib3을 활용해 POST 요청 보내기 ch04/ch04_urllib3_example2.py

```
01 import urllib3
02
03 http = urllib3.PoolManager()
04
05 url = 'https://jsonplaceholder.typicode.com/posts'
06 data = {"title": "Created Post", "body": "Lorem ipsum", "userId": 5}
07
08 response = http.request('POST', url, fields=data)
09
10 print(response.data)
```

터미널에서 `python ch04_urllib3_example2.py` 명령어로 코드를 실행하면 다음과 같은 결과가 출력됩니다. 예제에서 `data` 안에 실어 보낸 정보가 `id=101`로 지정되어서 저장됐음을 알려주는 정보입니다.

결과

```
{"id": 101}
```

실제 https://jsonplaceholder.typicode.com/posts/ 주소로 접속해 보면 `id`가 100번까지만 정보가 있습니다. 즉, 예제에서 전송한 정보가 101번째로 저장된 것으로 예상할 수 있습니다.

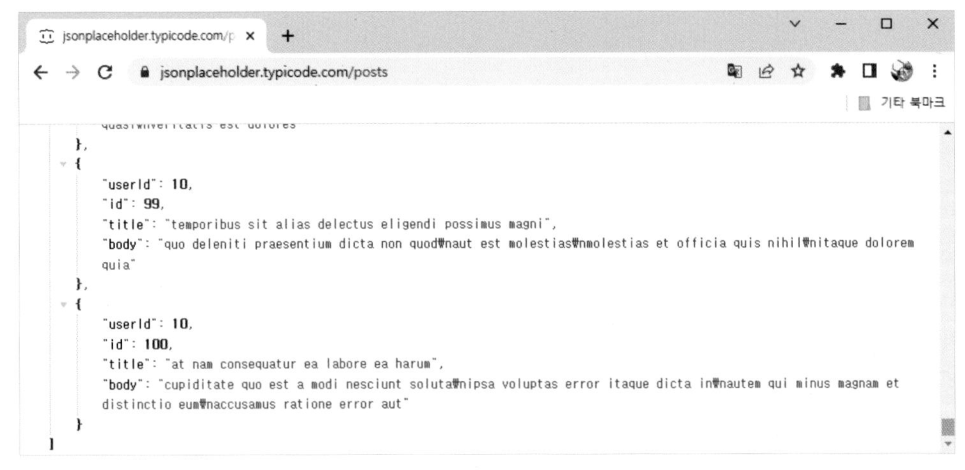

그림 4.7 브라우저에서 확인한 POST 요청 결과

위 두 예제에서 GET 방식과 POST 방식으로 요청한 결과의 응답을 `response`에 저장했습니다. 두 예제에서 `print()` 함수를 이용해 결과를 출력하는 마지막 부분을 보면 `response`에 저장된 정보를 확인하는 데 `data`를 활용했는데, `data` 외에도 `status`, `header` 정보 또한 확인할 수 있습니다.

- status: 서버가 반환한 HTTP 상태 코드가 포함됩니다. 상태 코드는 HTTP 요청의 결과를 나타내는 3자리 숫자입니다. 예를 들어 200은 "OK"(요청이 성공함), 404는 "Not Found"(요청된 리소스를 찾을 수 없음), 500은 "내부 서버 오류"(서버가 요청을 처리하는 동안 오류가 발생함)를 의미합니다.
- header: 서버가 반환한 HTTP 헤더를 포함하는 HTTPHeaderDict 클래스의 인스턴스입니다. 헤더는 콘텐츠 유형, 콘텐츠 인코딩 및 서버 소프트웨어와 같은 응답에 대한 추가 정보를 제공합니다.
- data: 서버가 반환한 실제 콘텐츠인 응답 본문이 바이트 객체로 포함됩니다. 응답 본문은 텍스트, JSON, 바이너리 데이터 또는 Content-Type 헤더에 지정된 기타 데이터 형식일 수 있습니다. 이 책에서는 텔레그램 채팅방에 사용자가 입력한 대화를 확인할 때 사용합니다.

4.4.2 텔레그램 API 사용하기

지금부터 텔레그램 API의 기본 기능을 실습해 보겠습니다. 실습을 진행하려면 PC나 개인 휴대 전화에 텔레그램을 설치하고, 회원가입 및 로그인이 완료된 상태여야 합니다. 이 책에서는 회원가입 및 로그인을 마친 상태라고 가정하고 설명하겠습니다.

방 개설하고 API 키 발급받기

가장 먼저 봇파더를 활용해 API 기능을 구현할 새로운 대화방을 생성하고, 대화방의 고유 토큰을 발급받아야 합니다. 텔레그램 창 왼쪽 상단에 "botfather"로 검색한 다음 파란색 체크 표시가 있는 채팅방을 클릭합니다.

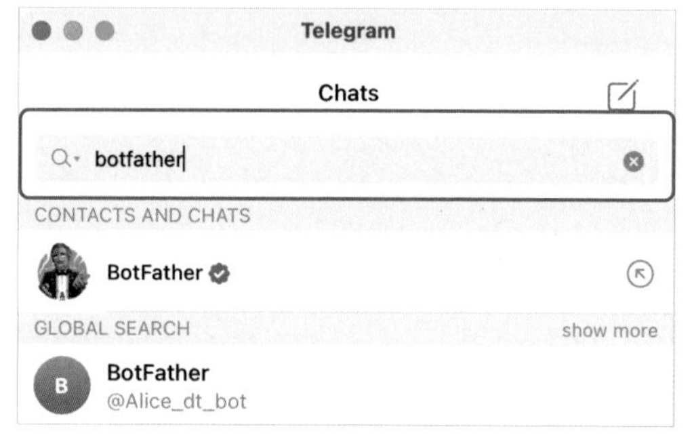

그림 4.8 텔레그램에서 botfater 검색

채팅방에 "/newbot"을 입력하면 새로운 봇 생성이 시작됩니다. 가장 먼저 봇 이름을 정합니다. 여기에서는 "TelegramBot"으로 이름을 정했습니다.

그림 4.9 텔레그램 봇 생성 - 이름 설정

다음으로 사용자 이름을 정합니다. 이때 사용자 이름은 "bot"으로 끝나야 하며 기존 사용자들과 겹치면 안 됩니다. 이 책에서는 사용자 이름을 "AutoTeleGPT_bot"으로 입력했습니다. 사용자 이름을 입력하면 채팅방의 API 키 역할을 하는 봇 토큰(bot token)이 발급됩니다. API 키로 활용하는 봇 토큰은 따로 복사해서 잘 보관해 둡니다. 메시지 상단의 채팅방 바로가기 링크를 클릭하면 앞으로 우리가 작업할 채팅방으로 이동할 수 있습니다.

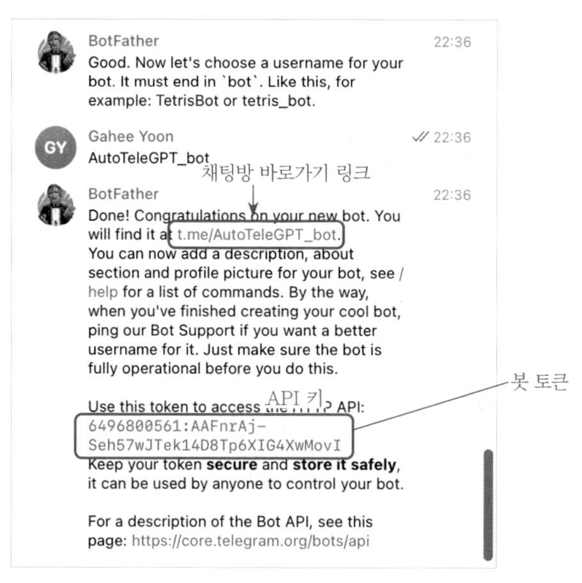

그림 4.10 텔레그램 봇 생성 – 사용자 이름 설정 및 봇 토큰 발급받기

텔레그램 API의 기본 작동 방식

텔레그램 API[17]는 개발자들이 텔레그램 플랫폼과 상호작용하며 사용자 지정 애플리케이션, 봇, 통합을 만들 수 있도록 합니다. 특정 URL로 HTTP 요청을 보내고 JSON 형식의 응답을 받아 상호작용을 할 수 있습니다.

- **텔레그램 API의 URL 양식**: https://api.telegram.org/bot<봇 토큰>/METHOD_NAME

위 URL 양식에서 <봇 토큰> 부분에 앞서 Botfather를 통해 발급받은 봇 토큰을 입력합니다. 이어서 METHOD_NAME에는 수행하려는 기능의 메서드를 입력합니다. 예를 들어 메시지를 보내기 위한 URL과 사진을 보내기 위한 URL은 다음과 같습니다.

- **텔레그램 API의 URL 양식(메시지 전송)**: https://api.telegram.org/bot<봇 토큰>/sandMessage
- **텔레그램 API의 URL 양식(사진 전송)**: https://api.telegram.org/bot<봇 토큰>/sandPhoto

17 https://core.telegram.org/

채팅 메시지 및 채팅 정보 받기

채팅방에 작성된 메시지 정보와 해당 메시지를 작성한 사용자의 정보를 구하기 위한 코드를 작성해 보겠습니다. 정보를 받는 데에는 **getUpdates** 메서드를 사용합니다.

예제 4.4 텔레그램 채팅 메시지 및 채팅 정보 받기 ch04/ch04_telegramAPI_example1.py

```
01 import urllib3
02 import json
03
04 BOT_TOKEN = "Bot Token"
05
06 def get_updates():
07     http = urllib3.PoolManager()
08     url = f"https://api.telegram.org/bot{BOT_TOKEN}/getUpdates"
09     response = http.request('GET', url)
10     return json.loads(response.data.decode('utf-8'))
11
12 updates = get_updates()
13 print(updates)
```

이 값을 봇 토큰으로 바꾸고 실행합니다

01~02 HTTP 통신을 위한 urllib3와 텔레그램 서버로부터 받은 JSON 정보를 처리하기 위한 json 패키지를 불러옵니다.

04 텔레그램의 봇 파더를 통해 발급받은 봇 토큰을 입력합니다.

06~10 urllib3와 텔레그램 API의 getUpdates 메서드를 활용해 현재 채팅방의 대화 정보를 가져옵니다.

12~13 텔레그램 서버로부터 받은 JSON 형식의 데이터를 updates 변수에 저장하고, 출력합니다.

텔레그램 채팅방에 "안녕하세요"라고 남긴 다음 터미널에서 **python ch04_telegramAPI_example1.py** 명령어로 코드를 실행하면 다음과 같이 JSON 형태의 답변이 출력됩니다.

```
{⊟
   "ok":true,
   "result":[⊟
      {⊟
         "update_id":348947777,
         "message":{⊟
            "message_id":2,
            "from":{⊟
               "id":1613810898,
               "is_bot":false,
               "first_name":"Junseong",
               "last_name":"Kim",
               "language_code":"ko"
            },
            "chat":{⊟
               "id":1613810898,
               "first_name":"Junseong",
               "last_name":"Kim",
               "type":"private"
            },
            "date":1681967987,
            "text":"안녕하세요"
         }
      }
   ]
}
```

채팅을 작성한 사람의 chat id

그림 4.11 텔레그램 API의 getUpdates 메서드 호출 결과

result 안의 update_id는 새로운 채팅이 생성될 때마다 값이 증가합니다. chat 내부의 id는 채팅을 작성한 사람의 id로 추후에 봇이 답장을 보낼 때 해당 정보를 활용하여 답변을 보낼 상대를 선정합니다. 맨 마지막의 text에는 채팅 내용 텍스트가 전달됩니다. 이 부분을 이용하여 ChatGPT와 DALL·E가 사용할 프롬프트를 생성합니다.

단, 이 책에서 구현할 챗봇에서는 getUpdates 메서드를 사용하지 않습니다. 따로 정보를 요청하지 않고 새로운 채팅이 생성될 때마다 자동으로 정보를 받는 웹훅(Webhook)을 사용할 예정입니다. 웹훅과 관련한 내용은 4.5절 '로컬 PC를 활용하여 텔레그램 챗봇 만들기(126쪽)'에서 자세히 살펴보겠습니다.

채팅 메시지 보내기

이번에는 텔레그램 API를 활용해 채팅방에 메시지를 전송해 보겠습니다. 메시지 전송에는 텔레그램 API의 sendMessage 메서드를 사용합니다.

예제 4.5 텔레그램 채팅방에 메시지 보내기 ch04/ch04_telegramAPI_example2.py

```
01 import urllib3
02 import json
03
04 BOT_TOKEN = "Bot Token"
05
06 def sendMessage(chat_id, text):
07     data = {
08         'chat_id': chat_id,
09         'text': text,
10     }
11     http = urllib3.PoolManager()
12     url = f"https://api.telegram.org/bot{BOT_TOKEN}/sendMessage"
13     response = http.request('POST', url , fields=data)
14     return json.loads(response.data.decode('utf-8'))
15
16 result = sendMessage(1613810898, "반갑습니다 저는 텔레그램 봇 입니다!")
17 print(result)
```

이 값을 봇 토큰으로 바꾸고 실행합니다

이 값을 chat id로 바꾸고 실행합니다.
chat id는 예제 4.4를 실행한 결과에서 확인할 수 있습니다.

01~04 예제 4.4의 설명과 같습니다.

06~14 urllib3와 텔레그램 API의 sendMessage 메서드를 활용하여 메시지를 전송합니다. 이때 HTTP 요청 안에 chat_id 정보와 메시지 정보를 같이 포함해서 전달합니다. chat_id는 예제 4.4에서 확인한 사용자의 아이디(chat 내부의 id)를 사용했고, text에는 보내고자 하는 메시지를 포함합니다.

16~17 텔레그램 서버로부터 받은 JSON 형식의 데이터를 result 변수에 저장하고, 출력합니다.

터미널에서 python ch04_telegramAPI_example2.py 명령어로 코드를 실행한 다음, 텔레그램 채팅창을 확인해 보면 다음과 같이 채팅이 잘 전송된 모습을 볼 수 있습니다.

그림 4.12 텔레그램 API를 이용해 채팅 메시지 전달

사진 보내기

이번에는 텔레그램 API를 활용해 채팅방에 사진을 전송해 보겠습니다. 사진 전송에는 텔레그램 API의 sendPhoto 메서드를 사용하며, 보내고자 하는 사진의 URL 주소를 포함하여 전송합니다.

예제 4.6 텔레그램 채팅방에 사진 보내기 ch04/ch04_telegramAPI_example3.py

```
01 import urllib3
02 import json
03
04 BOT_TOKEN = "Bot Token"
05
06 def sendPhoto(chat_id, image_url):
07     data = {
08         'chat_id': chat_id,
09         'photo': image_url,
10     }
11     http = urllib3.PoolManager()
12     url = f"https://api.telegram.org/bot{BOT_TOKEN}/sendPhoto"
13     response = http.request('POST', url, fields=data)
14     return json.loads(response.data.decode('utf-8'))
15
16 result = sendPhoto(1613810898, "https://wikibook.co.kr/images/cover/
s/9791158394264.jpg")
17
18 print(result)
```

이 값을 봇 토큰으로 바꾸고 실행합니다

이 값을 chat id로 바꾸고 실행합니다.
chat id는 예제 4.4를 실행한 결과에서 확인할 수 있습니다.

01~04 예제 4.4의 설명과 같습니다.

06~14 urllib3와 텔레그램 API의 sendPhoto 메서드를 활용해 사진을 전송합니다. 이때 HTTP 요청 안에 chat_id 정보와 사진 정보를 같이 포함해서 전달합니다. chat_id는 예제 4.4에서 확인한 사용자의 아이디(chat 내부의 id)를 사용했고, photo에는 보내고자 하는 사진의 URL을 포함합니다.

16~18 텔레그램 서버로부터 받은 JSON 형식의 데이터를 retult 변수에 저장하고, 출력합니다.

터미널에서 `python ch04_telegramAPI_example3.py` 명령어로 코드를 실행한 다음, 텔레그램 채팅창을 확인해 보면 다음과 같이 그림이 잘 전송된 모습을 볼 수 있습니다.

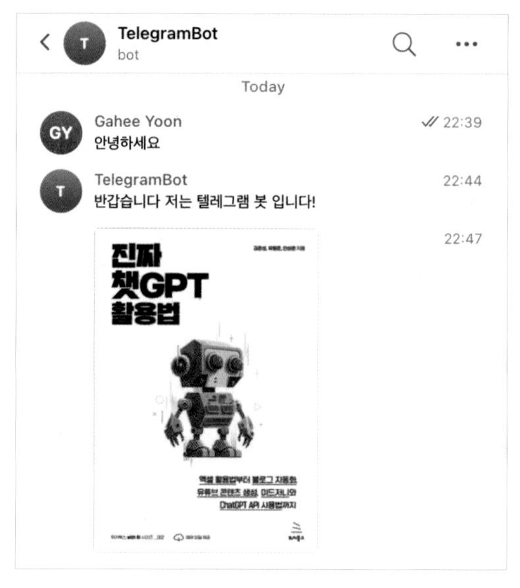

그림 4.13 텔레그램 API를 이용해 사진 전달

4.5 로컬 PC를 활용하여 텔레그램 챗봇 만들기

챗봇이 동작하려면 사용자의 입력을 수집하고, ChatGPT 및 DALL·E와 통신을 해줄 중간 다리 역할을 하는 챗봇 서버가 필요합니다. 챗봇 서버는 로컬 PC를 서버로 활용하는 방법과 AWS, 애저(Azure) 같은 클라우드 기반의 서버를 활용하는 방법이 있습니다. 이번 절에서는 먼저 로컬 PC를 활용하여 텔레그램 챗봇을 만들어 보겠습니다.

로컬 PC를 서버로 활용하면 따로 클라우드 서버를 활용하지 않기 때문에 추가 비용 없이 상대적으로 쉽고 저렴하게 챗봇을 구현할 수 있습니다. 하지만 PC를 항상 켜 두어야 한다는 매우 큰 단점이 있기 때문에 실제 서비스를 런칭하기에는 한계가 있습니다. 따라서 개인 프로젝트 또는 클라우드 서버에 연결하기 전에 학습을 목적으로만 활용하는 것을 추천해 드립니다. 다음 그림은 로컬 PC를 서버로 활용한 챗봇의 구조입니다.

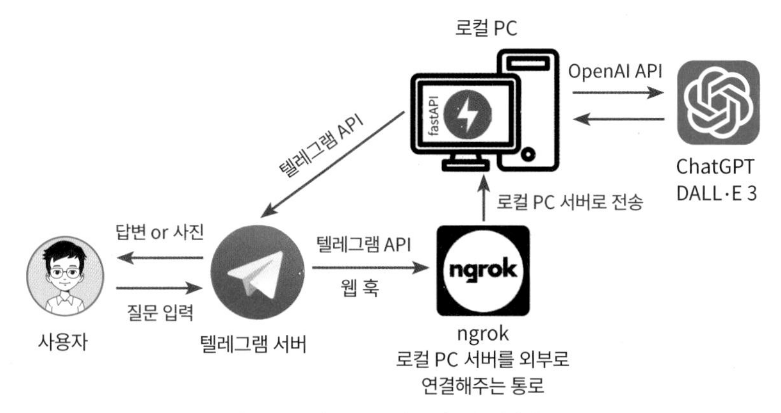

그림 4.14 로컬 PC를 서버로 활용한 챗봇의 구조

- **질문 입력: 사용자**

  사용자는 텔레그램 채팅방에서 원하는 질문을 전송합니다. 이때 ChatGPT에게 질문을 하려면 "/ask"로 메시지를 시작하고, DALL·E에게 그림을 요청하려면 "/img"로 메시지를 시작합니다. 예를 들어, "/ask 부자가 되는 법을 알려줘" 또는 "/img 차 위에 있는 고양이 그림을 그려줘"라고 작성합니다.

- **텔레그램 서버: 텔레그램 API 활용**

  채팅방 내의 메시지를 로컬 PC 서버로 전송하거나, 텍스트나 사진을 채팅방에 전송하여 사용자에게 제공하는 역할을 합니다. 4.4.2절 '텔레그램 API 사용하기(120쪽)'에서 살펴본 텔레그램 API를 활용하여 로컬 PC와 통신합니다.

- **ngrok: 로컬 PC 서버를 외부로 연결해 주는 통로**

  로컬 PC 내부에 생성한 서버는 외부 사용자가 접근할 수 없습니다. 이때 로컬 PC 서버를 외부 사용자에게 연결해 주는 역할을 하는 것이 ngrok입니다. ngrok을 활용하면 텔레그램 서버가 실시간 채팅 정보를 로컬 서버로 전송할 수 있습니다.

- **로컬 PC**

  로컬 PC는 개인이 사용하는 PC를 뜻합니다. 기본적인 파이썬 코드가 실행되고 있는 공간으로, 텔레그램 API를 활용하여 사용자와 통신합니다. 이 책에서는 FastAPI를 활용하여 로컬 PC의 서버를 열고, ngrok을 활용해 텔레그램 서버의 입력을 받습니다.

  새로운 메시지가 오면 메시지를 직접 처리한 다음 OpenAI API를 통해 ChatGPT 및 DALL·E에 작업을 요청합니다. 또한, 작성이 완료된 답변 또는 그림을 텔레그램 API를 활용하여 다시 텔레그램 서버로 전송합니다.

- **OpenAI**

  OpenAI에서 지원하는 API를 활용하여 질문은 ChatGPT에게 요청하고, 그림 생성은 DALL·E에게 요청하여 답변 내용을 로컬 PC로 전송합니다. 이 과정은 OpenAI의 API 키가 꼭 필요하며, 답변 길이와 그림의 해상도에 따라 비용이 발생합니다.

4.5.1 FastAPI와 ngrok을 활용하여 서버 생성 및 텔레그램 서버와 연결하기

친구들을 우리 집에 초대한다고 가정해 보겠습니다. 그렇다면 친구들에게 집 주소를 알려줘야겠죠? 그런데 우리 집의 주소가 없는 상태입니다. 그럼, 우선 집 주소를 만들고 친구를 초대해야 합니다. 이번 절에서는 로컬 PC라는 우리 집의 집 주소를 FastAPI와 ngrok을 사용해 생성하고 텔레그램이라는 손님을 초대해 보겠습니다.

다음은 이번 절에서 수행할 서버를 생성하고, 생성한 서버를 텔레그램 서버와 연결하는 과정을 도식화한 그림입니다.

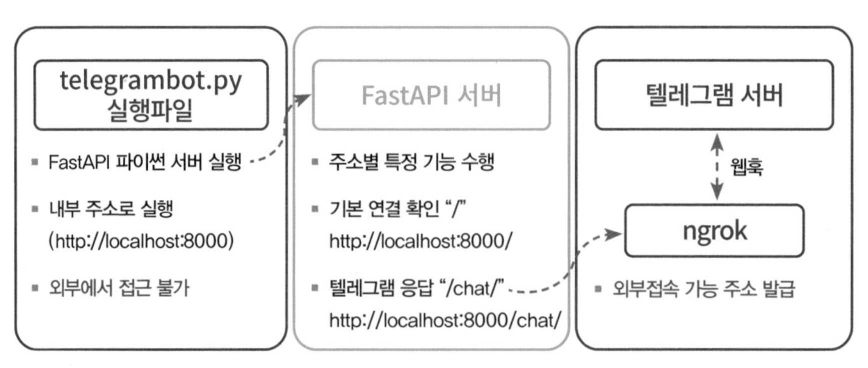

그림 4.15 서버를 생성하고 텔레그램 서버와 연결하기 위한 구조

먼저 파이썬 스크립트에서 FastAPI를 활용하여 로컬 서버를 생성합니다. 그다음 ngrok을 활용하여 외부에서 로컬 서버로 접속하기 위한 주소를 발급받고, 해당 주소를 텔레그램 API의 웹훅과 연결합니다. 과정이 복잡해 보이지만, 한번 꼼꼼하게 실습하고 나면 다음부터는 쉽게 구현할 수 있을 것입니다. 서버를 생성하고 연결하기 위한 순서는 다음과 같습니다.

1. FastAPI를 활용해 로컬 서버 생성하기
2. ngrok을 활용해 외부에서 로컬 서버에 접속할 수 있는 주소 생성하기
3. 텔레그램 API의 웹훅을 사용하여 텔레그램 서버와 로컬 서버 연결하기

FastAPI 사용 방법 익히기

다시 한번 가정을 해봅니다. 우리 집은 위키아파트 101동 105호입니다. 로컬 PC는 위키아파트의 역할을 합니다. 하지만 아파트 전체가 우리 집은 아니죠? FastAPI를 활용하면 위키아파트에 있는 우리 집 동(101동), 호수(105호)를 지정할 수 있습니다. 조금 더 정확히 설명하자면 챗봇 프로그램이 작동하고 있는 로컬 포트를 지정할 수 있습니다.

실습을 통해 FastAPI의 정확한 기능을 살펴보겠습니다. FastAPI는 파이썬 기반의 웹 서버를 생성하기 위한 오픈소스입니다. FastAPI를 사용하면 빠르게 웹 서버를 생성할 수 있습니다. 먼저 pip를 이용해 FastAPI를 설치합니다. 설치는 `ch04_env` 가상 환경에서 진행하겠습니다. 가상 환경이 활성화돼 있는지 확인하고 실습을 진행해 주세요.

```
(ch04_env) C:\chat-gpt-prg\ch04> pip install fastapi
```

FastAPI 단독으로는 웹 개발을 할 수 없습니다. 따라서 비동기 서버를 생성하는 uvicorn을 추가로 설치합니다.

```
(ch04_env) C:\chat-gpt-prg\ch04> pip install "uvicorn[standard]"
```

실습을 위해 `ch04` 폴더에 파이썬 스크립트를 생성하고, 이름은 `ch04_fastapi_example.py`로 지정합니다. 우선 간단한 예제를 실습해 보겠습니다.

예제 4.7 FastAPI 예제 ch04/ch04_fastapi_example.py

```
01 from fastapi import FastAPI
02
03 app = FastAPI()
04
05 @app.get("/")
06 async def root():
07     return {"message": "This is my house"}
08
09 @app.get("/room1")
10 async def room1():
11     return {"message": "Welcome to room1"}
12
13 @app.get("/room2")
14 async def room2():
15     return {"message": "Welcome to room2"}
```

01 FastAPI 패키지를 불러옵니다

03 FastAPI 클래스를 활용해 app이라는 인스턴스를 만듭니다.

05~07 HTTP GET 메서드 형태로 서버의 루트(/)로 접속하면 root() 함수를 실행합니다.

09~11 "/room1" URL로 접속하면 room1() 함수를 실행합니다.

13~15 "/room2" URL로 접속하면 room2() 함수를 실행합니다.

예제 4.7을 실행하여 프로그램이 어떻게 동작하는지 확인해 보겠습니다. 파이썬 스크립트를 실행할 때와는 달리 다음 명령어를 입력해야 서버가 생성됩니다.

```
(ch04_env) C:\chat-gpt-prg\ch04> uvicorn ch04_fastapi_example:app --reload
```

명령어를 실행하면 터미널에 다음과 같은 메시지가 나옵니다. 설명이 복잡해 보이지만, 우리에게 필요한 정보는 빨간색 상자로 강조한 http://127.0.0.1:8000이라는 주소입니다. 해당 주소가 위키아파트의 101동 105호라는 상세 주소를 의미합니다.

```
(ch04_env) C:\chat-gpt-prg\ch04>uvicorn ch04_fastapi_example:app --reload
INFO:     Will watch for changes in these directories: ['C:\\chat-gpt-prg\\ch04']
INFO:     Uvicorn running on http://127.0.0.1:8000 (Press CTRL+C to quit)
INFO:     Started reloader process [2304] using WatchFiles
INFO:     Started server process [9244]
INFO:     Waiting for application startup.
INFO:     Application startup complete.
```

그림 4.16 터미널에서 FastAPI 실행

웹 브라우저를 열고 터미널에서 안내한 주소(http://127.0.0.1:8000)를 입력하면 `{"message": "This is my house"}`라는 메시지가 출력되는 모습을 볼 수 있습니다.

이제 상세 URL을 확인해 보겠습니다. 집 안에서도 부모님 방, 동생 방, 내 방이 있죠? FastAPI를 활용하면 각 방의 주소를 지정할 수 있습니다. 각 방 주소는 "101동 105호 부모님 방"과 같이 집 주소와 방 이름으로 생성합니다. 예제 4.7의 09~15번째 줄에서는 메인 주소 안에 2개의 방 주소를 생성했습니다. 각각 "메인주소/room1", "메인주소/room2"의 URL로 접속하면 각 주소에 해당하는 함수가 동작하도록 구현했습니다.

다음 그림과 같이 각각의 URL로 접속하면 결과가 알맞게 출력되는 모습을 볼 수 있습니다.

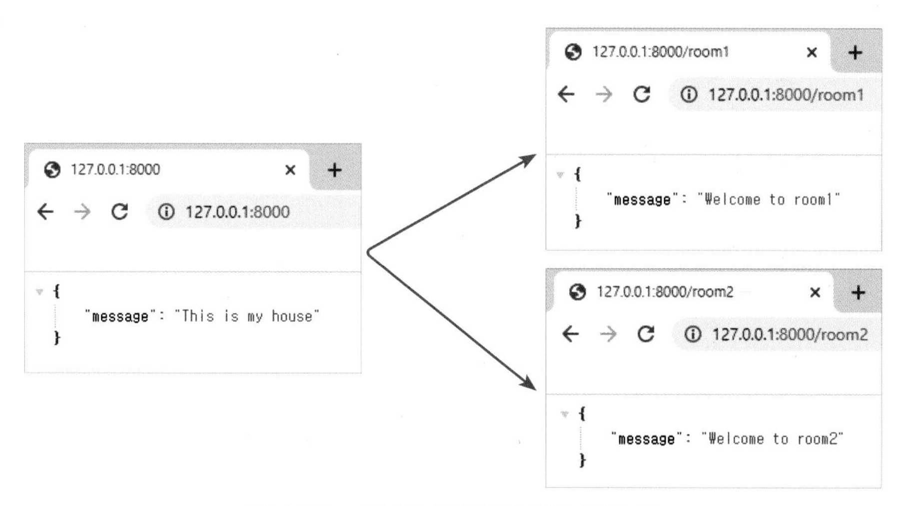

그림 4.17 FastAPI 실행 후 웹 브라우저에서 서버에 접속

실습을 마치고 서버를 중지하려면 터미널 창을 클릭한 다음 Ctrl + C 키를 누릅니다.

FastAPI를 활용해 로컬 서버 생성하기

지금부터 본격적으로 챗봇 서버를 생성해 보겠습니다. `ch04` 폴더에 파이썬 스크립트를 생성하고, 이름은 `ch04_telegrambot.py`로 지정합니다. 다음과 같이 코드를 작성하여 로컬 서버를 생성합니다.

예제 4.8 텔레그램 챗봇 서버 생성하기 ch04/ch04_telegrambot.py

```
01 from fastapi import Request, FastAPI
02
03 app = FastAPI()
04
05 @app.get("/")
06 async def root():
07     return {"message": "TelegramChatbot"}
08
09 @app.post("/chat/")
10 async def chat(request: Request):
11     telegramrequest = await request.json()
12     print(telegramrequest)
13     return 0
```

01~07 FastAPI 서버를 생성하기 위한 기본 설정입니다. 자세한 설명은 예제 4.7을 참고하세요.

09~10 "메인주소/chat/"으로 접속하면 chat() 함수를 실행합니다. 즉, 사용자가 http://127.0.0.1:8000/chat/으로 접속하면 chat() 함수가 실행됩니다. 단, 사용자는 HTTP POST 방식으로 접속해야 합니다.

11 사용자가 전송한 request 메시지를 JSON 형태로 telegramrequest 변수에 저장합니다. 예제에서는 사용자가 텔레그램 채팅방에 메시지를 입력하면 해당 입력 정보가 telegramrequest 변수에 저장되게 구현할 예정입니다.

서버가 잘 생성됐는지 확인해 보겠습니다. 터미널에서 다음 명령어를 입력하여 서버를 실행합니다.

```
(ch04_env) C:\chat-gpt-prg\ch04> uvicorn ch04_telegrambot:app --reload
```

웹 브라우저를 열고 http://127.0.0.1:8000로 접속해 보면 예제 4.8의 7번째 줄에 있는 TelegramChatbot 메시지가 JSON 형태로 잘 출력되는 모습을 확인할 수 있습니다.

127.0.0.1:8000

```
{
    "message": "TelegramChatbot"
}
```

그림 4.18 텔레그램 봇 서버 생성 확인

ngrok을 활용해 외부에서 로컬 서버에 접속할 수 있는 주소 생성하기

지금까지 FastAPI로 생성한 서버 주소는 오직 로컬 PC에서만 접속할 수 있습니다. 친구를 초대하려면 "경기도 파주시 문발로 위키아파트"와 같이 아파트의 주소, 즉 **외부에서도 접속할 수 있도록 연결 통로를 생성해야 합니다.** 이를 도와주는 서비스가 ngrok입니다. ngrok은 로컬 컴퓨터의 개발 환경을 외부에서도 접속할 수 있게 공유해 주는 서비스입니다. 먼저 아래 주소에 접속하여 ngrok 실행 파일을 내려받습니다. 실습 환경에 맞춰 [Download] 버튼을 클릭합니다.

- **ngrok 실행 파일 내려받기:** https://ngrok.com/download

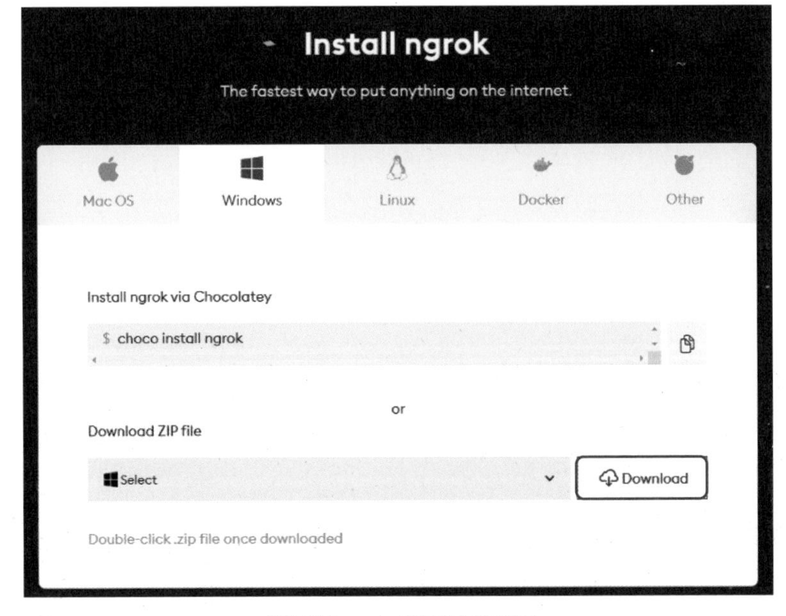

그림 4.19 ngrok 실행 파일 내려받기

회원 가입 후 로그인한 다음 왼쪽 메뉴에서 [Your Authtoken]을 클릭하고 토큰 오른쪽에 있는 [Copy] 버튼을 클릭해 토큰을 복사합니다. 복사해 둔 토큰은 따로 저장하여 보관합니다.

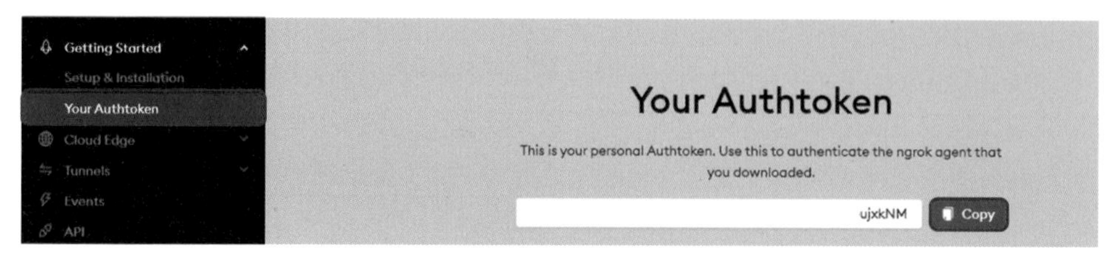

그림 4.20 ngrok 토큰 복사하기

내려받은 실행 파일의 압축을 해제하고 실행 파일을 더블클릭해 실행합니다. 파일을 실행하면 ngrok 전용 터미널 창이 열립니다. 다음 명령어를 입력합니다. 〈ngrok 토큰〉 부분에는 앞서 복사해 둔 토큰을 넣어야 합니다.

```
C:\chat-gpt-prg\ch04> ngrok authtoken <ngrok 토큰>
```

이 값을 토큰으로 바꾸고 실행합니다

이어서 다음 명령어를 입력해 외부에서 접속할 수 있는 주소를 생성합니다.

```
C:\chat-gpt-prg\ch04> ngrok http 8000
```

다음과 같은 화면이 나오면 외부 서버에서도 접속할 수 있는 서버 주소가 생성된 것입니다. 웹 브라우저를 열고 Forwarding 오른쪽에 있는 주소로 접속하면 TelegramChatbot 메시지를 JSON 형태로 확인할 수 있습니다.

그림 4.21 ngrok으로 외부에서 접근할 수 있는 주소 생성

이제 전 세계 어디에서도 앞서 로컬 PC에 생성한 서버에 접속할 수 있는 주소가 생성됐습니다.

참 고 ngrok 사용 팁

- ngrok으로 외부 주소를 생성하기에 앞서 FastAPI로 서버를 생성해 두어야 합니다. ngrok은 로컬 PC의 8000번 포트를 이용해 주소를 생성하는데, 예제 4.8의 파이썬 스크립트를 uvicorn으로 실행해 두지 않으면, 즉 8000번 포트에 서버를 생성해 두지 않으면 ngrok으로 생성한 주소는 의미가 없는 주소가 됩니다.
- ngrok으로 생성한 주소를 복사할 때 Ctrl+C 키를 눌러 복사를 시도하면 실행이 종료됩니다. 명령 프롬프트에서 주소를 복사할 때는 Ctrl+Insert 키를 활용해 복사하세요.

텔레그램 API의 웹훅을 사용해 텔레그램 서버와 로컬 서버 연결하기

이제 외부 서버와 연결할 수 있는 주소까지 생성했으므로 텔레그램 서버와 연결하기만 하면 됩니다. 텔레그램 API에서는 웹훅(Webhook)이라는 메서드[18]를 제공합니다. 이 메서드를 활용해 텔레그램 채팅방과 서버의 URL을 연결하면 해당 URL로 채팅 메시지 정보를 전달받을 수 있습니다. 무엇보다 강점은 새로운 채팅이 생성될 때마다 웹훅을 통해 정보를 받을 수 있다는 점입니다.

웹훅의 사용 방법은 다음과 같습니다. 아래 URL 주소에서 〈봇 토큰〉과 〈주소〉 부분만 알맞게 변경한 다음 인터넷 브라우저의 주소창에 입력하면 됩니다. 〈봇 토큰〉에는 앞서 4.4.2절 '텔레그램 API 사용하기(120쪽)'에서 봇 파더를 통해 발급받은 봇 토큰을 넣어줍니다. 〈주소〉에는 ngrok을 이용해 생성한 주소 뒤에 /chat/을 붙여 넣어줍니다.

<주소> = ngrok으로 생성한 주소/chat/

【예】

- **ngrok 주소:** https://70d1-182-224-74-212.ngrok-free.app
- **〈주소〉:** https://70d1-182-224-74-212.ngrok-free.app/chat/

18 https://core.telegram.org/bots/api#setwebhook

```
https://api.telegram.org/bot<봇 토큰>/setWebhook?url=<주소>
```

이 값을 주소로 바꾸고 실행합니다

이 값을 토큰으로 바꾸고 실행합니다

웹훅 메서드를 통해 로컬 서버의 URL과 텔레그램 채팅방이 잘 연결되면 화면에 다음과 같이 "Webhook was set"이라는 문구가 출력됩니다.

```
{
    "ok": true,
    "result": true,
    "description": "Webhook was set"
}
```

그림 4.22 텔레그램 웹훅과 연결

단, 웹훅으로 연결된 텔레그램 봇 채팅방은 해당 URL을 활용한 접근 외에는 통신할 수 없습니다.

이제 모든 연결이 완료됐습니다. 최종적으로 텔레그램의 채팅방에 "안녕하세요?"라고 메시지를 남겨서 메시지가 잘 출력되는지 확인해 보겠습니다. 예제 4.8에서 "메인주소/chat/"으로 접속하면 `chat()` 함수를 실행하고, `chat()` 함수에서는 사용자가 전송한 메시지를 출력하도록 구현했기 때문에 다음과 같은 결과가 출력됩니다. 해당 결과는 `uvicorn ch04_telegrambot:app –reload` 명령을 수행한 터미널 창에서 확인할 수 있습니다.

결과

```
{
    "update_id":348947804,
    "message":{
        "message_id":43,
        "from":{
            "id":1613810898,
            "is_bot":false,
            "first_name":"Junseong",
            "last_name":"Kim",
            "language_code":"ko"
```

```
        },
        "chat":{
            "id":1613810898,
            "first_name":"Junseong",
            "last_name":"Kim",
            "type":"private"
        },
        "date":1686834930,
        "text":"안녕하세요?"
    }
}
```

지금까지 FastAPI와 ngrok을 활용해 텔레그램 서버와 로컬 PC를 연결하는 방법을 살펴봤습니다. 이제 텔레그램이라는 친구를 로컬 PC로 초대했으니, 로컬 PC라는 방 안에서 챗봇을 완성하기 위한 코드를 구현해 보겠습니다.

4.5.2 텔레그램 챗봇 구현하기

지금부터 본격적으로 챗봇 코드를 구현해 보겠습니다. 코드는 기본 정보 설정 단계, 기능 함수 구현 단계, 서버 생성 단계, 메인 함수 구현 단계로 크게 4개의 구조로 나뉩니다.

예제 4.9 텔레그램 챗봇의 구조 ch04/ch04_telegrambot.py

```
01 ###### 기본 정보 설정 단계 ######
02 # import
03 ... 생략 ...
04
05 # OpenAI API 키
06 ... 생략 ...
07 # 텔레그램 봇 토큰
08 ... 생략 ...
09
10 ###### 기능 함수 구현 단계 ######
11
12 # 메시지 전송
13 def sendMessage(chat_id, text, msg_id):
```

```
14      ... 생략 ...
15
16  # 사진 전송
17  def sendPhoto(chat_id, image_url, msg_id):
18      ... 생략 ...
19
20  # ChatGPT에게 질문/답변받기
21  def getTextFromGPT(messages):
22      ... 생략 ...
23
24  # DALL·E에게 질문/그림 URL 받기
25  def getImageURLFromDALLE(mcssages):
26      ... 생략 ...
27
28  ###### 서버 생성 단계 ######
29      ... 생략 ...
30
31  ###### 메인 함수 구현 단계 ######
32
33  def chatBot(telegramrequest):
34      ... 생략 ...
```

- **기본 정보 설정 단계**

  프로그램에서 사용하는 패키지를 불러오고 OpenAI의 API 키와 텔레그램의 API 키를 지정합니다.

- **기능 함수 구현 단계**

  프로그램의 모든 기능을 함수화하여 메인 함수에서 사용할 수 있게 정리합니다. 메시지 전송, 사진 전송, ChatGPT에게 질문/답변받기, DALL·E에게 질문/그림 URL 받기 총 4개의 함수를 생성합니다.

- **서버 생성 단계**

  예제 4.8에서 살펴본 부분으로 FastAPI를 활용하여 로컬 서버를 생성합니다.

- **메인 함수 구현 단계**

  프로그램을 구동하는 메인 함수로 상황에 맞는 함수를 호출하여 코드를 진행합니다.

기본 정보 설정 단계

이어서 단계별로 챗봇 코드를 구현해 보겠습니다. 먼저 기본 정보 설정 단계에서는 프로그램을 구동하는 데 필요한 다양한 라이브러리를 불러오고, OpenAI의 API 키와 텔레그램의 봇 토큰을 저장합니다.

예제 4.10 텔레그램 챗봇 – 기본 정보 설정 단계 ch04/ch04_telegrambot.py

```
01 ###### 기본 정보 설정 단계 ######
02 import urllib3
03 import json
04 import openai
05 from fastapi import Request, FastAPI
06
07 # OpenAI API 키 입력 및 클라이언트 생성
08 API_KEY = "OpenAI API key"          이 값을 OpenAI API 키로 바꾸고 실행합니다
09 client = openai.OpenAI(api_key = API_KEY)
10
11 # 텔레그램 봇 토큰
12 BOT_TOKEN = "Telegram Bot Token"    이 값을 봇 토큰으로 바꾸고 실행합니다
```

01~05 프로그램 구동에 필요한 패키지를 불러옵니다. urllib3는 텔레그램 API를 활용하여 HTTP 통신을 하는 데 사용합니다. json은 텔레그램 API가 응답한 데이터가 JSON 형태이므로 응답 데이터를 처리하는 데 사용합니다. openai는 ChatGPT와 DALL·E를 사용할 때 활용합니다. fastapi는 로컬 서버를 생성하는 데 사용합니다.

해당 패키지 중 별도로 설치해야 하는 패키지는 openai와 fastapi입니다. 앞서 실습 과정에서 ch04_env 가상 환경에 설치했지만, 앞서 설치하지 않았다면 이전 절에서 설명한 패키지별 설치 방법을 참고하여 설치합니다.

07~09 OpenAI API 키를 입력하고, 클라이언트를 생성합니다.

11~12 텔레그램 채팅방의 봇 토큰을 입력합니다.

기능 함수 구현 단계

기능 함수 구현 단계에서는 프로그램을 구동하는 데 필요한 모든 기능을 함수화하여 메인 함수에서 사용할 수 있도록 정리합니다. 메시지 전송, 사진 전송, ChatGPT에게 질문하고 답변받기, DALL·E에게 그림 요청하고 그림 URL 받기 총 4개의 함수로 구성됩니다.

예제 4.11 텔레그램 챗봇 - 기능 함수 구현 단계 ch04/ch04_telegrambot.py

```
01 ###### 기능 함수 구현 단계 ######
02 # 메시지 전송
03 def sendMessage(chat_id, text, msg_id):
04     data = {
05         'chat_id': chat_id,
06         'text': text,
07         'reply_to_message_id': msg_id
08     }
09     http = urllib3.PoolManager()
10     url = f"https://api.telegram.org/bot{BOT_TOKEN}/sendMessage"
11     response = http.request('POST', url, fields=data)
12     return json.loads(response.data.decode('utf-8'))
13
14 # 사진 전송
15 def sendPhoto(chat_id, image_url, msg_id):
16     data = {
17         'chat_id': chat_id,
18         'photo': image_url,
19         'reply_to_message_id': msg_id
20     }
21     http = urllib3.PoolManager()
22     url = f"https://api.telegram.org/bot{BOT_TOKEN}/sendPhoto"
23     response = http.request('POST', url, fields=data)
24     return json.loads(response.data.decode('utf-8'))
25
26 # ChatGPT에게 질문/답변받기
27 def getTextFromGPT(messages):
28     messages_prompt = [{"role": "system", "content": 'You are a thoughtful
assistant. Respond to all input in 25 words and answer in korea'}]
```

```
29      messages_prompt += [{"role": "system", "content": messages}]
30      response = client.chat.completions.create(model="gpt-3.5-turbo",
messages=messages_prompt)
31      system_message = response.choices[0].message.content
32      return system_message
33
34  # DALL·E에게 질문/그림 URL 받기
35  def getImageURLFromDALLE(messages):
36      response = client.images.generate(
37          model="dall-e-3",
38          prompt=messages,
39          size="1024x1024",
40          quality="standard",
41          n=1)
42      image_url = response.data[0].url
43      return image_url
```

03~12 ChatGPT의 답변을 채팅방으로 전송하기 위한 함수입니다. urllib3와 텔레그램 API를 활용하여 텔레그램 대화방에 메시지를 전송합니다. 자세한 설명은 예제 4.5를 참고합니다.

15~24 DALL·E가 생성한 그림을 채팅방으로 전송하기 위한 함수입니다. urllib3와 텔레그램 API를 활용하여 텔레그램 대화방에 사진을 전송합니다. 자세한 설명은 예제 4.6을 참고합니다.

27~32 OpenAI API를 활용하여 ChatGPT에게 질문하고 답변받는 함수입니다. 예제 코드에서 프롬프트를 "You are a thoughtful assistant. Respond to all input in 25 words and answer in korea"와 같이 작성하여 ChatGPT가 한글로 25자 내외의 답변을 하도록 설정했습니다. 이 부분은 필요에 따라 적절히 변경하여 사용합니다. 프롬프트 양식과 자세한 API 사용 방법은 2.4절 'ChatGPT API 기본 사용 방법(47쪽)'을 참고합니다.

35~43 OpenAI API를 활용하여 DALL·E에게 그림 생성을 요청하고 생성된 그림의 URL을 반환받는 함수입니다. 예제 코드에서 생성할 이미지의 크기를 "1024×1024"로 설정해 두었습니다. 이 부분은 필요에 따라 적절히 변경하여 사용합니다. 자세한 API 사용 방법은 예제 4.1을 참고합니다.

서버 생성 단계

FastAPI를 활용하여 로컬 서버를 생성하는 단계입니다. 자세한 설명은 예제 4.8을 참고합니다.

예제 4.12 텔레그램 챗봇 - 서버 생성 단계 ch04/ch04_telegrambot.py

```
01 ###### 서버 생성 단계 #####
02 app = FastAPI()
03
04 @app.get("/")
05 async def root():
06     return {"message": "TelegramChatbot"}
07
08 @app.post("/chat/")
09 async def chat(request: Request):
10     telegramrequest = await request.json()
11     chatBot(telegramrequest)
12     return {"message": "TelegramChatbot/chat"}
```

02 FastAPI 클래스로 app이라는 인스턴스를 만듭니다.

04~06 HTTP GET 메서드 형태로 서버의 루트(/)로 접속하면 root() 함수를 실행합니다.

08~09 HTTP POST 메서드 형태로 "메인주소/chat/"으로 접속하면 chat() 함수를 실행합니다. 로컬 포트가 8000번으로 설정돼 있기 때문에 http://127.0.0.1:8000/chat/으로 접속하는 경우를 뜻합니다.

10 텔레그램 서버가 전송한 request 메시지를 JSON 형태로 telegramrequest 변수에 저장합니다.

11 메인 함수인 chatBot() 함수를 실행합니다. chat() 함수는 텔레그램 채팅방에 새로운 채팅을 입력하면 실행되는 함수이므로 새로운 채팅을 입력하면 자연스럽게 chatBot() 함수가 실행됩니다. 자세한 내용은 4.5.1절의 'FastAPI 사용 방법 익히기(129쪽)'를 참고합니다.

메인 함수 구현 단계

프로그램을 구동하는 메인 함수로, 상황에 맞는 함수를 호출합니다. 사용자의 입력을 분석하여 ChatGPT에게 답변을 요청하거나, DALL·E에게 그림 생성을 요청합니다.

예제 4.13 텔레그램 챗봇 - 메인 함수 구현 단계 ch04/ch04_telegrambot.py

```
01 ###### 메인 함수 구현 단계 #####
02 def chatBot(telegramrequest):
03
04     result = telegramrequest
05
```

```
06      if not result['message']['from']['is_bot']:
07
08          # 메시지를 보낸 사람의 chat id
09          chat_id = str(result['message']['chat']['id'])
10
11          # 해당 메시지의 ID
12          msg_id = str(int(result['message']['message_id']))
13
14          # 그림 생성을 요청했다면
15          if '/img' in result['message']['text']:
16              prompt = result['message']['text'].replace("/img", "")
17              # DALL·E로부터 생성한 이미지 URL 받기
18              bot_response = getImageURLFromDALLE(prompt)
19              # 이미지를 텔레그램 방에 보내기
20              print(sendPhoto(chat_id, bot_response, msg_id))
21
22          # ChatGPT의 답변을 요청했다면
23          if '/ask' in result['message']['text']:
24              prompt = result['message']['text'].replace("/ask", "")
25              # ChatGPT로부터 답변받기
26              bot_response = getTextFromGPT(prompt)
27              # 답변을 텔레그램 방에 보내기
28              print(sendMessage(chat_id, bot_response, msg_id))
29
30      return 0
```

04 텔레그램을 통해 전달 받은 채팅 정보를 result 변수에 저장합니다.

06 채팅 메시지가 봇이 입력한 메시지인지, 사용자(사람)가 입력한 메시지인지 판단합니다.

09 채팅을 입력한 사용자에게 회신하기 위해 사용자의 ID를 chat_id 변수에 저장합니다.

12 해당 메시지에 답변하기 위해 메시지 ID를 msg_id 변수에 저장합니다.

15 메시지 내용에 /img가 포함돼 있는지 확인합니다.

16 메시지 안의 /img를 삭제하고 prompt 변수에 저장합니다.

18 getImageURLFromDALLE 함수를 활용해 DALL·E에게 그림 생성을 요청합니다.

20 sendPhoto 함수를 활용해 텔레그램 채팅방에 사진을 전송합니다. 이때 위에서 작성한 chat_id와 msg_id를 활용해 메시지를 입력한 사용자와 해당 메시지에 직접 답변합니다.

23 메시지 내용에 /ask가 포함돼 있는지 확인합니다.

24 메시지 안의 /ask를 삭제하고 prompt 변수에 저장합니다.

26 getTextFromGPT 함수를 활용해 ChatGPT에게 답변을 받습니다.

28 sendMessage 함수를 활용해 텔레그램 채팅방에 메시지를 전송합니다. 이때 위에서 작성한 chat_id와 msg_id를 활용해 메시지를 입력한 사용자와 해당 메시지에 직접 답변합니다.

지금까지 텔레그램 챗봇의 코드를 구현해 봤습니다. 만약 uvicorn 명령어를 이용해 서버를 실행 중이라면 Ctrl+S 키를 눌러 스크립트 파일을 저장하면 자동으로 서버에 코드가 반영됩니다. 만약 서버를 실행한 상태가 아니라면 아래의 명령어를 이용해 서버를 실행합니다.

```
(ch04_env) C:\chat-gpt-prg\ch04> uvicorn ch04_telegrambot:app --reload
```

텔레그램 채팅방에 질문하면 정상적으로 잘 작동하는 모습을 확인할 수 있습니다. 이때 주의해야 할 점은, 챗봇이 동작하려면 uvicorn 명령어를 이용해 ch04_telegrambot.py 스크립트를 실행한 상태여야 하며, 동시에 ngrok을 실행하여 외부 주소가 로컬 서버와 연결된 상태여야 합니다. 즉 컴퓨터가 항상 켜져 있어야 하고 다른 작업을 할 때도 일정량의 컴퓨팅 리소스를 챗봇을 동작하는 데 사용해야 한다는 큰 단점이 있습니다. 다음 절에서는 로컬 PC가 아닌 아마존의 클라우드 서비스인 AWS를 활용해 챗봇을 구현하는 방법을 살펴보겠습니다.

4.6 아마존 웹 서비스를 활용하여 텔레그램 챗봇 만들기

이번 절에는 아마존 웹 서비스(Amazon Web Services)를 활용하여 언제 어디서나 텔레그램 챗봇을 사용할 수 있도록 만들어 보겠습니다. 기본적인 프로그램의 동작 원리는 이전 절에서 살펴본 로컬 PC를 활용하는 방법과 같지만, 외부 클라우드 서버와 연결하는 과정이 복잡하므로 천천히 실습해 보겠습니다. 먼저 프로그램을 구동할 아마존 웹 서비스에 대해 알아보겠습니다.

4.6.1 아마존 웹 서비스란

아마존 웹 서비스는 아마존에서 제공하는 클라우드 컴퓨팅 플랫폼입니다. 컴퓨팅 성능, 스토리지, 데이터베이스, 머신러닝, 분석, 사물 인터넷(IoT) 등 다양한 서비스를 제공합니다. 쉽게 생각해서 아마존에서 컴퓨터를 유료로 대여해 주고 직접 컴퓨터를 동작까지 시켜주는 서비스입니다. 많은 사용자 접속이 필요한 서비스나 컴퓨팅 리소스가 많이 필요할 때 특히 유용합니다. 챗봇을 구현하는 데에는 AWS 람다(AWS Lambda)와 AWS API 게이트웨이(AWS API Gateway) 두 가지 서비스를 활용할 예정입니다.

- **AWS 람다**: 코드가 실행되는 아주 잠깐의 시간 동안 순간적으로 컴퓨터를 빌렸다가, 코드의 실행이 끝나자마자 컴퓨터를 반납하여 효율을 극대화한 서비스입니다. 서버를 프로비저닝하거나 관리하지 않고도 코드를 실행할 수 있는 서버리스 컴퓨팅 서비스입니다. API 게이트웨이 요청, S3 버킷 업데이트 또는 CloudWatch 알람과 같은 이벤트에 대한 응답으로 애플리케이션을 자동으로 확장하고 코드를 실행합니다. 사용한 컴퓨팅 시간만큼만 요금을 지불하므로 비용이 효율적입니다. **이 책에서는 채팅창에 메시지가 입력됐을 때 코드를 실행하는 데 사용합니다.**
- **AWS API 게이트웨이**: 자신만의 주소를 생성하여 통신을 할 수 있는 게이트(문)의 역할을 합니다. API를 생성, 게시, 관리할 수 있는 완전 관리형 서비스입니다. API 게이트웨이를 통해 람다 함수나 기타 AWS 서비스 또는 자체 서버와 같은 다양한 서비스로 라우팅할 수 있습니다. 클라이언트와 백엔드 서비스 간의 연결을 관리하는 데 도움이 되므로 서버리스 애플리케이션을 만드는 데 필수적인 구성 요소입니다. 이 책에서는 **채팅방에 메시지가 입력됐음을 감지하고, AWS 람다 함수에 동작 명령을 지시하는 역할을 합니다.**

4.6.2 AWS 요금 정책 확인하기

AWS는 사용한 만큼만 요금을 지불하는 유료 서비스입니다. 하지만 처음 회원가입을 하면 프리티어 기간 동안 일정 사용량에 대해 무료 크레딧을 제공합니다.

AWS 람다는 평생 한달에 100만 건의 요청까지 무료로 제공합니다. 100만 건의 요청이 넘어가면 요청 건수, 시간, 사용 컴퓨팅 메모리에 따라 요금이 부과됩니다.

- **AWS 람다 요금 정책**: https://aws.amazon.com/ko/lambda/pricing/

AWS API 게이트웨이는 회원가입 후 12개월의 프리티어 기간 동안 총 100만 건의 요청까지 무료로 제공합니다. 프리티어 기간이 지난 후에는 요청 건수당 요금이 부과되고

HTTP, REST, 웹 소켓별로 별도의 요금 정책이 적용됩니다. HTTP의 요금 정책은 다음 그림과 같습니다.

- **AWS API 게이트웨이 요금 정책:** https://aws.amazon.com/ko/api-gateway/pricing/

API 호출

요청 수(월별)	요금(백만 건당)
처음 3억 건	1.23 USD
3억 건 이상	1.11 USD

*HTTP API는 512KB 단위로 사용량이 계측됩니다.

그림 4.23 AWS API 게이트웨이 요금 정책 - HTTP

4.6.3 AWS를 활용한 텔레그램 챗봇의 구조

다음 그림은 AWS를 활용한 텔레그램 챗봇의 구조입니다. 로컬 서버를 활용한 텔레그램 챗봇(그림 4.9)과 비교해 보면 로컬 PC 대신 AWS 람다를 사용하고, ngrok 대신 AWS API 게이트웨이를 사용하는 점이 다릅니다.

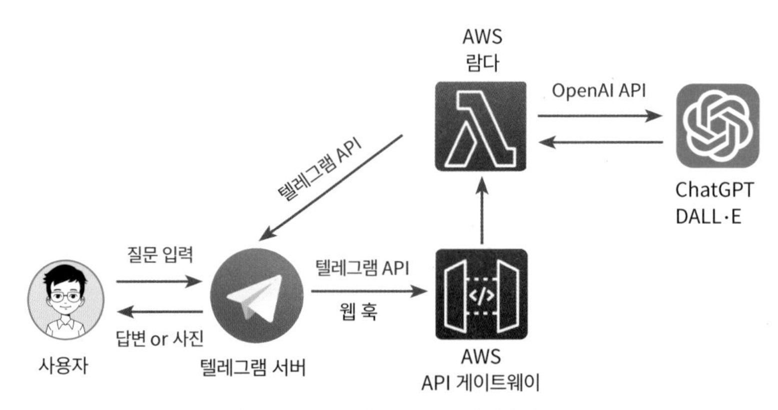

그림 4.24 AWS를 활용한 텔레그램 챗봇의 구조

- **질문 입력: 사용자**

  사용자는 텔레그램 채팅방에서 원하는 질문을 전송합니다. 이때 ChatGPT에게 질문을 하려면 "/ask"로 메시지를 시작하고, DALL·E에게 그림을 요청하려면 "/img"로 메시지를 시작합니다. 예를 들어, "/ask 부자가 되는 법을 알려줘" 또는 "/img 차 위에 있는 고양이 그림을 그려줘"라고 작성합니다.

- **텔레그램 서버: 텔레그램 API 활용**

  채팅방 내의 메시지를 서버로 전송하거나, 텍스트나 사진을 채팅방에 전송하여 사용자에게 제공하는 역할을 합니다. 4.2절 '개발 환경 구축하기(109쪽)'에서 살펴본 텔레그램 API를 활용하여 서버와 통신합니다.

- **AWS API 게이트웨이**

  AWS API 게이트웨이는 쉽게 생각해서 텔레그램 서버와 AWS 람다 함수를 연결해 주는 연결고리 역할을 합니다. 텔레그램 채팅방에 새로운 메시지가 생성되면 AWS API 게이트웨이가 AWS 람다 함수를 호출하여 실행시킵니다. 추가로 AWS API 게이트웨이와 텔레그램 채팅방은 텔레그램 API에서 지원하는 웹훅 기능을 활용해 연결합니다.

- **AWS 람다**

  AWS API 게이트웨이를 통해 새로운 메시지 정보를 받으면 메시지를 직접 처리한 다음 OpenAI API를 통해 ChatGPT 및 DALL·E에 작업을 요청합니다. 또한, 작성이 완료된 답변 또는 그림을 텔레그램 API를 활용하여 다시 텔레그램 서버로 전송합니다.

- **OpenAI**

  OpenAI에서 지원하는 API를 활용하여 질문은 ChatGPT에게 요청하고, 그림 생성은 DALL·E에게 요청하여 답변 내용을 AWS 람다로 전송합니다. 이 과정은 OpenAI의 API 키가 꼭 필요하며, 답변 길이와 그림의 해상도에 따라 비용이 발생합니다.

4.6.4 AWS 람다 설정하기

AWS 람다 함수를 사용하려면 AWS에 접속하여 회원가입을 진행해야 합니다. 먼저 회원가입을 진행하고, 오른쪽 상단에 있는 **[콘솔에 로그인]** 버튼을 눌러 로그인합니다. AWS 콘솔에 로그인했다면 상단의 콘솔 창에 lambda라고 검색하고 서비스 아래에 있는 [Lambda] 버튼을 클릭합니다.

- **아마존 웹 서비스 홈페이지:** https://aws.amazon.com/ko

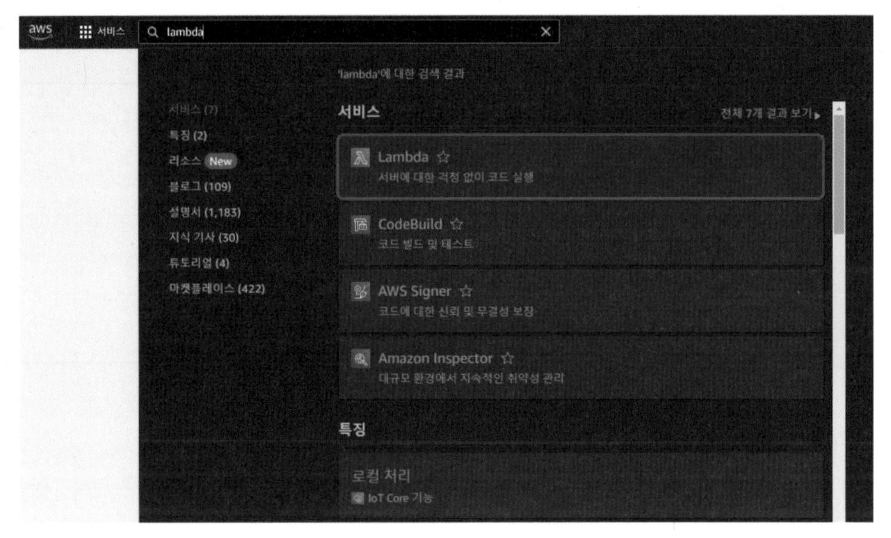

그림 4.25 AWS 홈페이지에서 람다(Lambda) 서비스로 이동

화면 중앙에 있는 [**함수 생성**] 버튼을 클릭해 새로운 함수 생성을 시작합니다.

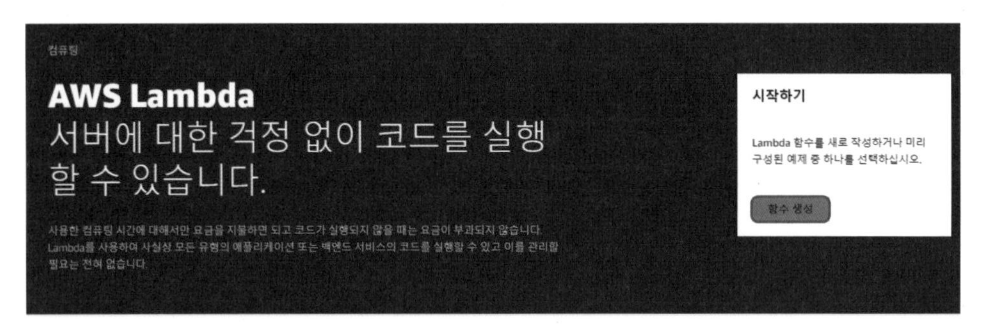

그림 4.26 AWS 람다 함수 생성 시작하기

함수 이름에는 원하는 함수 이름을 작성합니다. 이 책에서는 `gptTelegrambot`으로 지정했습니다. 코드는 파이썬을 활용할 예정이므로 런타임을 'Python 3.11'로 설정하고, 아키텍처는 x86_64를 선택합니다. 마지막으로 오른쪽 아래에 있는 [**함수 생성**] 버튼을 클릭합니다.

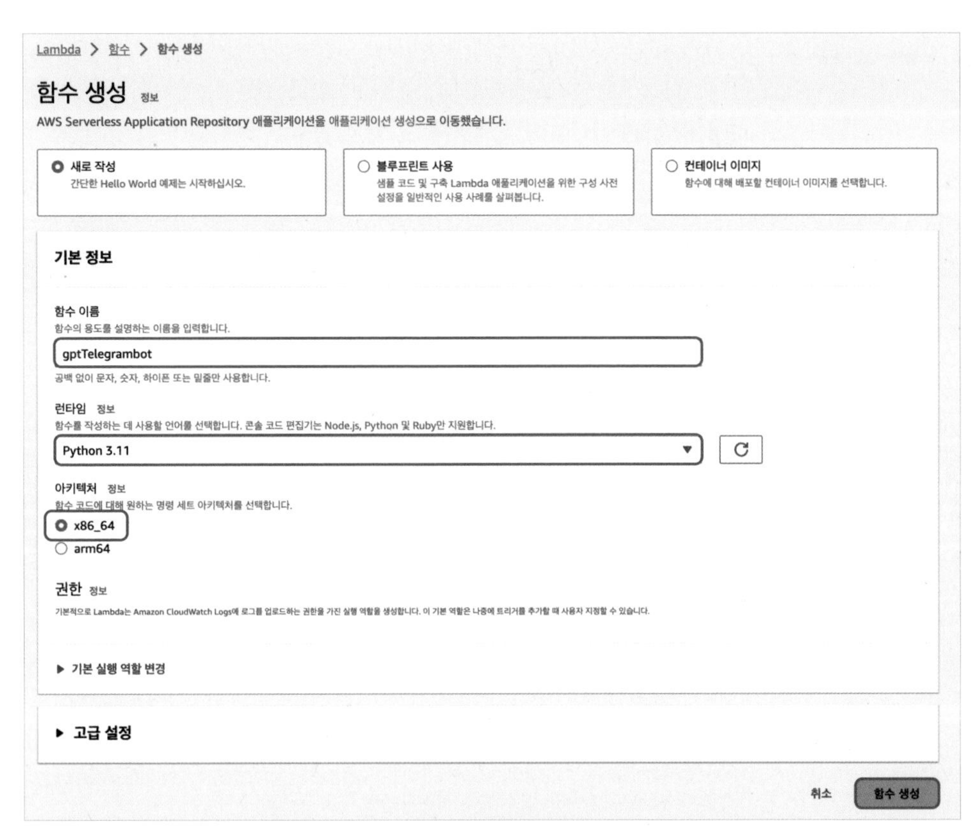

그림 4.27 AWS 람다 함수 생성하기

함수 생성이 완료되면 다음과 같은 화면이 나옵니다. 화면 아래쪽 코드 소스에 있는 편집기 화면은 람다를 실행했을 때 작동할 코드를 편집하는 화면입니다. 화면 왼쪽 상단의 트리거에는 언제 람다를 실행시킬지 지정합니다. 이 기능을 활용하여 텔레그램 대화창에 새로운 메시지가 생성될 때를 트리거로 설정합니다. 자세한 내용은 4.6.5절 'AWS API 게이트웨이 설정하기(160쪽)'에서 살펴보겠습니다.

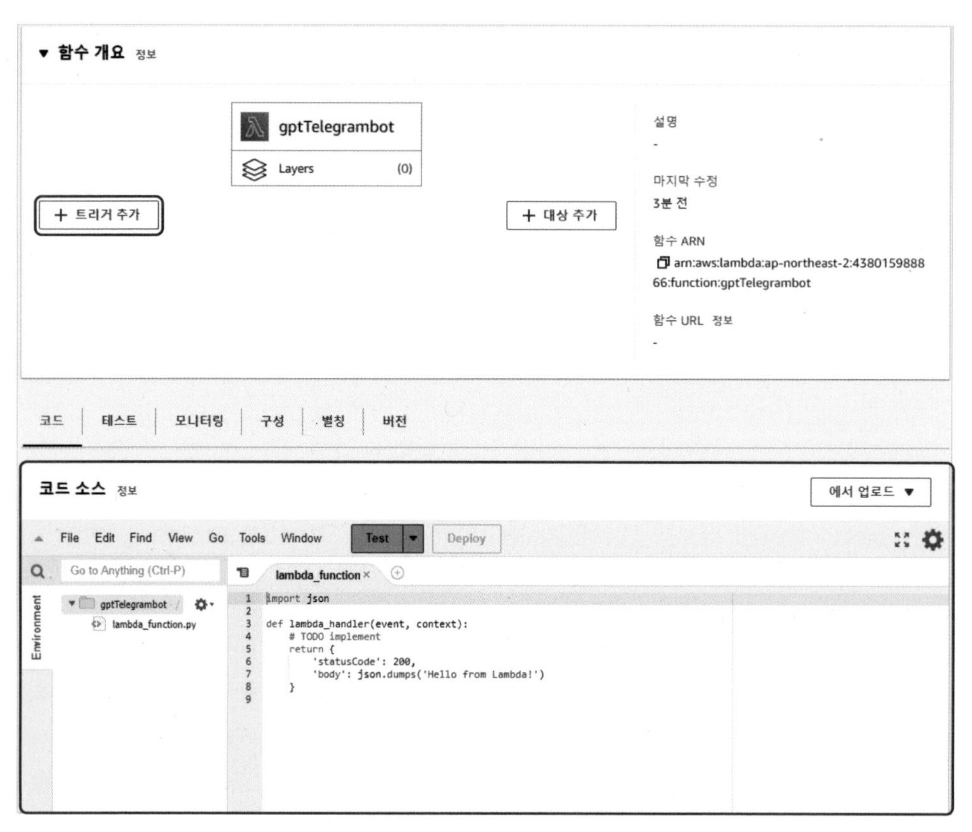

그림 4.28 AWS 홈페이지의 람다 함수

코드 소스의 lambda_function.py 파일을 보면 lambda_handler 함수가 있습니다. 이 함수는 람다가 실행 명령을 받았을 때 실행되도록 약속돼 있습니다. 마치 파이썬 또는 C/C++에서의 메인 함수와 같은 역할을 합니다. 또한 이 함수는 event와 context 파라미터를 매개변수로 전달받습니다. event와 context로 어떤 정보가 들어오는지 확인하기 위해 코드를 실행해 보겠습니다. 다음과 같이 event와 context를 출력하는 print() 함수를 추가합니다.

```
import json

def lambda_handler(event, context):
    # TODO implement

    print("event : ", event)
```

```
    print("context : ", context)

    return {
        'statusCode': 200,
        'body': json.dumps('Hello from Lambda!')
    }
```

코드를 작성했으면 [Deploy] 버튼을 클릭해 코드를 배포하고, [Test] 버튼을 클릭합니다.

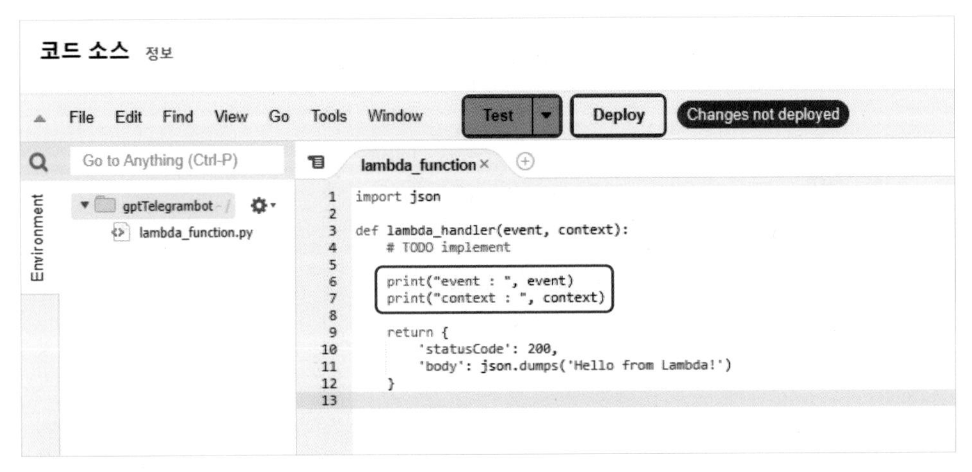

그림 4.29 lambda_handler 함수 살펴보기

[Test] 버튼을 클릭하면 테스트 이벤트 구성 창이 나옵니다. 테스트 이벤트 구성은 코드를 테스트할 때 함수에 전달되는 파라미터인 event 변수에 담을 정보를 작성하는 부분입니다. 예를 들어, 구현하고자 하는 서비스로부터 받을 데이터 형식이 있다면 이벤트 JSON에 해당 형식에 맞게 작성합니다. 우선 기본적으로 주어지는 예제를 활용해 보겠습니다. 이벤트 이름을 작성하고 [**저장**] 버튼을 클릭합니다.

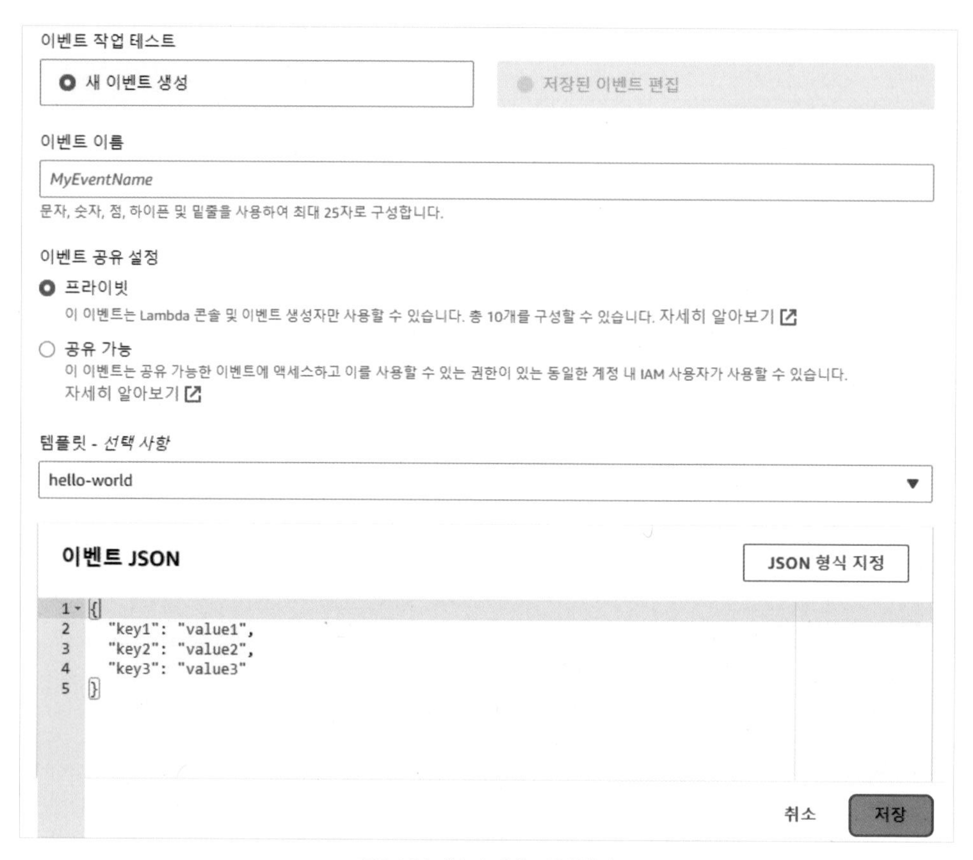

그림 4.30 테스트 이벤트 구성하기

다시 한번 코드 소스 창의 [Test] 버튼을 클릭하면 코드의 실행 결과를 확인할 수 있습니다. Response에는 `lambda_handler` 함수의 반환 값이 나오고, Function Logs에는 함수를 실행한 결과가 출력됩니다. 즉, 앞서 작성한 `event`와 `context`의 출력값을 확인할 수 있습니다. 특히 앞서 작성한 이벤트 JSON 값은 `event` 파라미터를 통해 확인할 수 있습니다. 추후에 텔레그램 메시지 정보 또한 `event` 파라미터로 확인할 수 있습니다.

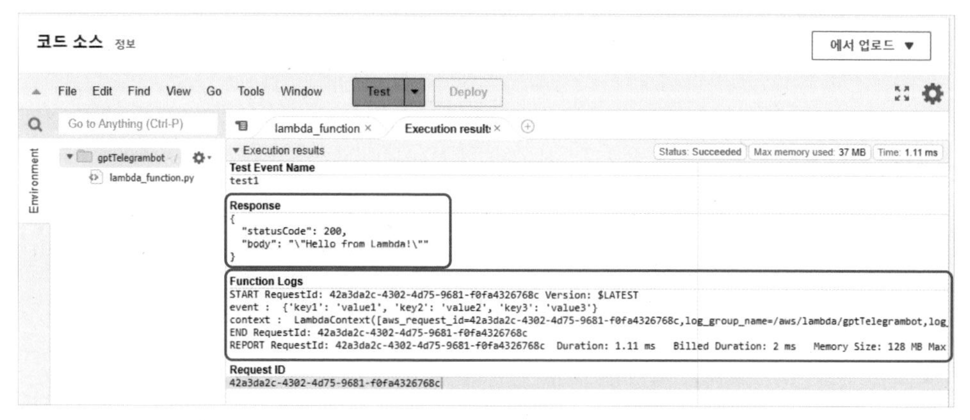

그림 4.31 lambda_handler 함수 테스트 결과

기본 함수의 동작을 확인했으니 텔레그램의 봇 토큰과 OpenAI API 키를 환경 변수로 설정해 보겠습니다. 환경 변수로 저장하는 이유는 관리가 용이하고, 보안상의 이유로 코드 내부에 키가 위치하는 것을 피하기 위함입니다. 코드 소스 창 아래에서 [**구성**] → [**환경 변수**] → [**편집**]을 차례로 클릭합니다.

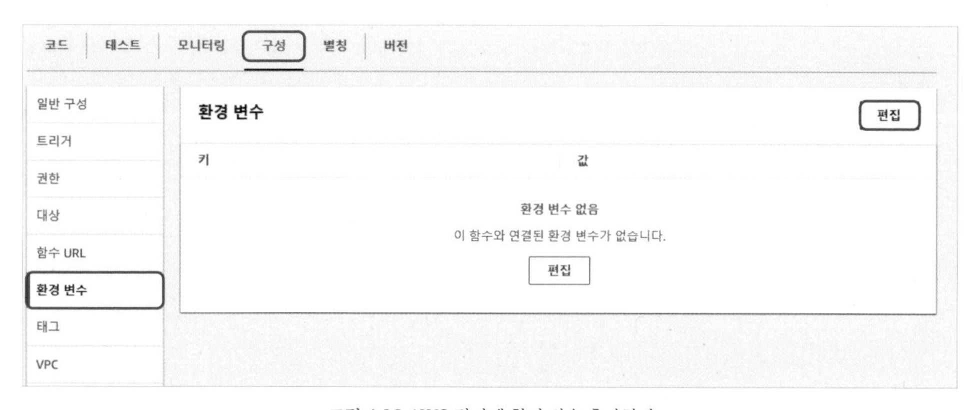

그림 4.32 AWS 람다에 환경 변수 추가하기

텔레그램 봇 토큰의 키는 'TELE_TOKEN'으로 지정하고, 값에는 봇 파더로부터 발급받은 봇 토큰을 입력합니다. OpenAI API의 키는 'OPENAI_API'로 지정하고, 값에는 OpenAI의 API 키를 입력하여 저장합니다.

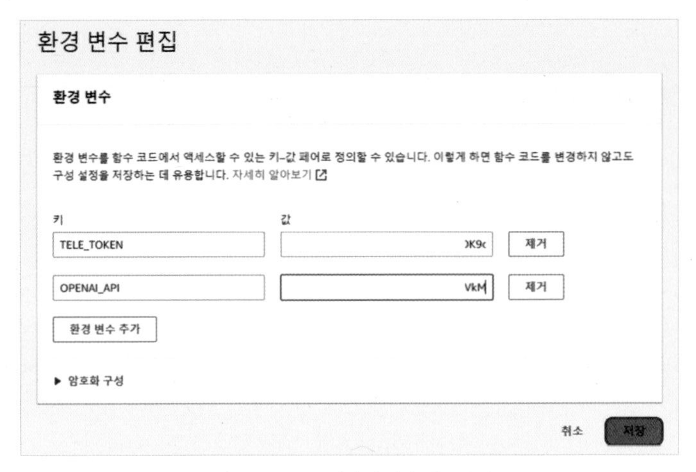

그림 4.33 AWS 람다에 환경 변수 추가

이제 람다의 핵심이 되는 코드를 작성하겠습니다. 코드 작성은 코드 소스 창의 `lambda_function.py` 안에 작성합니다. 코드의 전반적인 내용은 4.4절 '텔레그램에 AI 챗봇 만들기(115쪽)'에서 살펴본 로컬 PC를 활용하여 만든 텔레그램 챗봇과 유사합니다. 몇 가지 다른 점 위주로 살펴보겠습니다.

예제 4.14 텔레그램 챗봇 코드 ch04/ch04_telegrambot_lambda.py

```
01 # 기본 정보 설정 단계
02 import urllib3
03 import json
04 import openai
05 import os
06
07 # OpenAI API 키 입력 및 클라이언트 생성
08 client = openai.OpenAI(api_key = os.environ['OPENAI_API'])
09
10 # 텔레그램 봇 토큰
11 BOT_TOKEN = os.environ['TELE_TOKEN']
12
13 ###### 메인 함수 구현 단계 ######
14 def lambda_handler(event, context):
15
```

```
16      result = json.loads(event['body'])
17
18      if not result['message']['from']['is_bot']:
19          ... 생략 ...
20
21  ###### 기능 함수 구현 단계 ######
22  # 메시지 전송
23  def sendMessage(chat_id, text, msg_id):
24      ... 생략 ...
25
26  # 사진 전송
27  def sendPhoto(chat_id, image_url, msg_id):
28      ... 생략 ...
29
30  # ChatGPT에게 질문/답변받기
31  def getTextFromGPT(messages):
32      ... 생략 ...
33
34  # DALL·E에게 질문/그림 URL 받기
35  def getImageURLFromDALLE(messages):
36      ... 생략 ...
```

02~05 필요한 패키지를 불러옵니다. FastAPI는 사용하지 않으므로 삭제하고, 환경 변수로 등록한 키를 가져오는 데 필요한 os 패키지를 추가합니다.

07~11 OpenAI API 키, 텔레그램 봇 토큰을 설정합니다. 이때 앞서 저장한 환경 변수를 활용합니다. 환경 변수는 os.environ["이름"]을 통해 불러올 수 있습니다.

14 메인이 되는 lambda_hander 함수입니다. 람다가 호출되면 작동하는 함수로, 해당 함수 안에 핵심 동작 코드를 작성합니다(예제 4.13에서 구현한 메인 함수 구현 단계에 해당하는 코드입니다).

16 텔레그램 메시지 정보를 받아 result 변수에 저장합니다. 이때 텔레그램 메시지 정보는 event 파라미터의 body에 담겨있습니다. 따라서 event['body']로 메시지 정보를 가져옵니다.

18~19 텔레그램과 OpenAI가 대화를 주고받는 핵심 코드로, 자세한 설명은 4.5.2절 '텔레그램 챗봇 구현하기(137쪽)'를 참고합니다.

21~36 기능 구현 함수들로 자세한 설명은 4.5.2절 '텔레그램 챗봇 구현하기(137쪽)'를 참고합니다.

코드를 작성한 다음 [Deploy] 버튼을 클릭하고, [Test] 버튼을 클릭하면 "No module named 'openai'" 에러가 나옵니다. AWS 람다에 내장된 파이썬 패키지에는 openai 패키지가 따로 없기 때문에 발생한 에러입니다.

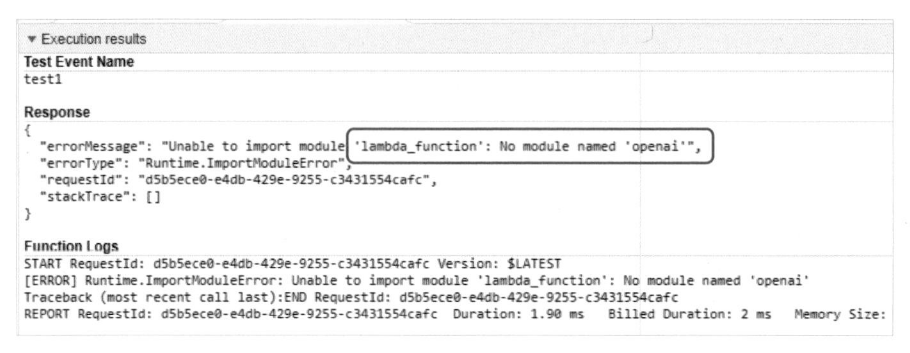

그림 4.34 No module named openai 에러

안타깝게도 AWS 람다에는 pip처럼 손쉽게 패키지를 설치할 수 있는 도구가 없습니다. 대신 패키지 코드를 파일 형식으로 직접 업로드하여 패키지를 사용할 수 있습니다. 먼저 openai 패키지 파일을 내려받습니다. openai 패키지 파일은 위키북스 홈페이지의 도서 페이지[19]에 업로드 해 두었습니다. AWS Lambda의 메인 화면[20]에서 **[계층]** → **[계층 생성]** 버튼을 클릭합니다.

그림 4.35 AWS Lambda 계층 페이지로 이동

19 위키북스 홈페이지의 도서 페이지: https://wikibook.co.kr/chatgpt-api

20 화면 맨 위에 있는 콘솔 창에 lambda로 검색해 이동하거나, 상단의 Lambda > 함수 > gptTelegrambot이라고 표시된 내비게이션에서 Lambda를 선택하면 AWS Lambda 메인 화면으로 이동할 수 있습니다.

이름은 'openai311'으로 입력합니다. .zip 파일 업로드를 선택하고, **[업로드]** 버튼을 클릭해 앞서 내려받은 파일을 선택합니다. 호환 아키텍처는 x86_64, 호환 런타임은 Python 3.11로 설정하고 **[생성]** 버튼을 클릭합니다.

그림 4.36 계층 생성하기

왼쪽 메뉴에서 **[함수]** → [gptTelegrambot]을 선택해 다시 gptTelegrambot 함수로 돌아옵니다. 함수 개요 아래에 있는 [Layers] 버튼을 클릭합니다.

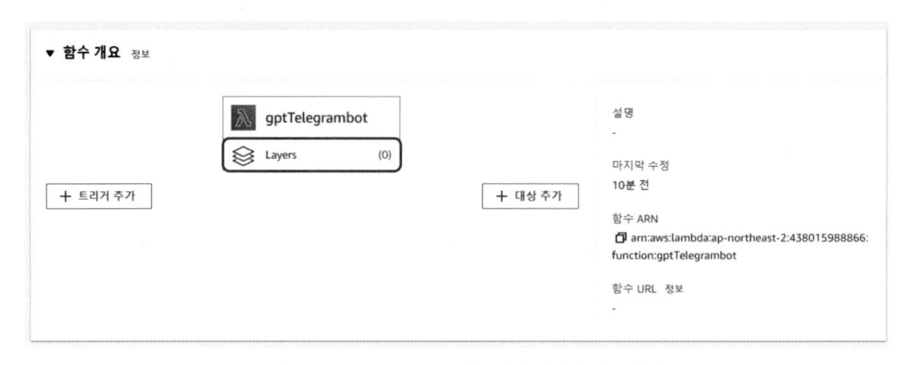

그림 4.37 gptTelgrambot 함수에서 레이어 버튼 클릭

계층 영역 오른쪽에 있는 [Add a layer] 버튼을 클릭합니다.

그림 4.38 계층 영역에서 Add a layer 버튼 클릭

계층 소스에서 사용자 지정 계층을 선택하고 앞서 올린 패키지(openai_python310)를 선택한 다음 [추가] 버튼을 클릭합니다.

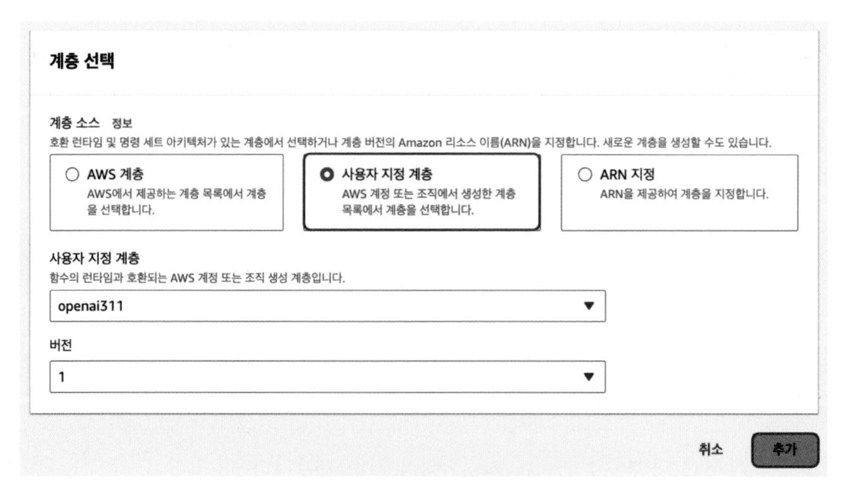

그림 4.39 계층 선택하고 추가하기

업로드가 완료되면 함수 개요의 Layers 옆에 (1)이 표시되는 것을 확인할 수 있습니다.

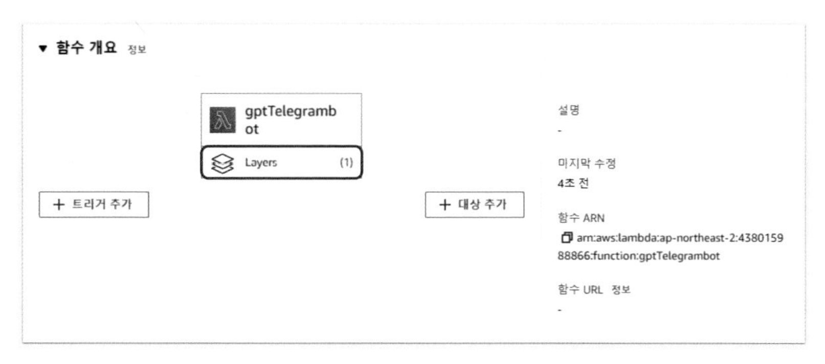

그림 4.40 업로드된 계층 확인

이어서 람다의 제한 시간 설정을 변경하겠습니다. 람다 함수의 작동 제한 시간은 기본 3초로 설정돼 있어서 함수 작동 시간이 3초를 넘어가면 작동을 멈추게 됩니다. 하지만 ChatGPT의 답변 생성 속도와 DALL·E의 그림 생성 속도는 3초로는 많이 부족합니다. 따라서 제한 시간을 길게 변경하겠습니다. **[구성]** → **[일반 구성]** → **[편집]**을 차례로 클릭합니다.

그림 4.41 람다의 제한 시간 늘리기 – 일반 구성 편집

제한 시간을 넉넉하게 1분으로 변경하고 **[저장]** 버튼을 클릭합니다.

기본 설정 편집

기본 설정 정보

설명 - *선택 사항*

메모리 정보
구성된 메모리에 비례하는 CPU가 함수에 할당됩니다.

128 MB

메모리를 128MB~10240MB 범위로 설정

임시 스토리지 정보
함수에 대해 최대 10GB의 임시 스토리지(/tmp)를 구성할 수 있습니다. 요금 보기

512 MB

임시 스토리지(/tmp)를 512MB~10240MB 사이로 설정합니다.

SnapStart 정보
Reduce startup time by having Lambda cache a snapshot of your function after the function has initialized. To evaluate whether your function code is resilient to snapshot operations, review the SnapStart compatibility considerations.

None

지원되는 런타임: Java 11 (Corretto).

제한 시간

1 분 0 초

실행 역할
Choose a role that defines the permissions of your function. To create a custom role, go to the IAM console.

기존 역할 사용

AWS 정책 템플릿에서 새 역할 생성

기존 역할
생성한 기존 역할 중에 이 Lambda 함수와 함께 사용할 역할을 선택합니다. 이 역할에는 Amazon CloudWatch Logs에 로그를 업로드할 수 있는 권한이 있어야 합니다.

service-role/gptTelegrambot-role-urv70jd4

View the gptTelegrambot-role-urv70jd4 role on the IAM console.

취소 저장

그림 4.42 람다의 제한 시간 늘리기 – 제한 시간을 1분으로 설정

4.6.5 AWS API 게이트웨이 설정하기

지금부터 텔레그램 채팅방과 AWS 람다를 연결하는 데 사용할 AWS API 게이트웨이를 생성하겠습니다. AWS 상단의 콘솔 창에 api gateway라고 입력한 다음 서비스 아래에 있는 [API Gateway] 버튼을 클릭합니다.

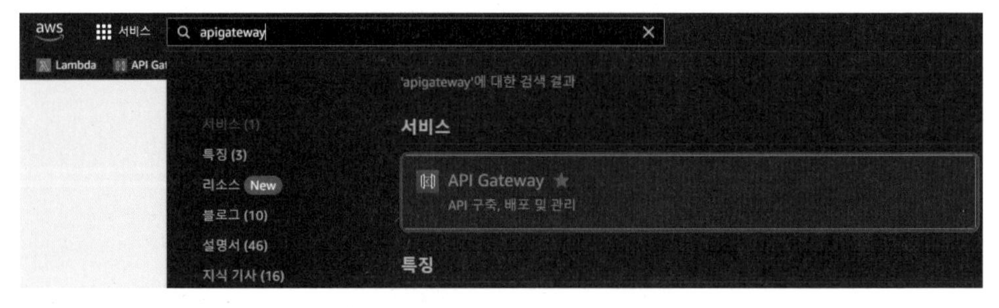

그림 4.43 AWS API Gateway 페이지로 이동

챗봇은 간단한 HTTP 요청에 대한 응답만 구현하면 되므로 HTTP API의 **[구축]** 버튼을 클릭합니다.

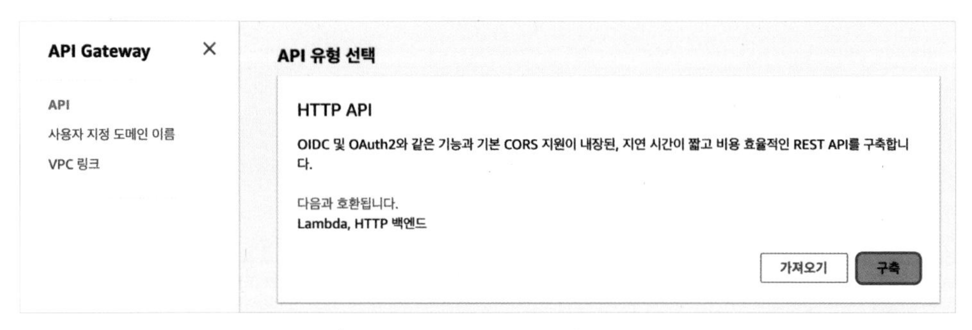

그림 4.44 AWS API Gateway 구축 버튼 클릭

생성할 API를 어떤 서비스와 연결할 것인지 선택해야 합니다. 앞서 만든 람다 함수와 연결하기 위해 **[통합 추가]** 버튼을 누르고, [Lambda]를 선택합니다. Lambda 함수 선택 아래에 있는 입력창을 선택한 다음 앞서 만든 `gptTelegrambot`을 선택합니다. 마지막으로 API 이름을 "`gptTelegrambot`"으로 입력합니다. 설정을 마쳤으면 **[다음]** 버튼을 클릭합니다.

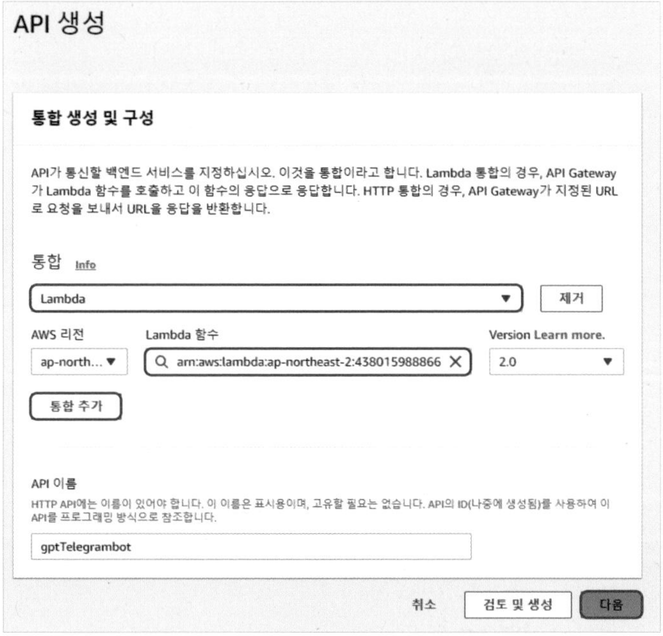

그림 4.45 AWS API 게이트웨이 생성하기 – 통합 추가

텔레그램과 AWS API 게이트웨이의 경로를 구성합니다. POST 방식으로 통신하기 위해 메서드를 POST로 선택하고 **[다음]** 버튼을 클릭합니다.

그림 4.46 AWS API 게이트웨이 생성하기 – 경로 구성

여러 개의 스테이지를 나눠서 배포할 수 있지만, 이번 실습에서는 여러 스테이지가 필요하지 않으므로 따로 설정하지 않고 **[다음]** 버튼을 클릭합니다.

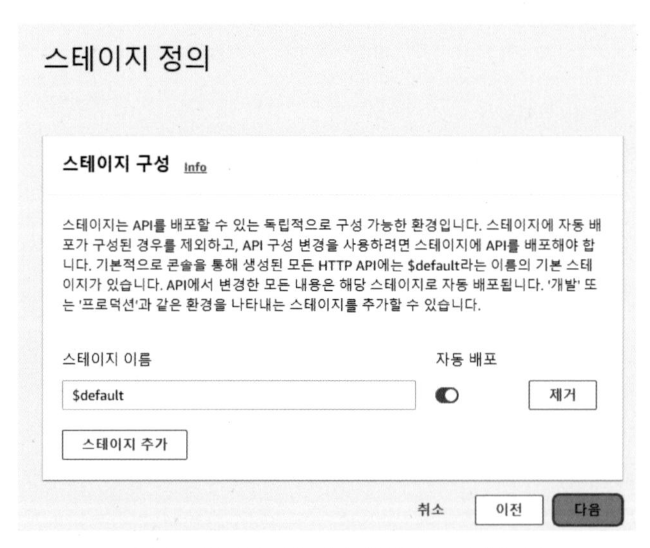

그림 4.47 AWS API 게이트웨이 생성하기 – 스테이지 구성

마지막으로 최종 설정 내용을 확인하고 **[생성]** 버튼을 클릭하면 API 게이트웨이 생성이 완료됩니다.

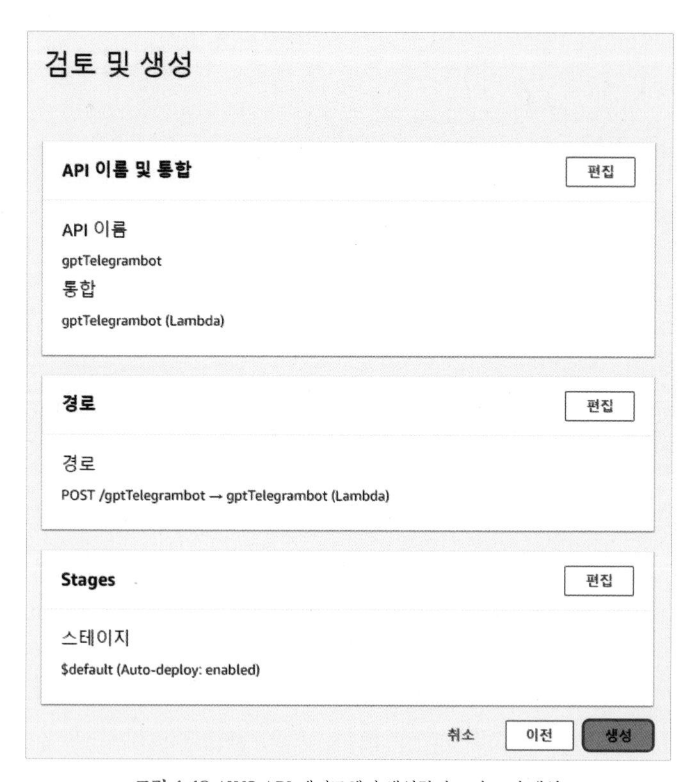

그림 4.48 AWS API 게이트웨이 생성하기 – 검토 및 생성

다음은 API 생성이 완료된 화면입니다. 화면 중간의 URL 호출 주소는 해당 API 게이트웨이를 사용할 수 있는 주소입니다.

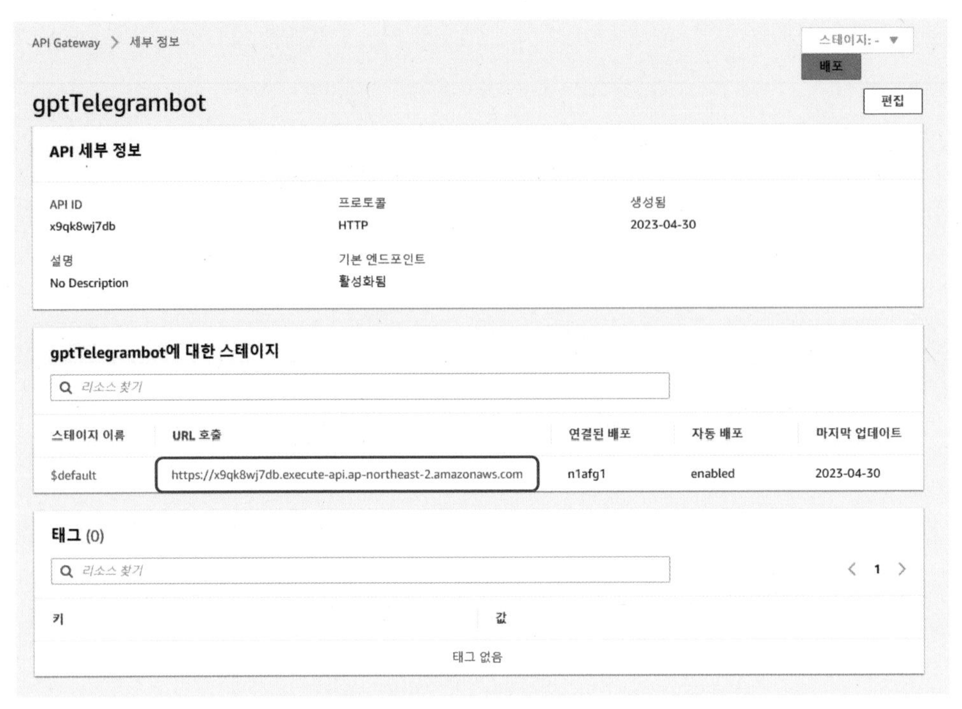

그림 4.49 AWS API 게이트웨이 생성 완료

최종적으로 API 게이트웨이와 람다 함수가 잘 연결됐는지 확인해 보겠습니다. 다시 람다 함수의 gptTelegrambot 페이지로 돌아와서 [API **게이트웨이**] 버튼을 클릭합니다.

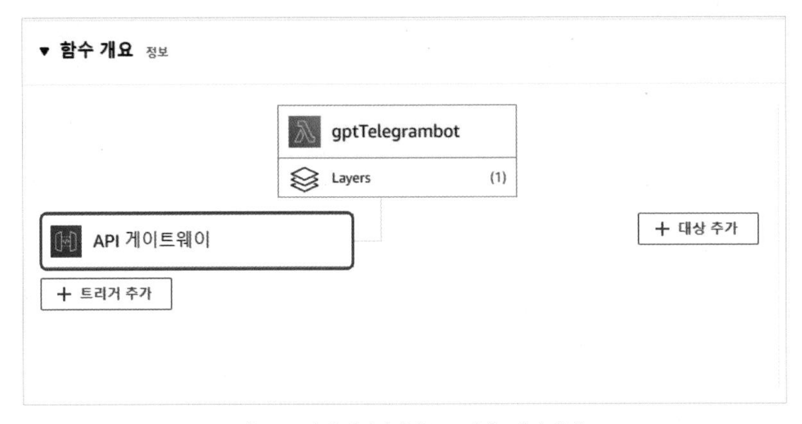

그림 4.50 람다 페이지에서 API 게이트웨이 선택

다음과 같이 방금 전 생성한 API 게이트웨이 정보가 보이면 연결이 잘 된 것입니다.

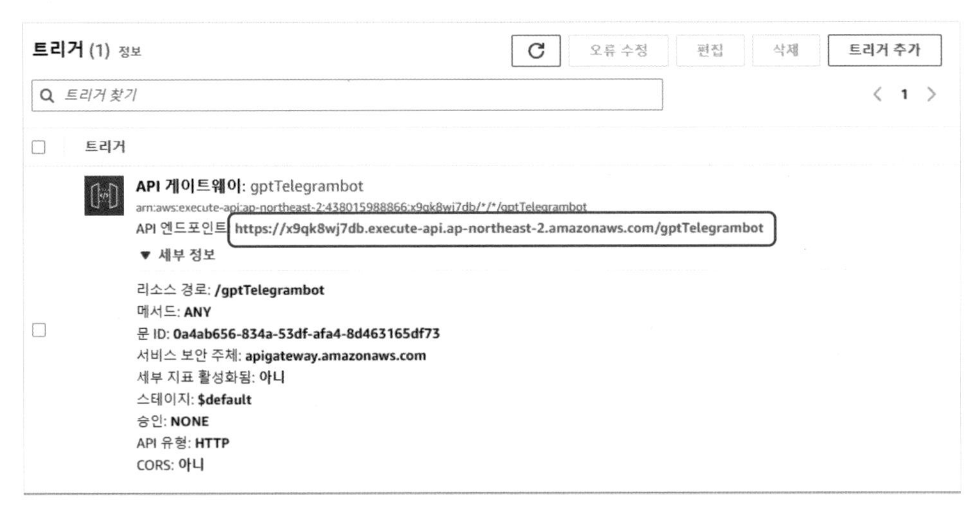

그림 4.51 API 게이트웨이와 람다 연결 확인

이어서 텔레그램의 채팅방에 메시지가 입력될 때마다 방금 생성한 API 게이트웨이로 정보가 전달되도록 연결하겠습니다. 텔레그램 API에서는 웹훅(Webhook)이라는 메서드를 제공합니다. 이 메서드를 활용해 텔레그램 채팅방과 API 게이트웨이의 URL 주소를 연결하면 해당 URL로 채팅 메시지 정보를 전달받을 수 있습니다.

웹훅의 사용 방법은 다음과 같습니다. 아래 URL 주소에서 〈봇 토큰〉과 〈API 게이트웨이 URL〉 부분만 알맞게 변경한 다음 인터넷 브라우저의 주소창에 입력하면 됩니다. 〈봇 토큰〉에는 앞서 4.4.2절 '텔레그램 API 사용하기(120쪽)'에서 봇 파더를 통해 발급받은 봇 토큰을 넣어줍니다. 〈API 게이트웨이 URL〉에는 그림 4.51의 API 엔드포인트 주소를 넣어줍니다.

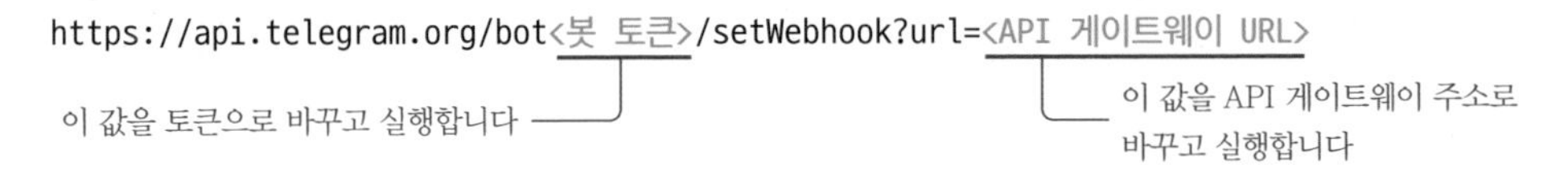

로컬에서 텔레그램 챗봇 구현을 실습했다면 웹훅이 ngrok 주소로 등록돼 있을 것입니다. 따라서 먼저 아래 URL 주소를 웹 브라우저의 주소창에 입력해 웹훅을 해제한 다음 다시 등록해야 합니다.

```
https://api.telegram.org/bot<봇 토큰>/deleteWebhook
```

이 값을 토큰으로 바꾸고 실행합니다

웹훅 메서드를 통해 API 게이트웨이와 텔레그램 채팅방이 잘 연결됐다면 다음과 같은 결과가 화면에 출력됩니다.

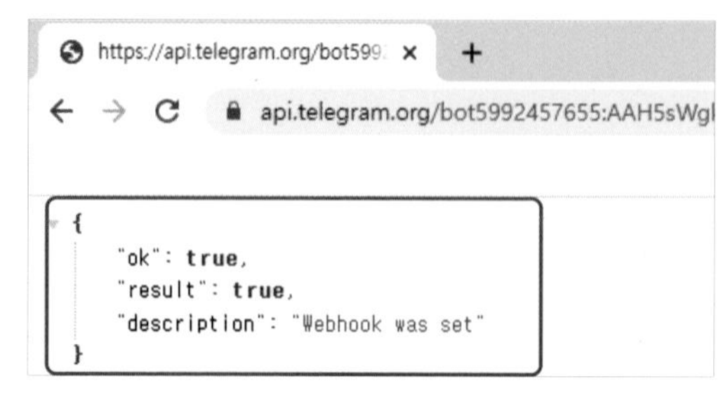

그림 4.52 텔레그램과 API 게이트웨이를 웹훅으로 연결

단, 웹훅을 API 게이트웨이 주소로 재등록하면 앞서 만들었던 로컬 PC 텔레그램 챗봇은 더 이상 동작하지 않습니다. 추후에 다시 로컬 서버로 돌리고 싶다면 다시 웹훅을 해제하고, 로컬 PC의 주소로 등록하는 과정을 진행해야 합니다.

지금까지 AWS를 활용한 챗봇 구현을 완료하였습니다. 텔레그램 채팅방에 질문하면 정상적으로 잘 작동하는 모습을 확인할 수 있습니다.

그림 4.53 챗봇 동작 확인

4.6.6 AWS 로그 살펴보기

만약 AWS 람다 함수의 코드에 버그가 있다면 어떻게 확인할 수 있을까요? 또는 람다 함수가 언제 몇 번 호출됐는지 로그를 확인하고 싶다면 어떻게 해야 할까요? AWS에서는 클라우드 워치(Cloud Watch) 서비스를 통해 람다 함수가 호출되는 모든 로그를 저장하고 관리합니다. 해당 로그를 통해 실제 코드가 작동하고 있는지 확인할 수 있으며, 에러를 확

인하고 디버깅을 할 수도 있습니다. 지금부터 클라우드 워치 서비스의 사용법을 살펴보겠습니다.

람다 함수의 gptTelegrambot 페이지로 돌아와서 하단의 **[모니터링]** 버튼을 클릭합니다.

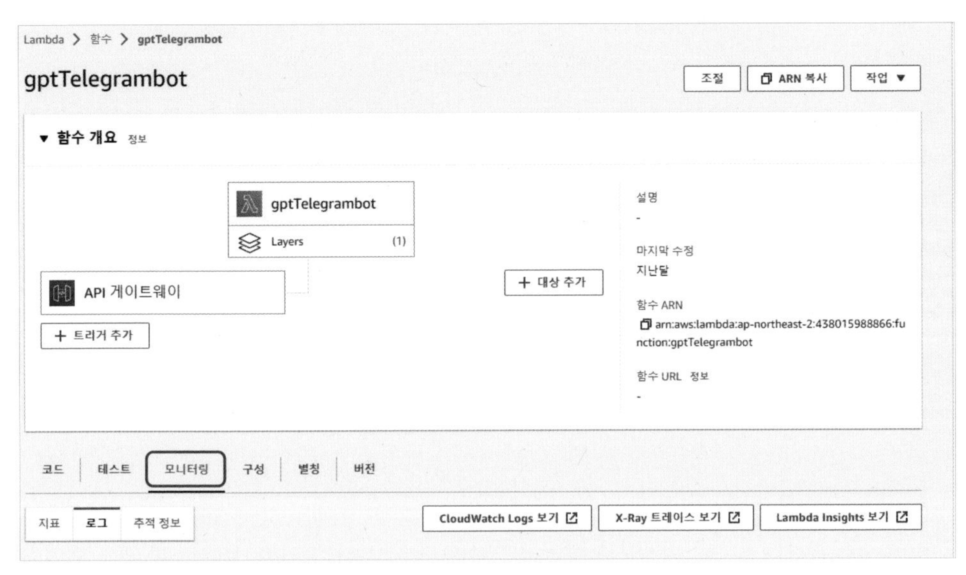

그림 4.54 람다 로그 확인하기 – 모니터링 탭으로 이동

화면 아래쪽에 CloudWatch Logs라는 타이틀과 함께 람다 함수가 호출됐던 모든 로그가 시간순으로 정리돼 있습니다.

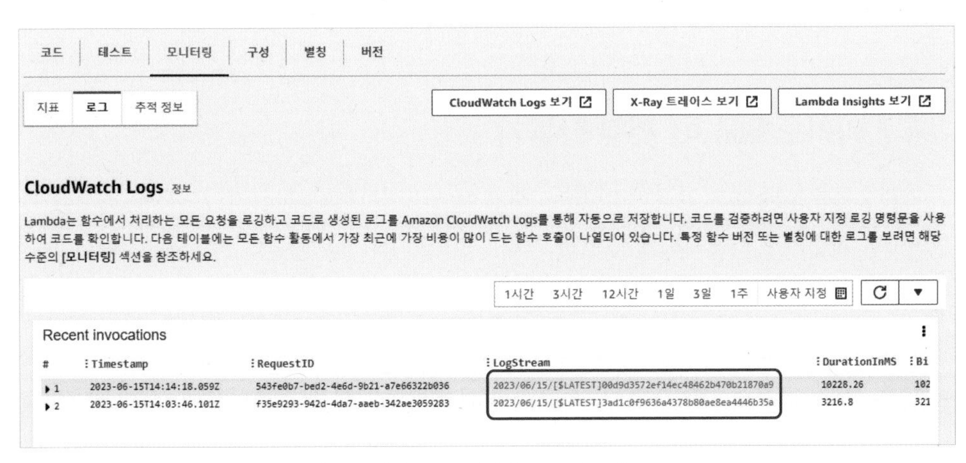

그림 4.55 람다 로그 확인하기 – 클라우드 워치 로그

확인하고자 하는 로그의 LogStream 링크를 클릭하면 클라우드워치 창이 열리며, 상세 로그 기록을 확인할 수 있습니다.

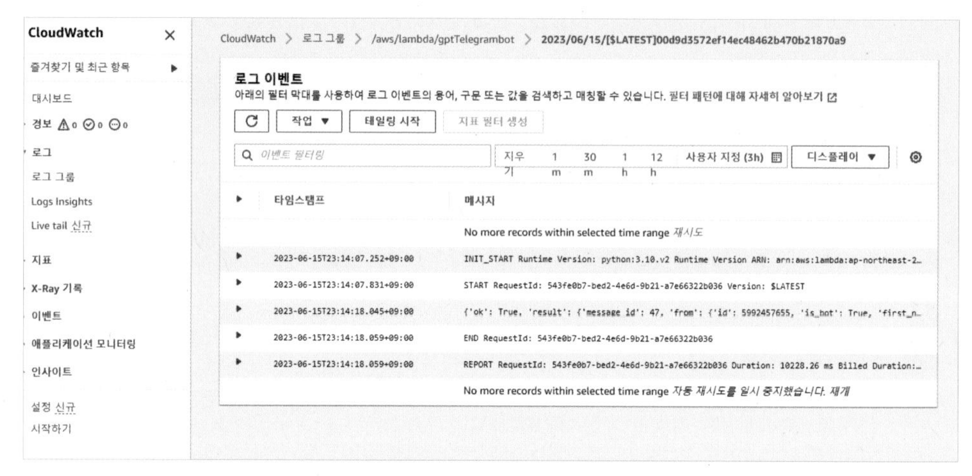

그림 4.56 람다 로그 확인하기

지금까지 아마존 웹 서비스(Amazon Web Services)를 활용하여 텔레그램 챗봇을 사용하는 방법을 알아봤습니다. 외부 클라우드 서버와 연결하는 과정이 다소 복잡해 보이지만, 한번 설정하고 나면 더 이상 로컬 PC를 구동하지 않아도 언제 어디서나 챗봇을 사용할 수 있습니다. 또한, 챗봇을 구현하는 데 사용한 AWS 람다와 AWS API 게이트웨이는 크레딧을 충분히 제공하기 때문에 사실상 무료에 가까운 서비스이니 꼭 끝까지 도전해 보기를 추천해 드립니다.

4.7 카카오톡에 AI 챗봇 만들기

카카오톡은 한국에서 가장 인기 있는 채팅 애플리케이션입니다. 카카오톡에 AI 챗봇을 구현하면 광범위한 사용자에게 다양한 서비스를 제공할 수 있습니다. 카카오톡 역시 챗봇 관리자 센터 기능을 제공합니다. 챗봇 관리자 센터를 활용하면 코딩 없이도 특정 입력에 대해 답변할 수 있습니다. 카카오톡 AI 챗봇 역시 로컬 PC 서버를 활용하는 방법과 AWS를 활용하는 방법 두 가지로 나눠서 상세히 살펴보겠습니다.

4.7.1 카카오톡 챗봇 생성하기

카카오톡에서 챗봇을 생성하려면 카카오톡 채널과 챗봇 계정을 생성해야 합니다. 먼저 카카오톡 채널을 생성해 보겠습니다. 카카오 비즈니스 홈페이지에 접속하여 회원 가입을 하고 로그인합니다.

- **카카오 비즈니스**: https://business.kakao.com/

오른쪽 상단에 있는 **[내 비즈니스]** 버튼을 클릭합니다.

그림 4.57 카카오 비즈니스 시작하기

비즈니스 관리자 센터 페이지가 나오면 **[채널]** → **[+새 채널 만들기]** 버튼을 클릭합니다.

그림 4.58 새 채널 만들기

채널 개설 페이지가 나오면 채널 개설을 위한 기본 정보를 입력합니다. 채널 이름과 검색용 아이디, 카테고리를 적절히 설정하고 **[확인]** 버튼을 클릭합니다.

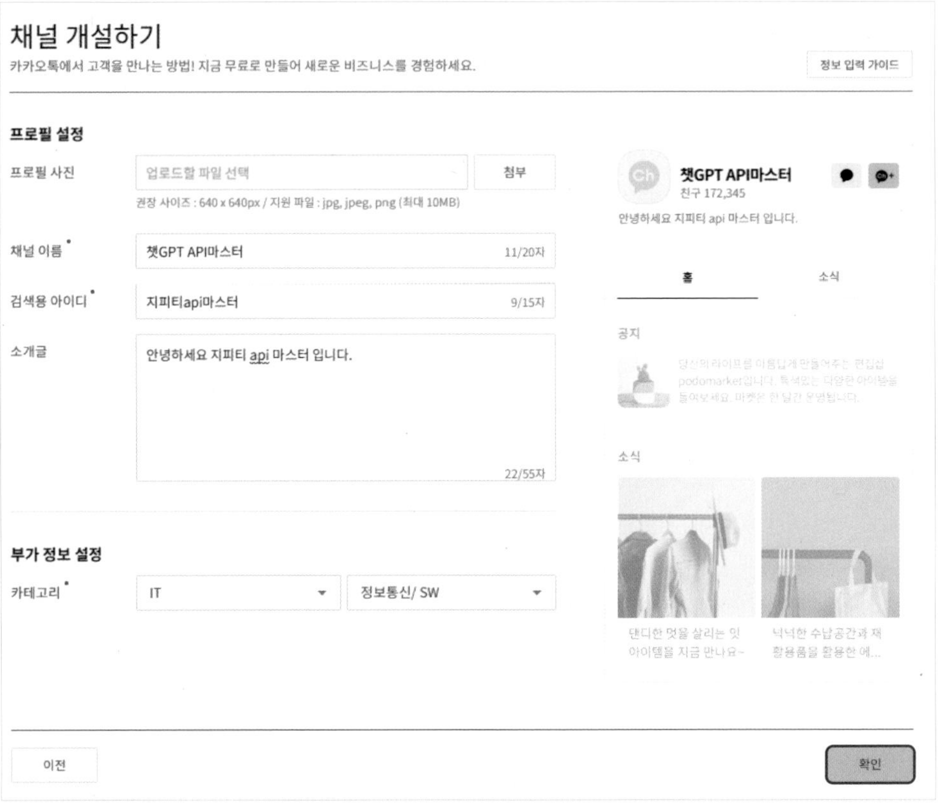

그림 4.59 카카오톡 채널 개설하기

채널 생성이 완료되면 **[대시보드로 이동하기]** 버튼을 누르거나, 비즈니스 관리자 센터 페이지에서 앞서 생성한 채널을 선택합니다. 채널 관리자 센터의 오른쪽 아래에 있는 프로필 설정에서 **채널 공개**와 **검색 허용**을 ON으로 변경합니다.

그림 4.60 카카오톡 채널의 프로필 설정 변경하기

왼쪽 메뉴에서 **[친구 모으기]** → **[채널 홍보]**를 클릭하고 채널 URL 오른쪽에 있는 주소를 복사합니다.

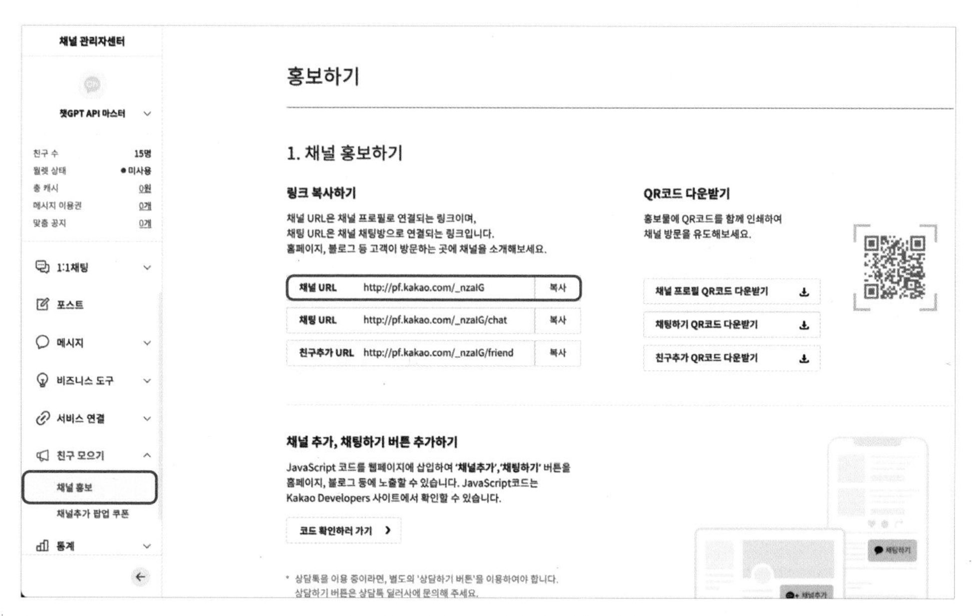

그림 4.61 카카오톡 채널 URL 복사하기

이제 채널 생성이 완료됐습니다. 이어서 생성한 채널과 챗봇을 연결하는 과정을 진행하겠습니다. 왼쪽 메뉴에서 **[비즈니스 도구]** → **[챗봇]**을 선택한 다음 **[챗봇 관리자센터 바로가기]** 버튼을 클릭합니다.

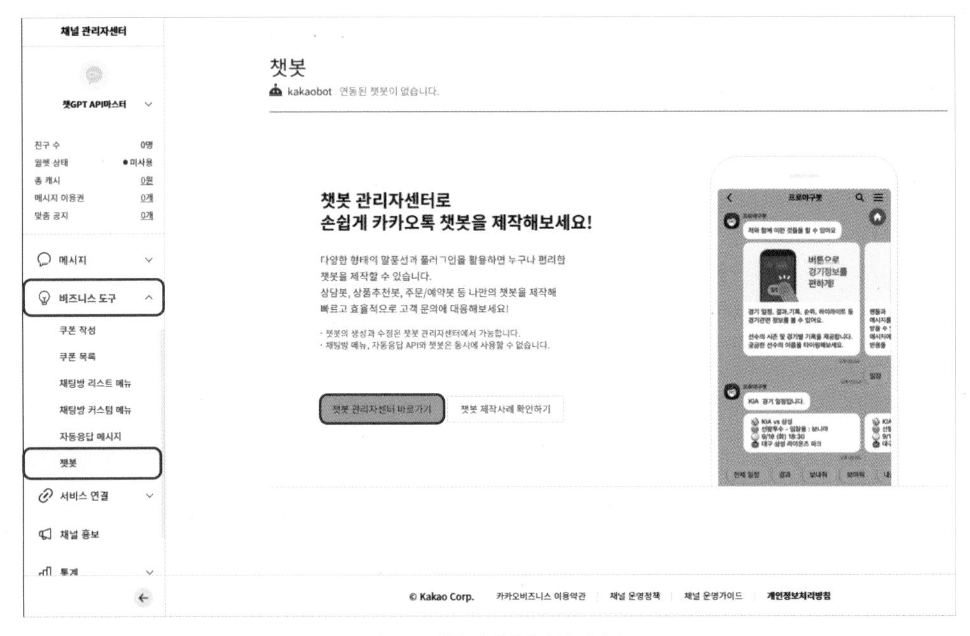

그림 4.62 챗봇 관리자센터 들어가기

챗봇 관리자센터의 권한을 얻으려면 OBT(오픈베타)를 신청해야 합니다. 승인에는 평균 1~5일 정도 걸리므로 미리 신청해 두는 것을 추천해 드립니다. 개인을 선택하고 카카오톡 채널 URL에 앞서 복사한 채널 URL을 붙여 넣습니다. 신청 사유에는 간단한 신청 사유를 입력합니다.

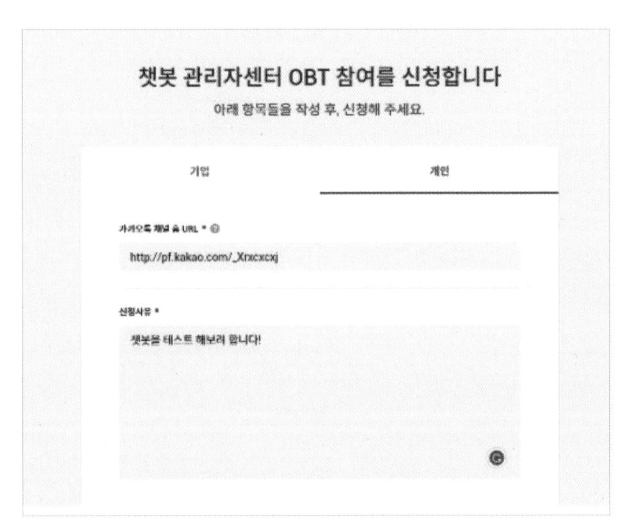

그림 4.63 챗봇 관리자센터 OBT 신청하기

OBT 신청이 완료되면 다음과 같이 화면 오른쪽 상단에 **[+봇 만들기]** 버튼이 생성됩니다. **[+봇 만들기]** → **[카카오톡 챗봇]**을 클릭합니다.

그림 4.64 챗봇 생성하기

카카오톡 챗봇 생성 창이 나오면 봇 이름에 원하는 챗봇 이름을 입력합니다.

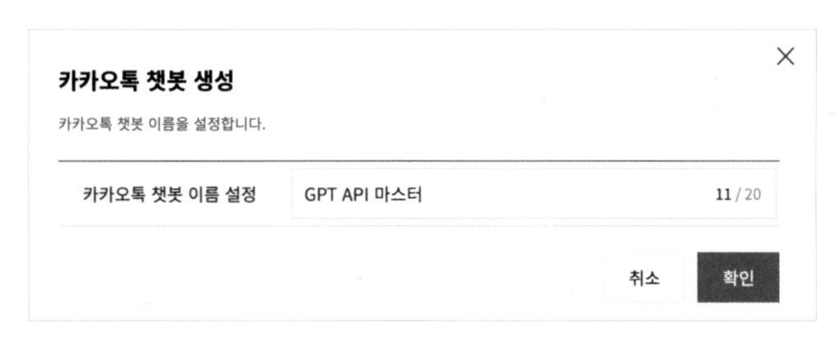

그림 4.65 챗봇 이름 지정하기

봇 생성이 완료되면 내 챗봇 목록에 챗봇이 생성된 것을 확인할 수 있습니다.

내 챗봇 3

+ 채팅으로 FAQ 챗봇 쉽게 만들기 | + 봇 만들기

봇 이름을 검색하세요

봇 이름 ↑	연결된 카카오톡 채널	지식베이스	권한	봇타입 : 모두 ▾	상태 모두 ▾	연결된 월렛
GPT API 마스터 ML+	운영채널 : @챗GPT API 마스터 개발채널 : 없음	연결된 지식베이스 없음	마스터	카카오톡 챗봇		연결된 월렛 없음
윤서의덧셈 ML+	운영채널 : @윤서의덧셈 개발채널 : 없음	연결된 지식베이스 없음	마스터	카카오톡 챗봇		연결된 월렛 없음
윤서의덧셈-test ML+	운영채널 : 없음 개발채널 : 없음	연결된 지식베이스 없음	마스터	카카오톡 챗봇		연결된 월렛 없음

그림 4.66 챗봇 생성 완료

4.8 로컬 PC를 활용하여 카카오톡 챗봇 만들기

카카오톡 챗봇의 구조는 텔레그램 챗봇과 같습니다. 한 가지 차이점이 있다면 로컬 PC에서 카카오톡 서버로 ChatGPT의 답변이나 DALL·E 이미지를 전송할 때, 카카오톡 서버로 직접 보내는 것이 아니라, 카카오톡의 요청에 응답하는 신호에 정보를 실어 전달해야 합니다.

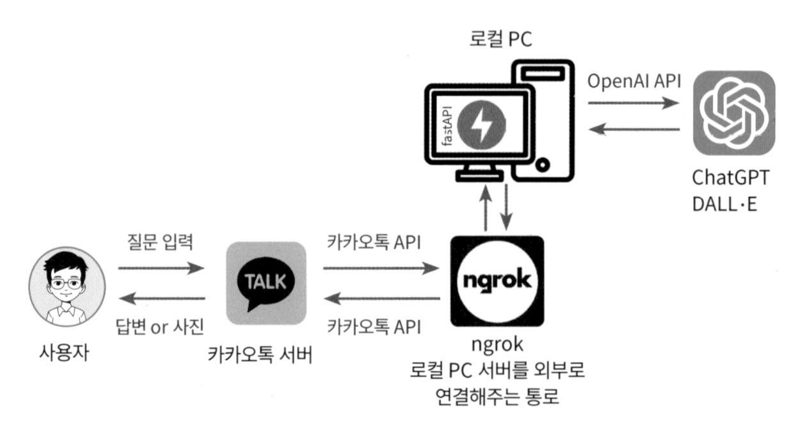

그림 4.67 로컬 PC를 서버로 활용한 챗봇 구조

- **질문 입력: 사용자**

  사용자는 텔레그램 채팅방에서 원하는 질문을 전송합니다. 이때 ChatGPT에게 질문을 하려면 "/ask"로 메시지를 시작하고, DALL·E에게 그림을 요청하려면 "/img"로 메시지를 시작합니다. 예를 들어, "/ask 부자가 되는 법을 알려줘" 또는 "/img 차 위에 있는 고양이 그림을 그려줘"라고 작성합니다.

- **카카오톡 서버: 카카오톡 API 활용**

  카카오톡 API를 활용하여 채팅방 내의 메시지를 로컬 PC 서버로 전송하거나, 텍스트나 사진을 채팅방에 전송하여 사용자에게 제공하는 역할을 합니다.

- **ngrok: 로컬 PC 서버를 외부로 연결해 주는 통로**

  로컬 PC 내부에 생성한 서버는 외부 사용자가 접근할 수 없습니다. 이때 로컬 PC 서버를 외부 사용자에게 연결해 주는 역할을 하는 것이 ngrok입니다. ngrok을 활용하면 카카오톡 서버에서 실시간 채팅 정보를 로컬 서버로 전송할 수 있습니다.

- **로컬 PC**

  로컬 PC는 개인이 사용하는 PC를 뜻합니다. 기본적인 파이썬 코드가 실행되고 있는 공간으로, 텔레그램 API를 활용하여 사용자와 통신합니다. 이 책에서는 FastAPI를 활용하여 로컬 PC의 서버를 열고, ngrok을 활용해 카카오톡 서버의 입력을 받습니다. 새로운 메시지가 오면 메시지를 직접 처리한 다음 OpenAI API를 통해 ChatGPT 및 DALL·E에 작업을 요청합니다. 또한, 작성이 완료된 답변 또는 그림을 카카오톡 API를 활용하여 다시 카카오톡 서버로 전송합니다.

- **OpenAI**

  OpenAI에서 지원하는 API를 활용하여 질문은 ChatGPT에게 요청하고, 그림 생성은 DALL·E에게 요청하여 답변 내용을 로컬 PC로 전송합니다. 이 과정은 OpenAI의 API 키가 꼭 필요하며, 답변 길이와 그림의 해상도에 따라 비용이 발생합니다.

4.8.1 FastAPI와 ngrok을 활용하여 서버 생성 및 카카오톡 서버와 연결하기

FastAPI를 활용하여 서버를 생성하고, ngrok을 활용하여 로컬 서버와 카카오톡 서버를 연결하는 방법은 4.5.1절 'FastAPI와 ngrok을 활용하여 서버 생성 및 텔레그램 서버와 연결하기(128쪽)'에서 설명한 내용과 같습니다. 한 가지 다른점은 ngrok으로 생성한 주소와 카카오톡 서버를 연결하는 방법입니다. 텔레그램에서는 API 웹훅을 활용하여 로컬 서버와 텔레그램 서버를 바로 연결할 수 있었지만, 카카오톡은 챗봇 관리자 센터에 접속하여 외부 접속 주소를 저장해야 합니다. 자세한 설명은 4.5.1절 'FastAPI와 ngrok을 활용하여 서버 생성 및 텔레그램 서버와 연결하기(128쪽)'를 참고하고, 바로 로컬 서버를 생성해 보겠습니다.

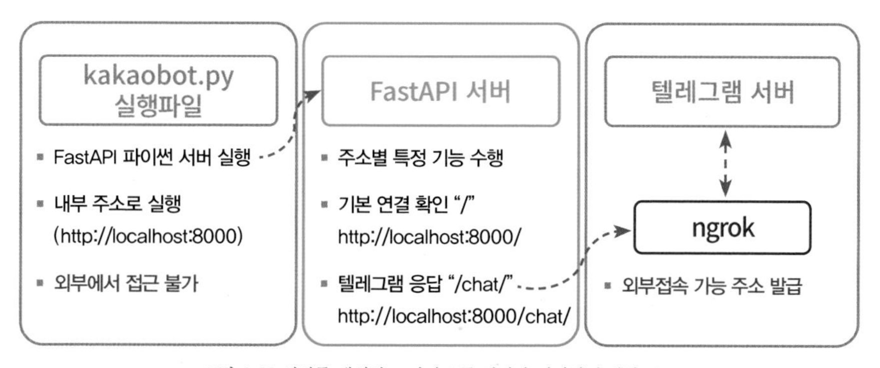

그림 4.68 서버를 생성하고 카카오톡 서버와 연결하기 위한 구조

먼저 파이썬 스크립트에서 FastAPI를 활용하여 로컬 서버를 생성합니다. 그다음 ngrok을 활용하여 외부에서 로컬 서버로 접속하기 위한 주소를 발급받고, 해당 주소를 카카오톡 챗봇 관리자 센터에 저장하여 카카오톡 서버와 연결합니다. 서버를 생성하고 연결하기 위한 순서는 다음과 같습니다.

1. FastAPI를 활용해 로컬 서버 생성하기
2. ngrok을 활용해 외부에서 로컬 서버에 접속할 수 있는 주소 생성하기
3. 카카오톡 챗봇 관리자 센터에서 카카오톡 서버와 로컬 서버 연결하기

FastAPI를 활용해 로컬 서버 생성하기

FastAPI에 대한 기본적인 설명은 앞서 살펴봤으므로 바로 서버를 생성하는 코드를 작성하겠습니다. `ch04` 폴더에 `ch04_kakaobot.py` 파이썬 스크립트를 생성하고, 다음과 같이 코드를 작성합니다.

예제 4.15 카카오톡 챗봇 서버 생성하기 ch04/ch04_kakaobot.py

```
01 from fastapi import Request, FastAPI
02
03 app = FastAPI()
04
05 @app.get("/")
06 async def root():
07     return {"message": "kakaoTest"}
08
09 @app.post("/chat/")
10 async def chat(request: Request):
11     kakaorequest = await request.json()
12     print(kakaorequest)
13     return
```

01~07 FastAPI의 기본 설정을 합니다. 자세한 내용은 예제 4.7의 설명을 참고합니다.

09~10 "메인주소/chat/"으로 접속하면 chat() 함수를 실행합니다. 즉, 사용자가 http://127.0.0.1:8000/chat/으로 접속하면 chat() 함수가 실행됩니다. 단, 사용자는 HTTP POST 방식으로 접속해야 합니다.

11 사용자가 전송한 request 메시지를 JSON 형태로 kakaorequest 변수에 저장합니다. 예제에서는 사용자가 카카오톡 채팅방에 메시지를 입력하면 해당 입력 정보가 kakaorequest 변수에 저장되게 구현할 예정입니다.

서버가 잘 생성됐는지 확인해 보겠습니다. 터미널에서 다음 명령어를 입력해 서버를 실행합니다.

```
(ch04_env) C:\chat-gpt-prg\ch04> uvicorn ch04_kakaobot:app --reload
```

웹 브라우저에서 http://127.0.0.1:8000으로 접속해 보면 7번째 줄에 있는 kakaoTest 메시지가 JSON 형식으로 잘 출력되는 모습을 볼 수 있습니다.

```
{
    "message": "kakaoTest"
}
```

그림 4.69 카카오 봇 서버 생성 확인

ngrok을 활용해 외부에서 로컬 서버에 접속할 수 있는 주소 생성하기

이번에는 ngrok을 활용하여 외부에서도 접속할 수 있는 주소를 생성하겠습니다. ngrok에 관한 자세한 설명과 실행 파일을 내려받는 방법은 4.5.1절 'FastAPI와 ngrok을 활용하여 서버 생성 및 텔레그램 서버와 연결하기(128쪽)'를 참고합니다. ngrok 실행 파일을 실행하고, 앞서 토큰을 설정하지 않았다면 다음 명령어를 입력해 ngrok 토큰을 등록합니다.

```
C:\chat-gpt-prg\ch04> ngrok authtoken <ngrok 토큰>
```

이 값을 토큰으로 바꾸고 실행합니다

이어서 다음 명령어를 입력해 외부 서버에서 접속할 수 있는 주소를 생성합니다.

```
C:\chat-gpt-prg\ch04> ngrok http 8000
```

다음과 같은 화면이 나오면 외부에서도 접속할 수 있는 서버 주소가 생성된 것입니다.

그림 4.70 ngrok 외부 접근 주소 생성

카카오톡 챗봇 관리자 센터에서 카카오톡 서버와 로컬 서버 연결하기

이제 카카오톡 서버와 로컬 서버를 연결해야 합니다. 웹 브라우저를 열고 챗봇 관리자 센터에 접속한 다음 앞서 생성한 챗봇을 선택합니다.

- **카카오톡 챗봇 관리자센터**: https://chatbot.kakao.com/

그림 4.71 챗봇 관리자센터 접속하기

왼쪽 메뉴에서 **[스킬]** → **[스킬 목록]** → **[생성]**을 클릭합니다. 스킬은 카카오톡 서버와 로컬 PC를 연결하는 다리 역할을 하는 기능입니다.

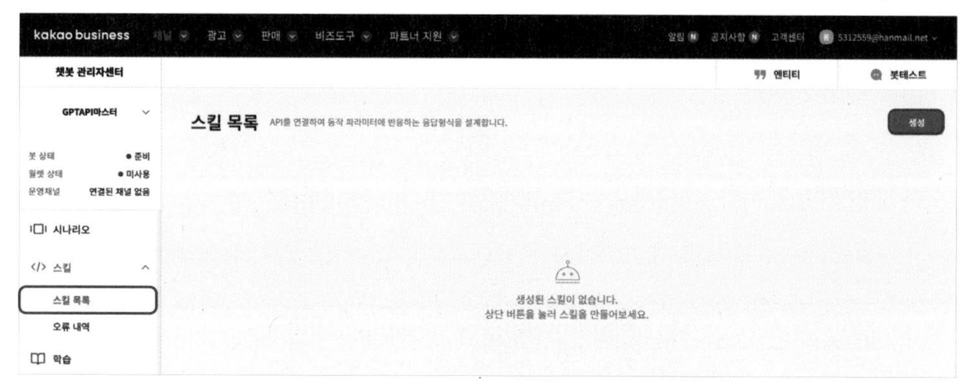

그림 4.72 스킬 - 스킬 목록 - 생성 버튼 클릭

먼저 맨 위에 스킬명을 지정합니다. 이 책에서는 "kakaobot"으로 지정했습니다. 이어서 설명에 챗봇에 대한 간단한 설명을 입력하고, 오른쪽 상단에 있는 기본 스킬로 설정에 체크합니다. URL에는 ngrok을 이용해 생성한 주소 뒤에 /chat/을 붙여 넣어줍니다.

【예】

- **ngrok 주소:** https://70d1-182-224-74-212.ngrok-free.app
- **URL:** https://70d1-182-224-74-212.ngrok-free.app/chat/

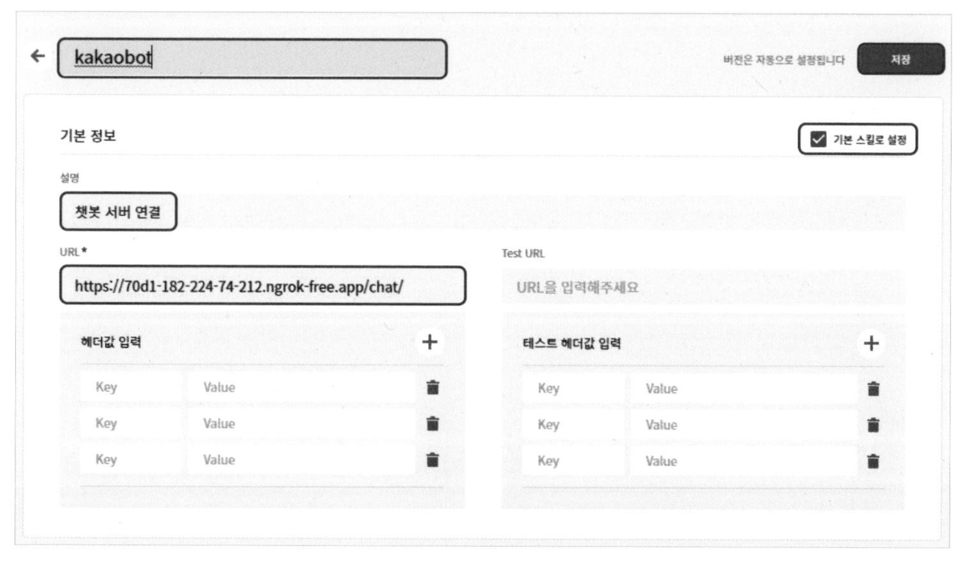

그림 4.73 스킬 정보 입력하기

연결이 잘 됐는지 확인해 보겠습니다. 스크롤을 아래로 내린 다음 스킬 테스트 오른쪽 아래에 있는 **[스킬서버로 전송]** 버튼을 클릭합니다. 이 버튼을 클릭하면 화면에 보이는 JSON 파일이 스킬 서버로 전송됩니다.

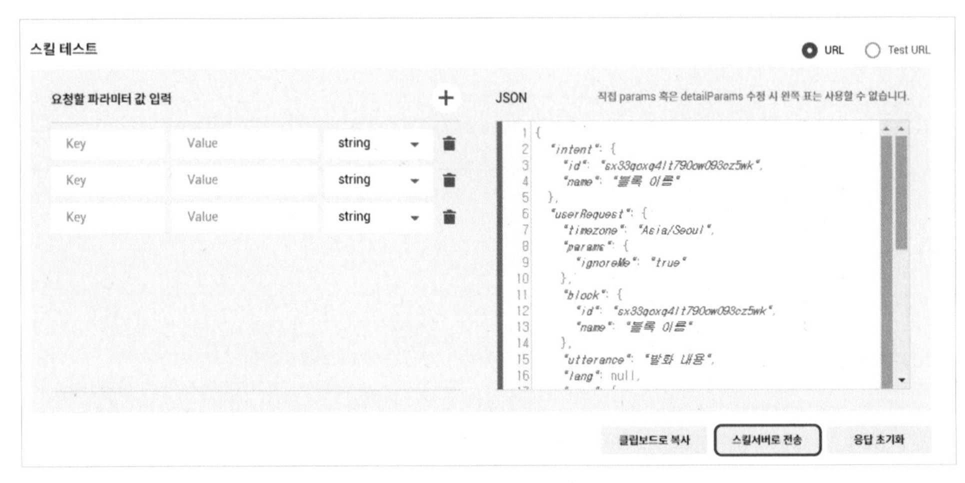

그림 4.74 연결이 잘 됐는지 스킬 테스트

uvicorn 명령어로 서버를 실행한 터미널을 확인해 보겠습니다. 예제 4.15의 12번째 줄에서 print() 함수를 이용해 카카오톡 서버로부터 전송된 메시지를 출력하도록 구현했기 때문에 다음과 같은 결과가 출력됩니다.

```
{'intent': {'id': 'sx33qoxq4lt790ow093cz5wk', 'name': '블록 이름'}, 'userRequest': {'timezone': 'Asia/Seoul', 'params': {'
ignoreMe': 'true'}, 'block': {'id': 'sx33qoxq4lt790ow093cz5wk', 'name': '블록 이름'}, 'utterance': '발화 내용', 'lang': No
ne, 'user': {'id': '428569', 'type': 'accountId', 'properties': {}}}, 'bot': {'id': '646cc1386a1cf7451400fa14', 'name': '
봇 이름'}, 'action': {'name': 'xe19tibcas', 'clientExtra': None, 'params': {}, 'id': 'x6tv1in17xexg4mf3dpd6av2', 'detailPa
rams': {}}}
INFO:     219.249.231.40:0 - "POST /chat/ HTTP/1.1" 200 OK
```

그림 4.75 서버 연결 확인

확인이 완료되면 오른쪽 상단에 있는 **[저장]** 버튼을 클릭해 스킬 설정을 마무리합니다.

카카오톡 챗봇은 다양한 방법으로 사용자의 질문에 대한 응답 시스템을 구축할 수 있습니다. 하지만 이번 실습에서는 방금 연결한 스킬 서버만 활용하여 답변을 생성할 예정입니다. 이를 위해 시나리오를 생성해 보겠습니다. 왼쪽 메뉴에서 **[시나리오]**를 선택하고, **[+ 시나리오]** → **[폴백 블록]** 버튼을 차례로 클릭해 신규 시나리오를 생성합니다.

그림 4.76 시나리오 생성하기 – 폴백 블록 선택

오른쪽 상단에 있는 **[스킬 검색/선택]**을 클릭하고 방금 생성한 kakaobot 스킬을 선택합니다. 그다음 스크롤을 아래로 내려 응답 추가 아래에 있는 **[스킬 데이터]** 버튼을 클릭합니다.

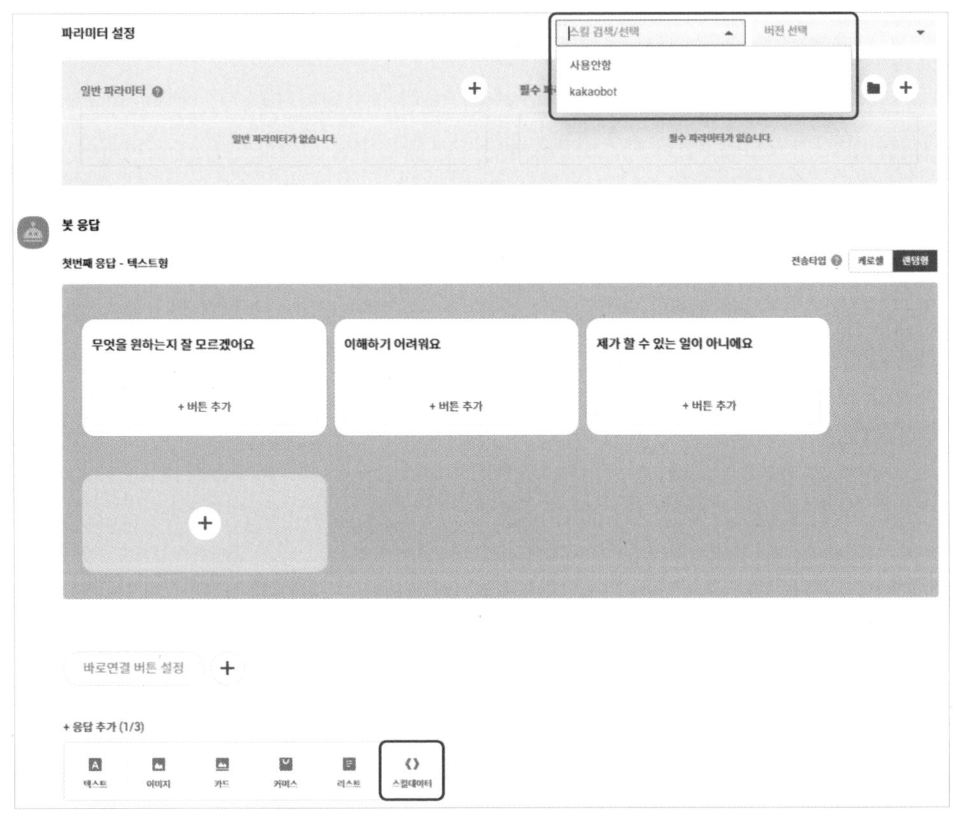

그림 4.77 시나리오 생성하기 – 스킬 선택 및 스킬 데이터 추가

화면 중간에 있던 말풍선이 사라지고, 봇 응답에 스킬데이터 사용만 나오면 잘 설정된 것입니다. 마지막으로 [**저장**] 버튼을 클릭해 시나리오 생성을 마무리합니다.

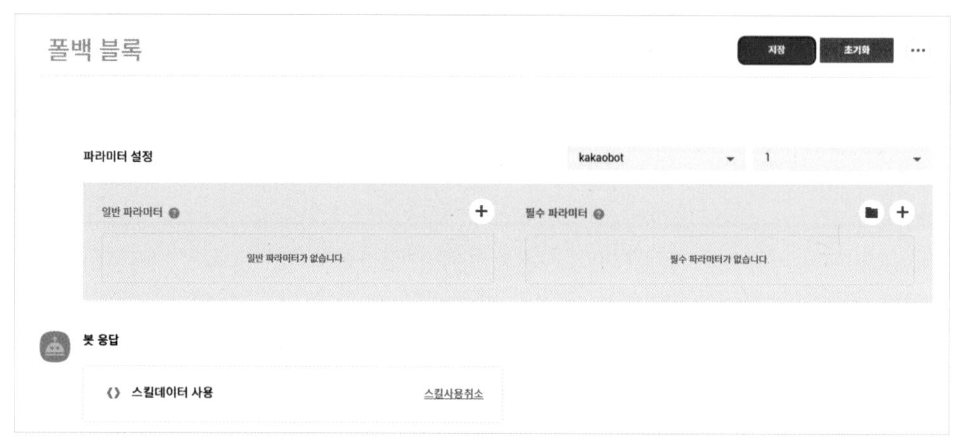

그림 4.78 시나리오 생성하기 – 스킬 데이터 확인 및 저장

지금까지 생성한 챗봇을 카카오톡 채널에 지정해 보겠습니다. 왼쪽 메뉴에서 [**설정**]을 선택합니다. 카카오톡 채널 연결 오른쪽에 있는 [**운영 채널 선택하기**]를 클릭합니다. 앞서 개설한 채널을 선택하고 [**저장**] 버튼을 클릭합니다.

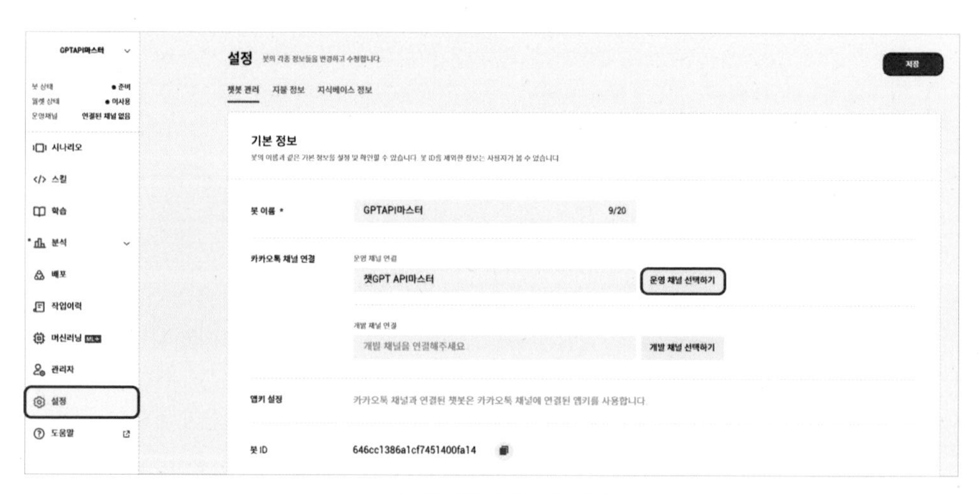

그림 4.79 챗봇과 채널 연결하기

마지막으로 왼쪽 메뉴에서 [**배포**]를 선택한 다음 화면 오른쪽 위에 있는 [**배포**] 버튼을 클릭하면 최종 연결이 완료됩니다.

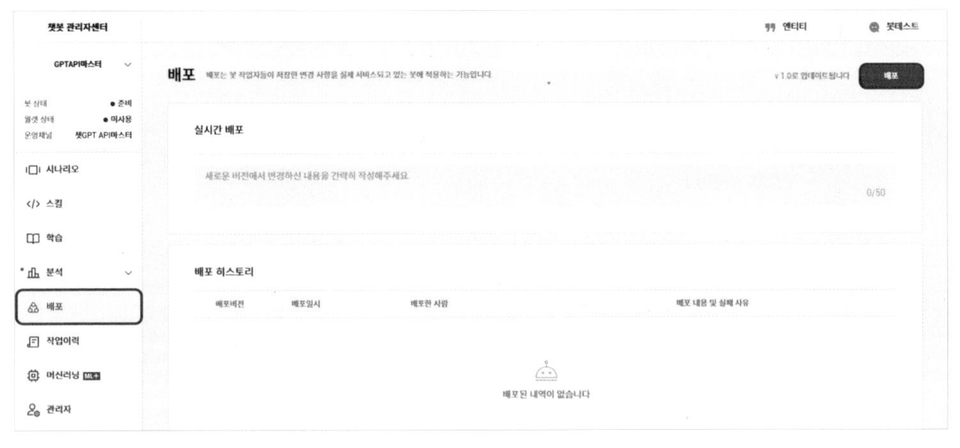

그림 4.80 챗봇 배포하기

이제 카카오톡 서버와 로컬 서버의 연결을 마쳤습니다. 아직 기능은 없지만, 챗봇이 있는 대화창을 열어보겠습니다. 챗봇 관리자센터의 왼쪽 메뉴에서 [**친구 모으기**] → [**채널 홍보**] 메뉴를 선택하면 채널 URL을 확인할 수 있습니다. 이 URL을 복사한 다음 웹 브라우저의 주소창에 입력합니다.

그림 4.81 채널 URL 확인하기

다음과 같이 채널에 대한 기본 정보가 나옵니다. 오른쪽 위에 있는 [**로봇 아이콘**]을 클릭하면 채널 대화창이 자동으로 열립니다. 이 대화창에는 우리가 만들 예정인 챗봇이 초대돼 있고, 다음 절에서 서버에 기능을 구현하는 코드를 작성하면 챗봇이 멋지게 답변해 줄 것입니다.

그림 4.82 채널 채팅방 열기

4.8.2 카카오 챗봇 구현하기

지금부터 본격적인 챗봇 코드를 구현하기에 앞서 카카오톡 챗봇 코드의 콘셉트를 살펴보겠습니다. 카카오톡 챗봇의 기본 구조는 텔레그램 챗봇과 동일하게 기본 정보 설정 단계, 기능 함수 구현 단계, 서버 생성 단계, 메인 함수 구현 단계로 크게 4개의 구조로 나뉩니다.

전체적인 구조는 같지만, 메인 함수 구현 부분이 텔레그램 챗봇보다 훨씬 복잡합니다. 이유는 **카카오톡 서버는 응답 시간이 5초를 넘어가면 답변을 차단하기 때문입니다**. 카카오톡 채팅방에 채팅을 입력하면 챗봇 서버에서 OpenAI 서버로 ChatGPT의 응답 또는 DALL·E의 그림을 요청하고, 생성이 완료된 응답을 다시 카카오톡 서버로 전송해야 하는데, 5초라는 시간은 너무 짧습니다.

ChatGPT의 응답은 어느 정도 가능하지만, DALL·E의 그림 생성은 대부분 5초를 넘어갑니다. 이를 해결하는 방법은 총 2가지입니다.

첫 번째 방법은 챗봇 관리자 센터에 응답 시간을 늘려 달라고 요청하는 것입니다. 챗봇 관리자 센터의 도움말에 들어가면 다음과 같이 문의하는 방법이 안내돼 있습니다. 문의를 하면 심사를 통해 답변 시간을 늘려준다고 합니다. 정확한 기준과 심사 기간은 공개돼 있지 않지만, 챗봇에 대해 상세하게 설명을 작성하면 상황에 따라 다르지만 1~2주 내로 답변을 받을 수 있다고 합니다.

- **카카오 챗봇 관리자센터**: https://i.kakao.com/docs/skill-callback-dev-guide#callback-api-설정하기

그림 4.83 카카오 챗봇 관리자 센터에서 문의하기

두 번째 방법은 이 책에서 구현하는 방법으로, 사용자에게 일정 시간이 지난 후에 다시 요청받는 방법입니다. 다음 그림은 5초 안에 사용자에게 답변하는 상황입니다. 사용자가 챗봇에게 그림을 요청한 시점부터 OpenAI에게 챗봇이 그림을 받는 시간까지 3.5초 이내에 수행된다면 바로 사용자에게 사진을 전달합니다. 여기서 3.5초는 챗봇에서 카카오톡 서버로 전송하는 시간을 1.5초 정도로 여유롭게 확보하기 위해 정한 기준입니다. 이 경우 별도의 코드가 필요하지 않습니다.

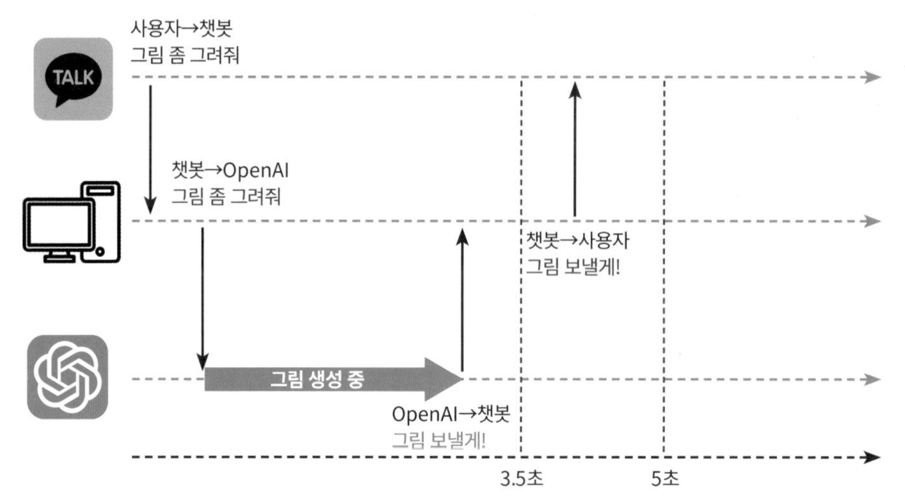

그림 4.84 카카오톡 챗봇의 응답 과정 – 5초 내로 답변에 성공한 경우

하지만 문제는 다음 그림과 같이 3.5초 내로 OpenAI로부터 그림을 전달받지 못한 경우입니다. 이처럼 3.5초 내로 OpenAI로부터 응답받지 못하면 카카오톡 서버로 '아직 제가 생각이 끝나지 않았어요'라는 메시지를 전송합니다.

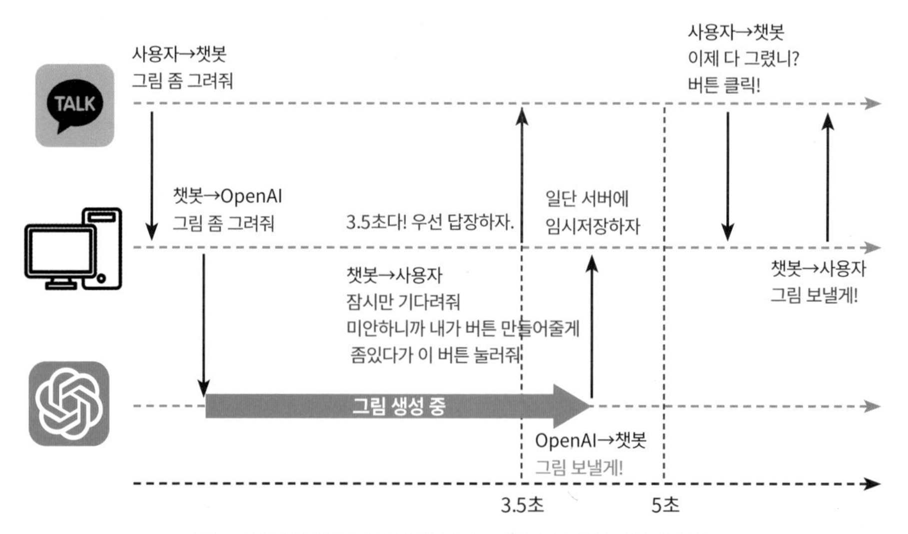

그림 4.85 카카오톡 챗봇의 응답 과정 – 5초 내로 답변에 실패한 경우

다음 그림은 3.5초 내로 응답받지 못해 카카오톡 서버에서 '아직 생각이 끝나지 않았어요'라는 메시지를 전송했을 때의 모습입니다. 사용자에게 대기를 요청하는 문구와 함께

[생각 다 끝났나요?]라는 문구의 버튼을 생성해서 사용자가 이 버튼을 클릭하여 그림을 다시 요청할 수 있게 구성합니다.

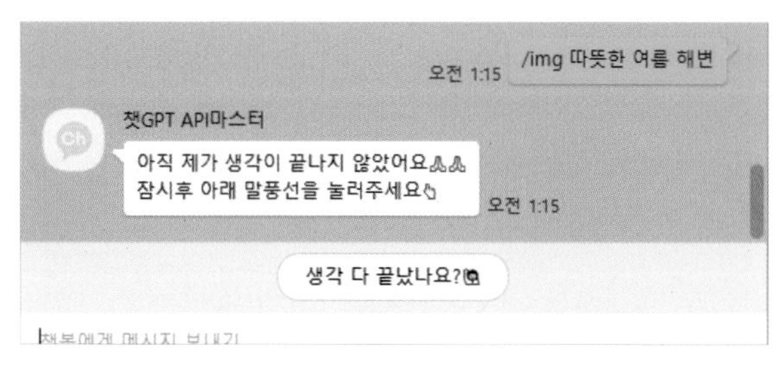

그림 4.86 5초 이내에 답변하지 못했을 때의 채팅창

사용자가 일정 시간 후에 해당 버튼을 클릭하여 그림 전송을 다시 요청하면 챗봇이 늦게나마 생성된 사진을 사용자에게 전송합니다. 서버의 상태와 OpenAI의 응답 속도에 따라 다르지만, 이미지 생성의 경우 512x512 사이즈를 기준으로 일반적으로 5~6초 정도 걸립니다. 챗봇의 대기 안내 메시지를 전달받고 3~4초 후에 버튼을 클릭하면 그림을 받을 수 있습니다.

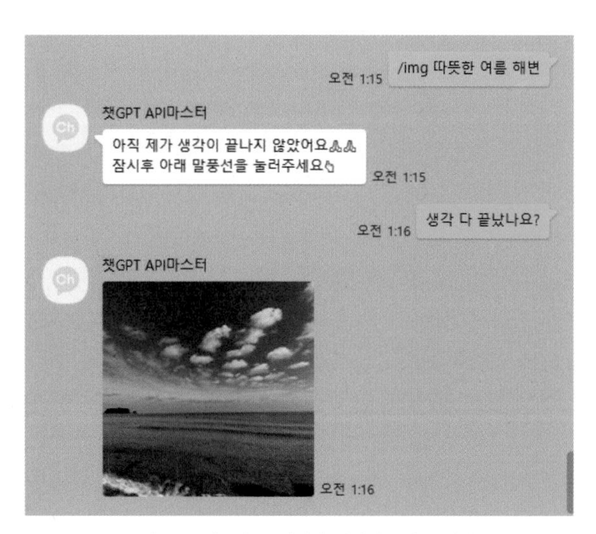

그림 4.87 버튼을 클릭하면 생성한 그림을 전달

이렇게 복잡하게 구성해야 하는 이유는 카카오톡 챗봇이 사용자의 입력에 대한 답변 기능만 가능하고, 사용자 입력 없이 챗봇이 독단적으로 메시지를 보내는 것을 금지해 놨기 때문입니다.

지금까지 설명한 기능을 구현하려면 앞서 작성한 텔레그램 챗봇의 코드에 추가로 코드를 구현[21]해야 합니다. 챗봇에 응답하는 작업과 OpenAI의 답변을 저장하는 작업을 동시에 수행하는 데에는 멀티 스레딩 기능을 사용합니다. 또한, 생성된 답변을 임시로 저장하는 데에는 텍스트 파일을 생성하는 기능을 사용합니다. 자세한 설명은 메인 함수를 구현하는 부분에서 살펴보겠습니다.

코드의 전체적인 구성은 예제 4.16과 같이 크게 4단계로 구분됩니다.

예제 4.16 카카오톡 챗봇의 구조 ch04/ch04_kakaobot.py

```
01 ###### 기본 정보 설정 단계 #######
02 # import
03 ... 생략 ...
04
05 # OpenAI API 키
06 ... 생략 ...
07
08 ###### 기능 함수 구현 단계 #######
09
10 # 메시지 전송
11 def textResponseFormat(bot_response):
12     ... 생략 ...
13
14 # 사진 전송
15 def imageResponseFormat(bot_response, prompt):
16     ... 생략 ...
17
18 # 응답 초과 시 답변
19 def timeover():
```

21 메인 함수에 몇 가지 기술적인 파이썬 코드를 작성해야 합니다.

```
20     ... 생략 ...
21
22 # ChatGPT에게 질문/답변받기
23 def getTextFromGPT(prompt):
24     ... 생략 ...
25
26 # DALL·E에게 질문/그림 URL 받기
27 def getImageURLFromDALLE(prompt):
28     ... 생략 ...
29
30 # 텍스트 파일 초기화
31 def dbReset(filename):
32     ... 생략 ...
33
34 ###### 서버 생성 단계 #######
35 app = FastAPI()
36
37 @app.get("/")
38 async def root():
39     ... 생략 ...
40
41 @app.post("/chat/")
42 async def chat(request: Request):
43     ... 생략 ...
44
45 ###### 메인 함수 구현 단계 #######
46
47 # 메인 함수
48 def mainChat(kakaorequest):
49     ... 생략 ...
50
51 # 답변/사진 요청 및 응답 확인 함수
52 def responseOpenAI(request, response_queue, filename):
53     ... 생략 ...
```

- **기본 정보 설정 단계**

  프로그램이 사용하는 패키지를 불러오고 OpenAI의 API 키를 지정합니다.

- **기능 함수 구현 단계**

  프로그램의 모든 기능을 함수화하여 메인 함수에서 사용할 수 있게 정리합니다. 총 6개의 함수를 생성합니다.

- **서버 생성 단계**

  예제 4.15에서 살펴본 부분으로 FastAPI를 활용하여 로컬 서버를 생성합니다.

- **메인 함수 구현 단계**

  프로그램을 구동하는 메인 함수로 상황에 맞는 함수를 호출하여 코드를 진행합니다.

기본 정보 설정 단계

이어서 단계별로 챗봇 코드를 구현해 보겠습니다. 먼저 기본 정보 설정 단계에서는 프로그램을 구동하는 데 필요한 다양한 라이브러리를 불러오고, OpenAI의 API 키를 지정합니다.

예제 4.17 카카오톡 챗봇 – 기본 정보 설정 단계 ch04/ch04_kakaobot.py

```
01 ###### 기본 정보 설정 단계 #######
02 from fastapi import Request, FastAPI
03 import openai
04 import threading
05 import time
06 import queue as q
07 import os
08
09 # OpenAI API 키
10 API_KEY = "Open AI API key"
11 client = openai.OpenAI(api_key = API_KEY)
```

이 값을 OpenAI API 키로 바꾸고 실행합니다

01~07 프로그램 구동에 필요한 패키지를 불러옵니다. fastapi는 로컬 서버를 생성하는 데 사용합니다. openai는 ChatGPT와 DALL·E를 사용하는 데 사용합니다. threading은 동시에 여러 작업(그림 생성, 카카오톡 메시지 전송)을 가능하게 해주는 패키지입니다. time은 답변 시간을 계산하는 데 사용하며, queue는 자료구조 큐를 이용하기 위해 불러옵니다. os는 답변 결과를 텍스트 파일로 저장할 때 저장 경로를 생성하는 데 사용합니다.

해당 패키지 중 별도로 설치해야 하는 패키지는 openai와 fastapi입니다. 앞서 실습 과정에서 ch04_env 가상 환경에 설치했지만, 앞서 설치하지 않았다면 이전 절에서 설명한 패키지별 설치 방법을 참고하여 설치합니다.

10~11 OpenAI API 키를 입력하고, 클라이언트를 생성합니다.

기능 함수 구현 단계

기능 함수 구현 단계에서는 프로그램을 구동하는 데 필요한 모든 기능을 함수화하여 메인 함수에서 사용할 수 있도록 정리합니다. 메시지 전송, 사진 전송, 응답 시간 초과 시 답변, ChatGPT에게 질문/답변받기, DALL·E에게 질문/그림 URL 받기, 텍스트 파일 초기화 총 6개의 함수로 구성됩니다.

예제 4.18 카카오톡 챗봇 - 기능 함수 구현 단계 ch04/ch04_kakaobot.py

```
01 ###### 기능 함수 구현 단계 #######
02 # 메시지 전송
03 def textResponseFormat(bot_response):
04     response = {"version": "2.0", "template": { "outputs": [{"simpleText": {"text":
bot_response}}], "quickReplies": []}}
05     return response
06
07 # 사진 전송
08 def imageResponseFormat(bot_response, prompt):
09     output_text = prompt + "내용에 관한 이미지입니다"
10     response = {"version": "2.0", "template": {"outputs": [{"simpleImage": {"imageUrl":
bot_response, "altText":output_text}}], "quickReplies": []}}
11     return response
12
13 # 응답 초과 시 답변
14 def timeover():
15     response = {"version":"2.0", "template":{
16         "outputs":[
17             {
18                 "simpleText":{
19                     "text":"아직 제가 생각이 끝나지 않았어요🙏🙏\n잠시 후 아래 말풍선을
눌러주세요👆"
```

```
20                  }
21              }
22          ],
23          "quickReplies":[
24              {
25                  "action":"message",
26                  "label":"생각 다 끝났나요?🙋",
27                  "messageText":"생각 다 끝났나요?"
28              }
29          ]
30      }}
31      return response
32
33 # ChatGPT에게 질문/답변받기
34 def getTextFromGPT(prompt):
35      messages_prompt = [{"role": "system", "content": "You are a thoughtful 
assistant. Respond to all input in 25 words and answer in korea"}]
36      messages_prompt += [{"role": "system", "content": prompt}]
37      response = client.chat.completions.create(model="gpt-3.5-turbo", 
messages=messages_prompt)
38      message = response.choices[0].message.content
39      return message
40
41 # DALL·E에게 질문/그림 URL 받기
42 def getImageURLFromDALLE(messages):
43      response = client.images.generate(
44          model="dall-e-2",
45          prompt=messages,
46          size="512x512",
47          quality="standard",
48          n=1)
49      image_url = response.data[0].url
50      return image_url
51
52 # 텍스트 파일 초기화
53 def dbReset(filename):
54      with open(filename, 'w') as f:
55          f.write("")
```

03~05 ChatGPT의 답변을 카카오톡 서버로 전달하기 위한 함수입니다. 카카오톡 서버로 메시지를 전송하려면 다음 그림과 같이 JSON 형태로 전달해야 합니다. 따라서 메시지 전송 함수에서는 ChatGPT가 생성한 답변을 "전송할 텍스트 입력 부분"에 삽입해서 전달하도록 구성했습니다.

카카오톡 서버로 텍스트를 전송하는 JSON 구조

```
{
    "version":"2.0",
    "template":{
        "outputs":[
            {
                "simpleText":{
                    "text":"전송할 텍스트 입력 부분"
                }
            }
        ],
        "quickReplies":[
        ]
    }
}
```

08~11 DALL·E가 생성한 그림을 카카오톡 서버로 전송하기 위한 함수입니다. 카카오톡 서버로 이미지 파일을 전송하려면 다음 그림과 같이 JSON 형태로 전달해야 합니다. 따라서 사진 전송 함수에서는 DALL·E가 만든 이미지 URL을 "전송할 이미지 URL" 부분에 삽입해서 전달하도록 구성했습니다.

카카오톡 서버로 이미지를 전송하는 JSON 구조

```
{
    "version":"2.0",
    "template":{
        "outputs":[
            {
                "simpleImage":{
                    "imageUrl":"전송할 이미지 URL",
                    "altText":"이미지 설명"
                }
            }
        ],
```

```
        "quickReplies":[
        ]
    }
}
```

14~31 답변 시간이 지연되면 지연 안내 메시지를 보내고, 답변을 다시 요청하기 위한 버튼을 생성하는 함수입니다. 기본적인 JSON 포맷은 메시지 전송 함수의 JSON과 같지만, 버튼을 생성하기 위해 quickReplies 키에 다음과 같은 정보를 추가합니다. label에는 버튼에 출력할 텍스트 정보를 지정하고, messageText에는 버튼을 클릭했을 때 채팅창에 생성되는 메시지 정보를 지정합니다.

카카오톡 서버로 텍스트 및 버튼 생성을 요청하는 JSON 구조

```
{
    "version":"2.0",
    "template":{
        "outputs":[
            {
                "simpleText":{
                        "text":"아직 제가 생각이 끝나지 않았어요🙏🙏\n잠시 후 아래 말풍선을 
눌러주세요👆"
                }
            }
        ],
        "quickReplies":[
            {
                "action":"message",
                "label":"생각 다 끝났나요?🙋",
                "messageText":"생각 다 끝났나요?"
            }
        ]
    }
}
```

34~39 OpenAI API를 활용하여 ChatGPT에게 질문하고 답변받는 함수입니다. 예제 코드에서는 프롬프트를 "You are a thoughtful assistant. Respond to all input in 25 words and answer in korea"와 같이 작성하여 ChatGPT가 한글로 25자 내외의 답변을 하도록 설정했습니다. 이 부분은 필요에 따라 적절히 변경하여 사용합니다. 프롬프트 양식과 자세한 API 사용 방법은 2.4절 'ChatGPT API 기본 사용 방법(47쪽)'을 참고합니다.

42~50 OpenAI API를 활용하여 DALL·E에게 그림 생성을 요청하고 생성된 그림의 URL을 반환받는 함수입니다. 예제 코드에서 생성할 이미지의 크기를 "512x512"로 설정해 두었습니다. 이 부분은 필요에 따라 적절히 변경해 사용합니다. 자세한 API 사용 방법은 예제 4.1을 참고합니다[22].

53~55 텍스트 파일을 초기화하기 위한 함수입니다. 메인 함수에서 3.5초 이후에 생성된 답변 또는 그림 정보는 임시로 텍스트 문서에 저장합니다. 저장된 정보는 사용자에게 답변을 전송한 후에는 필요가 없습니다. 이때 해당 함수를 사용하여 텍스트 문서 안의 정보를 초기화합니다.

서버 생성 단계

FastAPI를 활용하여 로컬 서버를 생성하는 단계입니다. 자세한 설명은 예제 4.15를 참고합니다.

예제 4.19 카카오톡 챗봇 - 서버 생성 단계 ch04/ch04_kakaobot.py

```
01 ###### 서버 생성 단계 #######
02 app = FastAPI()
03
04 @app.get("/")
05 async def root():
06     return {"message": "kakaoTest"}
07
08 @app.post("/chat/")
09 async def chat(request: Request):
10     kakaorequest = await request.json()
11     return mainChat(kakaorequest)
```

02 FastAPI 클래스로 app이라는 인스턴스를 만듭니다.

04~06 HTTP GET 메서드 형태로 서버의 루트(/)로 접속하면 root() 함수를 실행합니다.

08~09 HTTP POST 메서드 형태로 "메인주소/chat/"으로 접속하면 chat() 함수를 실행합니다. 로컬 포트가 8000번으로 설정돼 있기 때문에 http://127.0.0.1:8000/chat/으로 접속하는 경우를 뜻합니다.

10 카카오톡 서버가 전송한 request 메시지를 JSON 형태로 kakaorequest 변수에 저장합니다.

11 메인 함수인 mainChat() 함수를 실행합니다. mainChat() 함수는 최종적으로 사용자의 요청에 맞는 JSON 데이터를 반환하여 최종적으로 카카오톡 서버로 답변을 전송하게 됩니다.

22 카카오톡 챗봇에서는 최대 2MB까지의 이미지를 전송할 수 있습니다. 헌데 DALL·E 3로 생성한 이미지의 용량은 3MB를 넘기 때문에 이미지가 전송되지 않습니다. 따라서 책에서는 DALL·E 2를 활용했습니다.

메인 함수 구현 단계

프로그램을 구동하는 메인 함수로, mainChat(), responseOpenAI() 두 개의 함수로 구성됩니다. 두 개의 함수를 나눠서 살펴보겠습니다.

먼저 mainChat() 함수는 챗봇의 중심이 되는 함수로, responseOpenAI() 함수의 응답 시간을 측정하여 바로 답변할 것인지 재요청을 할 것인지 판단하는 기능을 수행합니다. 제한 시간(3.5초) 내에 답변이 오면 바로 카카오톡 서버로 답변을 전달하고, 응답 시간을 초과하면 timeover() 함수를 호출합니다. mainChat() 함수는 최종적으로 response를 취합하여 카카오톡 서버에 반환합니다.

예제 4.20 카카오톡 챗봇 - 메인 함수 단계의 메인 함수 ch04/ch04_kakaobot.py

```
01 ###### 메인 함수 단계 #######
02
03 # 메인 함수
04 def mainChat(kakaorequest):
05
06     run_flag = False
07     start_time = time.time()
08
09     # 응답 결과를 저장하기 위한 텍스트 파일 생성
10     cwd = os.getcwd()
11     filename = cwd + "/botlog.txt"
12     if not os.path.exists(filename):
13         with open(filename, "w") as f:
14             f.write("")
15     else:
16         print("File Exists")
17
18     # 답변 생성 함수 실행
19     response_queue = q.Queue()
20     request_respond = threading.Thread(target=responseOpenAI,
21                                        args=(kakaorequest, response_queue, filename))
22     request_respond.start()
23
```

```
24    # 답변 생성 시간 체크
25    while (time.time() - start_time < 3.5):
26        if not response_queue.empty():
27            # 3.5초 안에 답변이 완성되면 바로 값을 반환
28            response = response_queue.get()
29            run_flag = True
30            break
31        # 안정적인 구동을 위한 딜레이 타임 설정
32        time.sleep(0.01)
33
34    # 3.5초 안에 답변이 생성되지 않을 경우
35    if run_flag == False:
36        response = timeover()
37
38    return response
```

06 제한 시간인 3.5초 이내에 답변을 완성했는지 여부를 저장하기 위한 Flag 변수입니다. True이면 답변을 완성한 것이고, False이면 답변을 완성하지 못한 것입니다.

07 총답변 시간을 계산하기 위해 시작 시각을 저장합니다.

10~16 ChatGPT의 답변 결과와, DALL·E의 이미지 URL을 잠시 저장하기 위한 텍스트 파일을 파이썬 스크립트 경로 안에 "botlog.txt"라는 이름으로 생성합니다.

19 큐 자료구조를 생성하여, response_queue라는 변수에 담습니다. 큐는 리스트와 비슷하게 여러 자료를 쌓을 수 있는 자료 구조입니다. put() 메서드를 사용해 자료를 차곡차곡 저장하고, get() 메서드를 사용해 가장 먼저 저장한 자료부터 꺼내 쓰는 자료형입니다. get()으로 저장된 자료를 꺼내면 해당 자료는 큐에서 자동으로 삭제됩니다. ChatGPT와 DALL·E의 답변을 response_queue 변수에 저장하고, 이 값을 카카오톡의 답변으로 전송할 때 꺼내서 사용합니다.

20~22 스레딩을 이용해 responseOpenAI() 함수를 실행합니다. 스레딩을 이용해 함수를 실행하면 해당 함수가 끝날 때까지 기다리지 않고, 아래에 있는 코드가 동시에 실행됩니다. 즉, 스레딩을 사용하여 ChatGPT와 DALL·E에게 답변을 요청하는 동시에 답변이 오는 시간을 측정할 수 있습니다.

일반적으로 코드를 실행하면 위에서부터 차례대로 실행되며, 실행한 코드를 완료해야 다음 코드를 실행합니다. 이 경우 현재 실행하고 있는 코드의 작업이 오래 걸리면 그다음 줄의 코드는 한없이 기다려야 합니다. 하지만 스레딩을 이용해 함수를 실행하면 해당 함수를 실행하면서 그다음에 오는 코드를 동시에 실행시킬 수 있습니다.

25~32 시작 시각으로부터 3.5초가 지날 때까지 0.1초에 한 번씩 response_queue에 답변이 담겼는지 확인합니다. 만약 3.5초 전에 답변이 생성되면 run_flag를 True로 바꾸고 반복문에서 빠져나옵니다. 만약 3.5초 동안 응답을 받지 못하면 runflag는 False인 상태로 반복문을 종료하게 됩니다.

35~36 3.5초 동안 답변을 받지 못했다면 timeover() 함수를 실행합니다.

responseOpenAI() 함수는 사용자의 채팅을 분석하여 ChatGPT에게 답변받거나 DALL·E에게 그림을 받는 기능을 수행합니다.

예제 4.21 카카오톡 챗봇 – 답변/사진 요청 및 응답 확인 함수 ch04/ch04_kakaobot.py

```
01 ###### 메인 함수 단계 #######
02
03 # 메인 함수
04 def mainChat(kakaorequest):
05     ... 생략 ...
06
07
08 # 답변/사진 요청 및 응답 확인 함수
09 def responseOpenAI(request, response_queue, filename):
10     # 사용자다 버튼을 클릭하여 답변 완성 여부를 다시 봤을 시
11     if '생각 다 끝났나요?' in request["userRequest"]["utterance"]:
12         # 텍스트 파일 열기
13         with open(filename) as f:
14             last_update = f.read()
15         # 텍스트 파일 내 저장된 정보가 있을 경우
16         if len(last_update.split()) > 1:
17             kind = last_update.split()[0]
18             if kind == "img":
19                 bot_res, prompt = last_update.split()[1], last_update.split()[2]
20                 response_queue.put(imageResponseFormat(bot_res, prompt))
21             else:
22                 bot_res = last_update[4:]
23                 response_queue.put(textResponseFormat(bot_res))
24             dbReset(filename)
25
26     # 이미지 생성을 요청한 경우
```

```
27      elif '/img' in request["userRequest"]["utterance"]:
28          dbReset(filename)
29          prompt = request["userRequest"]["utterance"].replace("/img", "")
30          bot_res = getImageURLFromDALLE(prompt)
31          response_queue.put(imageResponseFormat(bot_res, prompt))
32          save_log = "img"+ " " + str(bot_res) + " " + str(prompt)
33          with open(filename, 'w') as f:
34              f.write(save_log)
35
36      # ChatGPT 답변을 요청한 경우
37      elif '/ask' in request["userRequest"]["utterance"]:
38          dbReset(filename)
39          prompt = request["userRequest"]["utterance"].replace("/ask", "")
40          bot_res = getTextFromGPT(prompt)
41          response_queue.put(textResponseFormat(bot_res))
42
43          save_log = "ask"+ " " + str(bot_res)
44          with open(filename, 'w') as f:
45              f.write(save_log)
46
47      #아무 답변 요청이 없는 채팅일 경우
48      else:
49          # 기본 response 값
50          base_response = {'version': '2.0', 'template': {'outputs': [],
'quickReplies': []}}
51          response_queue.put(base_response)
```

11 사용자가 버튼을 클릭해 답변을 요청한 것인지 체크합니다. 다음은 사용자가 메시지를 보냈을 때 카카오톡 서버에서 챗봇 서버로 전송하는 JSON 구조입니다. 여기서 "발화 내용"이 채팅 내용에 해당하는 부분이므로 이를 이용해 사용자가 무엇을 요청했는지 판단합니다.

사용자의 입력이 "생각 다 끝났나요?"라면 답변 시간이 3.5초를 넘어가 버튼이 생성되고, 일정 시간 후 사용자가 버튼을 클릭한 것입니다.

카카오톡 서버에서 챗봇 서버로 전송하는 JSON 구조

```
{
    "bot":{},
    "intent":{},
    "action":{},
    "userRequest":{
        "timezone":"Asia/Seoul",
        "params":{},
        "block":{},
        "utterance":"발화 내용",
        "lang":"ko",
        "user":{}
    },
    "contexts":{}
}
```

13~14 텍스트 파일을 열고, 저장된 내용을 파이썬 환경으로 불러옵니다.

16 저장된 내용이 있는지 확인합니다.

17 저장된 내용의 종류를 kind 변수로 불러옵니다.

18~23 저장된 내용의 종류별로 알맞은 함수를 호출하여 최종 response 값을 response_queue에 담습니다.

24 텍스트 파일에 저장된 내용이 더는 필요 없으므로 초기화합니다.

27 메시지 내용에 /img가 포함돼 있는지 확인합니다.

28 텍스트 파일을 초기화합니다.

29 메시지 안의 /img를 삭제하고 prompt 변수에 저장합니다.

30 getImageURLFromDALLE 함수를 활용해 DALL·E에게 그림 생성을 요청합니다.

31 최종 response 값을 response_queue에 담습니다.

32~34 생성한 정보를 텍스트 파일에 저장합니다.

37 메시지 내용에 /ask가 포함돼 있는지 확인합니다.

38 텍스트 파일을 초기화합니다.

39 메시지 안의 /ask를 삭제하고 prompt 변수에 저장합니다.

40 getTextFromGPT 함수를 활용해 ChatGPT에게 답변을 받습니다.

41 최종 response 값을 response_queue에 담습니다.

43~45 생성한 정보를 텍스트 파일에 저장합니다.

48~ 51 사용자가 질문(/ask)이나 그림(/img)을 요청하지 않았다면 {'version': '2.0', 'template': {'outputs': [], 'quickReplies': []}}와 같이 답장하지 않는 빈 JSON 정보를 담습니다.

지금까지 카카오톡 챗봇을 구현해 봤습니다. 만약 uvicorn 명령어를 이용해 서버를 실행 중이라면 Ctrl+S 키를 눌러 스크립트 파일을 저장하면 자동으로 서버에 코드가 반영됩니다. 만약 서버를 실행한 상태가 아니라면 아래의 명령어를 이용해 서버를 실행합니다.

```
(ch04_env) C:\chat-gpt-prg\ch04> uvicorn ch04_kakaobot:app --reload
```

카카오톡 채팅방에 질문하면 정상적으로 잘 작동하는 모습을 확인할 수 있습니다. 이때 주의해야 할 점은, 챗봇이 동작하려면 uvicorn 명령어를 이용해 ch04_kakaobot.py 스크립트를 실행한 상태여야 하며, 동시에 ngrok을 실행하여 외부 주소가 로컬 서버와 연결된 상태여야 합니다. 즉 컴퓨터가 항상 켜져 있어야 하고 다른 작업을 할 때도 일정량의 컴퓨팅 리소스를 챗봇을 동작하는 데 사용해야 한다는 큰 단점이 있습니다. 다음 절에서는 로컬 PC가 아닌 아마존의 클라우드 서비스인 AWS를 활용해 챗봇을 구현하는 방법을 살펴보겠습니다.

4.9 아마존 웹 서비스를 활용하여 카카오톡 챗봇 만들기

이번 절에는 아마존 웹 서비스(Amazon Web Services)를 활용하여 언제 어디서나 카카오톡 챗봇을 사용할 수 있도록 만들어 보겠습니다. 전체적인 동작 원리는 4.6절 '아마존 웹 서비스를 활용하여 텔레그램 챗봇 만들기(144쪽)'에서 설명한 아마존 웹 서비스를 활용하여 텔레그램 챗봇 만들기 과정과 동일합니다. 당연히 lambda function 내부의 코드는 카카오톡에 맞게 수정해야 합니다. 먼저 AWS를 활용한 카카오톡 챗봇의 구조를 살펴보겠습니다.

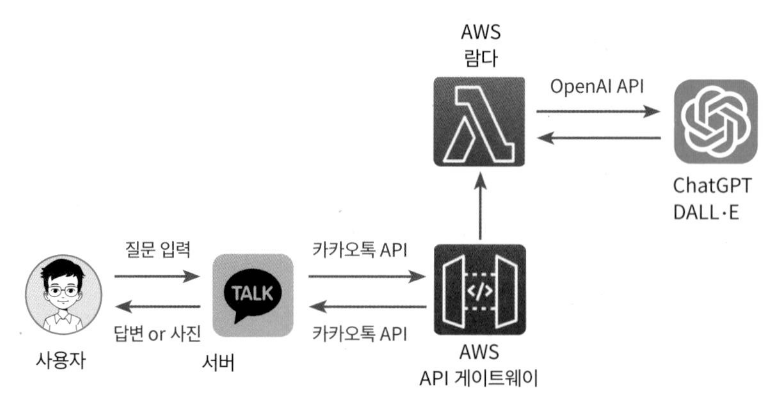

그림 4.88 AWS를 활용한 카카오톡 챗봇의 구조

- **질문 입력: 사용자**

  사용자는 텔레그램 채팅방에서 원하는 질문을 전송합니다. 이때 ChatGPT에게 질문을 하려면 "/ask"로 메시지를 시작하고, DALL·E에게 그림을 요청하려면 "/img"로 메시지를 시작합니다. 예를 들어, "/ask 부자가 되는 법을 알려줘" 또는 "/img 차 위에 있는 고양이 그림을 그려줘"라고 작성합니다.

- **카카오톡 서버: 카카오톡 API 활용**

  카카오톡 API를 활용하여 채팅방 내의 메시지를 AWS 람다로 전송하거나, 텍스트나 사진을 채팅방에 전송하여 사용자에게 제공하는 역할을 합니다.

- **AWS API 게이트웨이**

  AWS API 게이트웨이는 쉽게 생각해서 카카오톡 서버와 AWS 람다 함수를 연결해 주는 연결고리 역할을 합니다. 카카오톡 채팅방에 새로운 메시지가 생성되면 AWS API 게이트웨이는 AWS 람다 함수를 호출하여 실행시킵니다. 추가로 AWS API 게이트웨이와 카카오톡 채팅방을 연결하려면 카카오톡 챗봇 관리자센터에서 AWS API 게이트웨이 주소를 설정해야 합니다.

- **AWS 람다**

  AWS API 게이트웨이를 통해 새로운 메시지 정보를 받으면 메시지를 직접 처리한 다음 OpenAI API를 통해 ChatGPT 및 DALL·E에 작업을 요청합니다. 또한, 작성이 완료된 답변 또는 그림을 카카오톡 API에서 요청하는 JSON 양식에 담아 다시 API 게이트웨이를 통해 카카오톡 서버에 전송합니다.

- **OpenAI**

  OpenAI에서 지원하는 API를 활용하여 질문은 ChatGPT에게 요청하고, 그림 생성은 DALL·E에게 요청하여 답변 내용을 AWS 람다로 전송합니다. 이 과정은 OpenAI의 API 키가 꼭 필요하며, 답변 길이와 그림의 해상도에 따라 비용이 발생합니다.

복습하는 차원에서 수행해야 하는 작업을 순서대로 다시 한번 정리해 보면 다음과 같습니다. AWS를 설정하는 자세한 방법은 4.6절 '아마존 웹 서비스를 활용하여 텔레그램 챗봇 만들기(144쪽)'를 참고합니다.

1. AWS 람다 함수 생성하기 – 4.6.4절(147쪽)
2. 람다 함수에 환경변수 생성(OpenAI API 키 입력하기) – 4.6.4절(147쪽)
3. **lambda_function 코드 작성하기 – 4.6.4절(147쪽), 4.9.1절(203쪽)**
4. 계층을 생성하여 OpenAI 패키지를 레이어로 등록하기 – 4.6.4절(147쪽)
5. 람다의 제한 시간 늘리기 – 4.6.4절(147쪽)
6. AWS API 게이트웨이 생성하기 – 4.6.5절 (160쪽)
7. **AWS API 게이트웨이의 주소와 카카오톡 서버 연결하기 – 4.9.2절 (206쪽)**

이중 3번 lambda_function 코드를 작성하는 과정과 7번 AWS API 게이트웨이의 주소를 카카오톡 서버와 연결하는 방법은 텔레그램 챗봇에서 실습한 내용과 다릅니다. 따라서 이후 절에서는 두 가지 과정을 살펴보겠습니다..

4.9.1 카카톡오 챗봇의 lambda_function 코드 작성하기

AWS 람다의 핵심이 되는 코드로, 카카오톡 챗봇의 환경에 맞춰 작성하겠습니다. 코드의 전반적인 내용은 4.8절 '로컬 PC를 활용하여 카카오톡 챗봇 만들기(174쪽)'에서 살펴본 방법과 유사합니다. 가장 큰 차이점은 `lambda_handler()` 함수가 서버로부터 바로 입력을 받기 때문에 따로 서버를 생성하는 단계가 필요 없습니다. 따라서 기본 정보 설정 단계, 메인 함수 단계, 기능 구현 단계 총 3단계로 이뤄집니다.

예제 4.22 카카오톡 챗봇 코드 ch04/ch04_kakaobot_lambda.py

```
01 ###### 기본 정보 설정 단계 #######
02 import json
03 import openai
04 import threading
05 import time
06 import queue as q
```

```
07 import os
08
09 # OpenAI API 키 입력 및 클라이언트 생성
10 client = openai.OpenAI(api_key = os.environ["OPENAI_API"])
11
12 ###### 메인 함수 단계 #######
13
14 # 메인 함수
15 def lambda_handler(event, context):
16
17     run_flag = False
18     start_time = time.time()
19
20     # 카카오 정보 저장
21     kakaorequest = json.loads(event["body"])
22
23     # 응답 결과를 저장하기 위한 텍스트 파일 생성
24     filename = "/tmp/botlog.txt"
25     if not os.path.exists(filename):
26         with open(filename, "w") as f:
27             f.write("")
28     else:
29         print("File Exists")
30
31     # 답변 생성 함수 실행
32     response_queue = q.Queue()
33     request_respond = threading.Thread(target=responseOpenAI,
34                                        args=(kakaorequest, response_queue, filename))
35     request_respond.start()
36
37     # 답변 생성 시간 체크
38     while (time.time() - start_time < 3.5):
39         if not response_queue.empty():
40             # 3.5초 안에 답변이 완성되면 바로 값을 반환
41             response = response_queue.get()
42             run_flag = True
43             break
```

```
44          # 안정적인 구동을 위한 딜레이 타임 설정
45          time.sleep(0.01)
46
47      # 3.5초 안에 답변이 생성되지 않을 경우
48      if run_flag == False:
49          response = timeover()
50
51      return {
52          'statusCode':200,
53          'body': json.dumps(response),
54          'headers': {
55              'Access-Control-Allow-Origin': '*',
56          }
57      }
58
59  # 답변/사진 요청 및 응답 확인 함수
60  def responseOpenAI(request, response_queue, filename):
61  ... 생략 ...
62
63  ###### 기능 구현 단계 #######
64
65  # 메시지 전송
66  def textResponseFormat(bot_response):
67  ... 생략 ...
68
69  # 사진 전송
70  def imageResponseFormat(bot_response, prompt):
71  ... 생략 ...
72
73  # 응답 초과 시 답변
74  def timeover():
75  ... 생략 ...
76
77  # ChatGPT에게 질문/답변받기
78  def getTextFromGPT(prompt):
79  ... 생략 ...
80
```

```
81 # DALL·E에게 질문/그림 URL 받기
82 def getImageURLFromDALLE(prompt):
83 ... 생략 ...
84
85 # 텍스트 파일 초기화
86 def dbReset(filename):
87 ... 생략 ...
```

02~07 필요한 패키지를 불러옵니다. FastAPI는 사용하지 않으므로 삭제하고, 람다 함수로 넘어오는 json 정보를 처리하기 위해 json 패키지를 추가합니다. 자세한 내용은 4.8절 '로컬 PC를 활용하여 카카오톡 챗봇 만들기(174쪽)'를 참고합니다.

10 OpenAI API 키를 입력합니다. 이때 앞서 저장한 환경 변수를 활용합니다. 환경 변수는 os.environ["이름"]을 통해 불러올 수 있습니다.

15 메인이 되는 lambda_hander 함수입니다. 람다가 호출되면 작동하는 함수로, 해당 함수 안에 핵심 동작 코드를 작성합니다.

21 카카오톡 메시지 정보를 받아 kakaorequest 변수에 저장합니다. 이때 카카오톡 메시지 정보는 event 파라미터의 body에 담겨있습니다. 따라서 event["body"]로 메시지 정보를 가져옵니다.

24 로컬 서버에서 카카오톡 챗봇을 구현할 때는 로컬 PC 내부에 텍스트 파일을 생성해 답변 내용을 임시로 저장했습니다. AWS 람다에서는 람다 서버에 임시로 파일을 저장할 수 있습니다. 단, 주의할 점은 반드시 tmp 폴더에 저장해야 합니다. 따라서 파일의 저장 경로를 "/tmp/botlog.txt"로 지정합니다.

51~57 최종 생성된 response를 json.dump() 메서드를 활용해 문자열로 변환한 다음 body에 담아 반환합니다.

59~88 나머지 생략한 코드는 4.8절 '로컬 PC를 활용하여 카카오톡 챗봇 만들기(174쪽)'의 설명과 같습니다.

4.9.2 API 게이트웨이 주소와 카카오톡 서버 연결하기

AWS API 게이트웨이를 생성하고, 생성이 완료되면 API 게이트웨이와 카카오톡 서버와 연결해야 합니다. AWS API 게이트웨이를 생성하는 방법은 앞서 4.6절 '아마존 웹 서비스를 활용하여 텔레그램 챗봇 만들기(144쪽)'에서 살펴본 방법과 같습니다. 4.6절의 설명을 참고하여 AWS API 게이트웨이를 생성하고, 새로 생성한 API 게이트웨이 주소를 복사합니다.

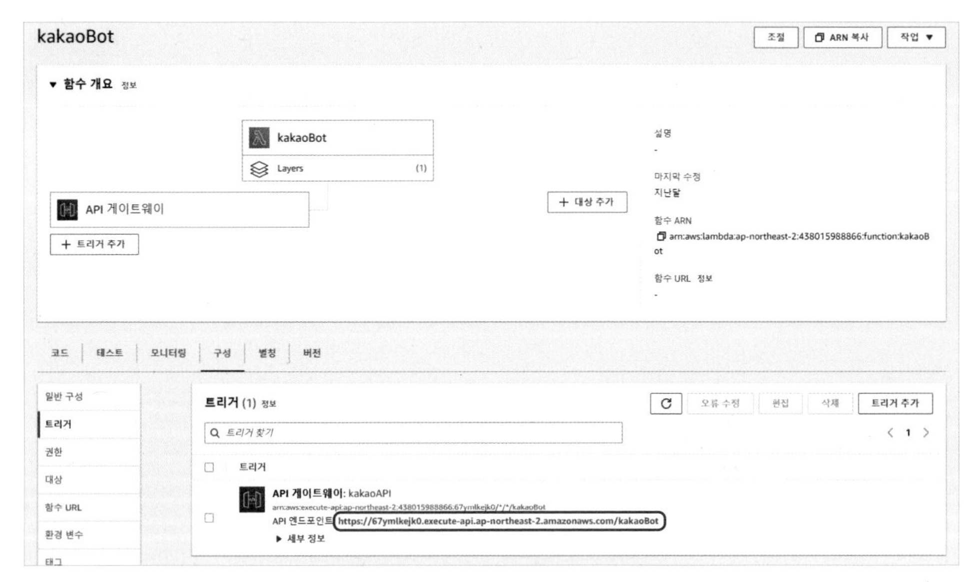

그림 4.89 AWS API Gateway 주소 복사

카카오 챗봇 관리자센터에 접속한 다음 왼쪽 메뉴에서 **[스킬]**을 선택하고 **[스킬명]**을 클릭합니다.

- **카카오톡 챗봇 관리자센터**: https://chatbot.kakao.com/

그림 4.90 카카오 챗봇 관리자 센터에서 스킬 선택하기

앞서 복사한 AWS API 게이트웨이 주소를 URL에 붙여 넣고 **[저장]** 버튼을 클릭합니다.

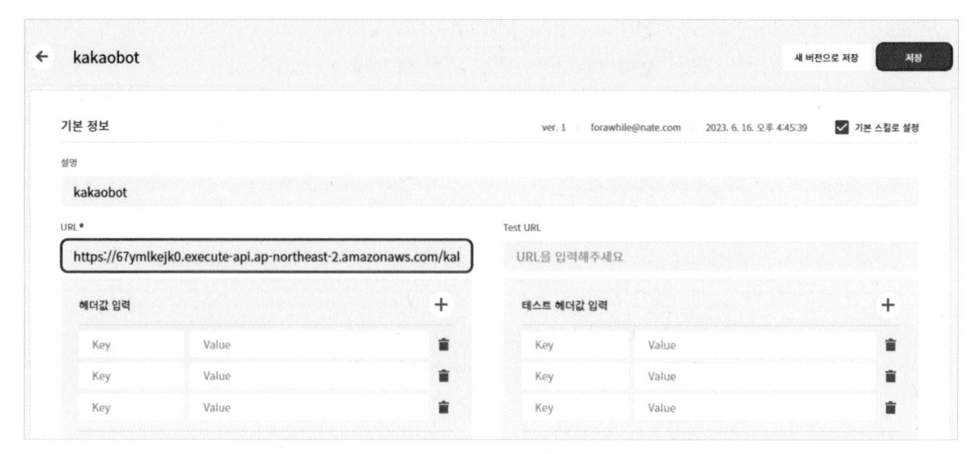

그림 4.91 스킬의 URL 업데이트하기

마지막으로 왼쪽 메뉴에서 **[배포]**를 선택한 다음 오른쪽 상단의 **[배포]** 버튼까지 클릭하면 카카오톡 서버와 AWS 서버의 연동이 완료됩니다.

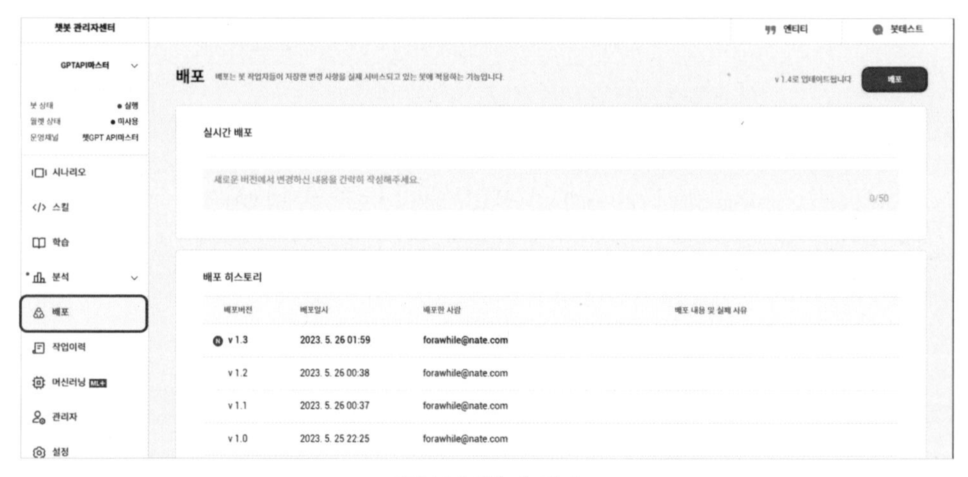

그림 4.92 챗봇 배포하기

챗봇의 스킬 주소를 AWS API 게이트웨이 주소로 변경했기 때문에 더 이상 로컬 PC에서 제작한 챗봇은 동작하지 않습니다. 만약 다시 로컬 서버로 돌리고 싶다면 다시 스킬 주소를 ngrok을 활용해 생성한 주소로 변경해야 합니다. 단, ngrok는 다시 실행할 때마다 새로운 주소를 생성하므로 주소가 바뀔 때마다 스킬 주소를 변경해야 합니다.

지금까지 텔레그램과 카카오톡에 나만의 챗봇 AI를 만드는 방법을 살펴봤습니다. 챗봇의 활용 방안은 무궁무진합니다. 이번 장에서는 기술적으로 메신저 안에 챗봇을 구현하는 방법만 다뤘을 뿐입니다. 챗봇의 기본 시스템 프롬프트를 잘 튜닝하여 다양한 스타일의 챗봇을 구현할 수 있을 뿐 아니라 커스터마이징된 챗봇을 탑재하여 각자의 분야에 맞는 챗봇을 만들 수도 있습니다. 이번 장에서 살펴본 내용이 향후 아주 멋진 메신저 챗봇을 탄생시키는 밑거름이 되었으면 합니다.

참 고 AWS 리소스 정리

AWS 람다와 AWS API 게이트웨이는 사실상 무료에 가까울 만큼 저렴한 서비스이지만, 프리티어 기간이 지나면 사용량에 따라 요금이 부과될 수 있습니다.

- **AWS 람다 요금 정책**: https://aws.amazon.com/ko/lambda/pricing/
- **AWS API 게이트웨이 요금 정책**: https://aws.amazon.com/ko/api-gateway/pricing/

텔레그램봇/카카오톡봇을 더는 이용하지 않는다면 원치 않는 요금이 청구되는 것을 방지하기 위해 이 책에서 실습했던 AWS 람다와 AWS API 게이트웨이를 종료해주세요.

그림 4.93 AWS 람다 종료

그림 4.94 AWS API 게이트웨이 종료

Part 05

ChatGPT API로 우리 회사 챗봇 만들기

많은 회사에서 고객들을 안내하기 위해 챗봇을 만들곤 합니다. 일반적으로 챗봇은 회사의 약관, 교환/환불 방법 등을 안내하며 고객센터를 대체하기 위한 용도로 개발되기 마련이지만, 실제 챗봇의 성능으로 인해서 할 수 있는 답변이 너무 적거나 고객들이 실망하는 경우가 많았습니다.

반면, ChatGPT는 프로그래밍, 번역, 요약 등 다양한 분야의 업무를 수행할 수 있는 고성능의 챗봇입니다. 그렇다면 ChatGPT에 우리 회사, 또는 특정 행사에 대한 정보를 주입해서 우리 회사만을 위한 챗봇을 만들어 보는 것은 어떨까요? 이번 장에서는 미드저니를 사용하여 챗봇의 마스코트를 생성해 보고, ChatGPT API를 사용하여 특정 정보에 대해서 답변하도록 준비된 커스텀 챗봇을 만들어 보겠습니다.

5.1 개발 환경 구축하기

본격적인 개발에 앞서 개발 환경을 준비하겠습니다. 경로 생성부터 가상환경 생성까지 명령 프롬프트 창에서 진행합니다. 개발 환경 구축의 전반적인 과정은 3장에서 살펴봤던 과정과 매우 유사하고 이번 장에서도 3장과 동일하게 스트림릿을 사용합니다. 따라서 이번 장을 실습하기 전에 3장의 개발 환경 구축, 스트림릿 실습을 미리 살펴볼 것을 권장합니다.

프로젝트 폴더 생성하기

이번 장의 실습 역시 3.3절에서 만들었던 `chat-gpt-prg` 폴더에서 진행하겠습니다. 프로젝트 폴더와 가상 환경을 설치하기 위해 명령 프롬프트를 실행합니다. 이후 `chat-gpt-prg` 폴더로 경로를 변경합니다.

```
C:\> cd chat-gpt-prg
C:\chat-gpt-prg>
```

`chat-gpt-prg` 폴더에 5장에서 실습할 코드를 모아 둘 `ch05` 폴더를 생성하고, 해당 경로로 이동합니다.

```
C:\chat-gpt-prg> mkdir ch05
C:\chat-gpt-prg> cd ch05
C:\chat-gpt-prg\ch05>
```

탐색기에서 chat-gpt-prg로 이동해 보면 ch05 폴더가 생성된 것을 확인할 수 있습니다

가상 환경 생성하기

아래 명령어를 입력하여 ch05_env라는 이름으로 가상 환경을 생성합니다.

```
C:\chat-gpt-prg\ch05> python -m venv ch05_env
```

가상 환경이 생성되면 아래 명령어로 가상 환경을 활성화[1]합니다.

```
C:\chat-gpt-prg\ch05> ch05_env\Scripts\activate.bat
```

활성화가 완료되면 프롬프트 창 맨 왼쪽이 가상 환경 이름으로 바뀝니다.

```
(ch05_env) C:\chat-gpt-prg\ch05>
```

5.2 플레이그라운드 AI 소개

이번 실습에서는 인공지능을 통해 그림을 생성하는 AI인 플레이그라운드 AI(Playground AI)를 사용합니다. 구글 검색 창에 '플레이그라운드 AI'라고 입력하거나 아래 주소를 통해 접속할 수 있습니다.

- **플레이그라운드 AI**: https://playgroundai.com/

플레이그라운드 AI를 사용하려면 구글 계정이 필요합니다. 구글 계정이 없는 사람은 우선 회원 가입을 진행한 후에 해당 사이트에 접속합니다. 다음 그림은 플레이그라운드 AI

1 macOS에서는 source ch05_env/bin/activate 명령으로 가상 환경을 활성화합니다.

웹 사이트의 첫 화면입니다. 첫 화면에서 [Get Started For Free]를 클릭해 시작할 수 있습니다.

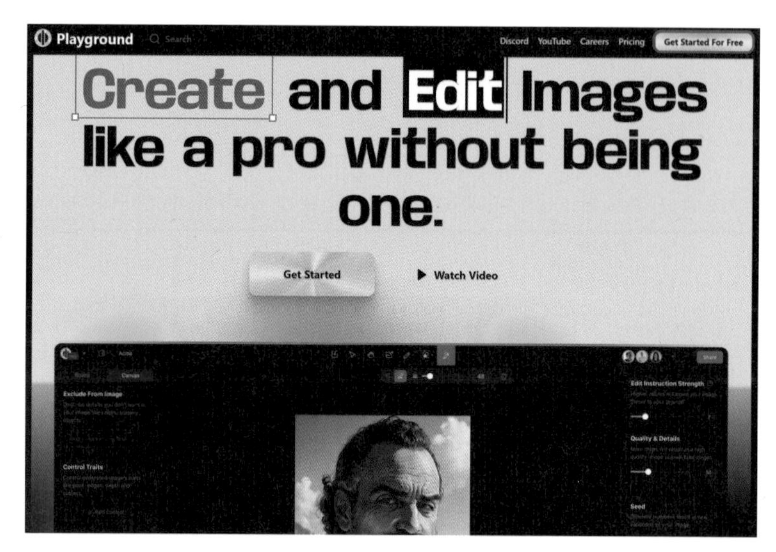

그림 5.1 플레이그라운드 AI

다음과 같은 로그인 화면이 나오면 [Continue with Google]을 클릭하고 구글 계정을 선택해 로그인합니다.

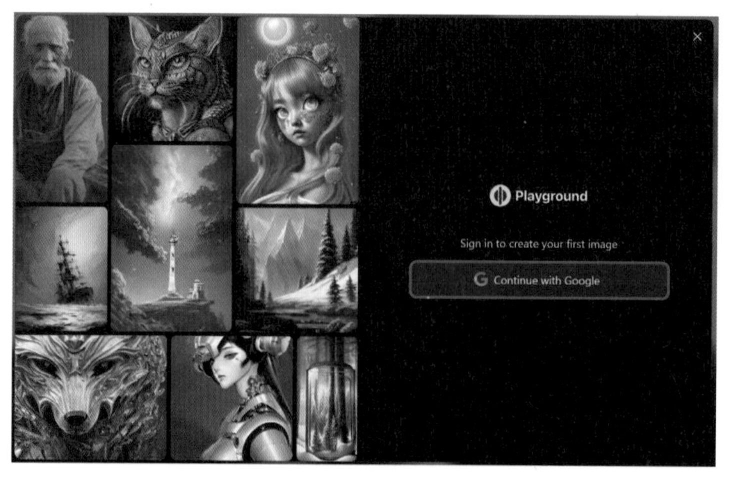

그림 5.2 구글 계정으로 로그인

로그인 후에는 다음과 같이 다양한 그림이 나열된 화면으로 이동합니다. 로그인 후에 접속되는 이 화면의 주소는 다음과 같습니다.

- **플레이그라운드 AI의 갤러리**: https://playground.com/feed

그림 5.3 플레이그라운드 AI의 갤러리

플레이그라운드 AI의 갤러리에 해당하는 이 화면에서는 각 그림을 클릭하여 해당 그림을 만들 때 사용한 프롬프트를 확인할 수 있습니다. 앞으로 만들고자 하는 그림이 있을 때 다른 사용자가 사용했던 프롬프트를 참고할 수 있는 곳입니다.

예를 들어 강아지 이미지를 생성하고 싶다고 가정해 보겠습니다. 다음 그림과 같이 상단의 여러 카테고리 중에서 동물 이미지가 모여있는 **[Animals]** 버튼을 클릭하고, 다양한 동물 그림 중 가장 마음에 드는 강아지 이미지를 선택해 보겠습니다.

그림 5.4 Animals 카테고리에서 강아지 이미지 선택

마음에 드는 이미지를 클릭하면 다음과 같이 해당 이미지를 생성할 때 활용한 프롬프트(Prompt)를 확인할 수 있습니다. 이 프롬프트를 복사하여 활용하고 싶다면 하단의 [Copy Prompt]를 클릭하면 프롬프트가 복사되고, 추후 그림을 그리는 화면에서 복사한 프롬프트를 활용하여 이미지를 생성할 수 있습니다.

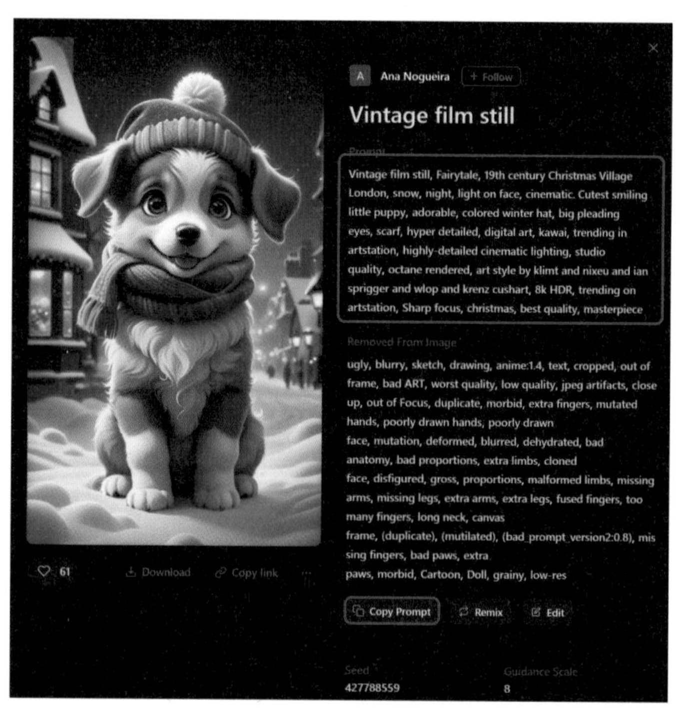

그림 5.5 강아지 이미지의 프롬프트

다음 그림을 보면 프롬프트 아래에 Removed From Image도 있습니다. 프롬프트와 유사하게 영어가 나열돼 있는데, 플레이그라운드 AI에서는 이미지를 생성할 때 이미지에 넣고 싶은 키워드뿐만 아니라 이미지에서 제외하고 싶은 키워드도 별도로 작성할 수 있습니다. 즉, 다음 그림의 Removed From Image에 있는 키워드들은 해당 이미지를 생성할 때 이미지에서 제외하고자 했던 키워드에 해당합니다.

실제 뒤에서 실습할 이미지 생성 화면(그림 5.6)에서 Exclude From Image에 해당 키워드들을 넣으면 이미지를 생성할 때 해당 키워드는 배제하는 방향으로 이미지를 생성할 수 있습니다.

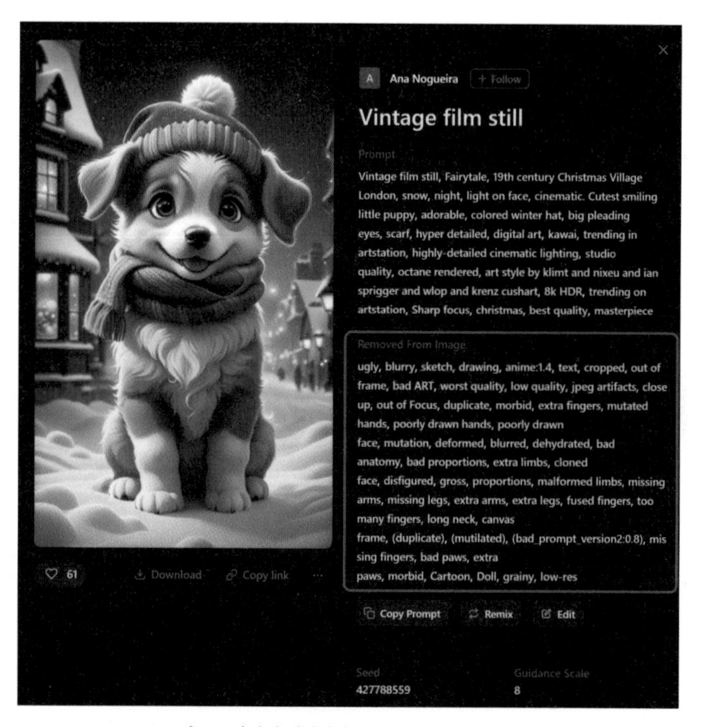

그림 5.6 강아지 이미지의 Removed From Image

이미지를 생성하기 위해 강아지 이미지 팝업창을 닫고 다시 플레이그라운드 AI의 갤러리 화면으로 돌아가 보겠습니다. 플레이그라운드 AI의 오른쪽 상단에 있는 [Create] 버튼을 클릭합니다.

그림 5.7 플레이그라운드 AI 갤러리에서 [Create] 버튼을 클릭

버튼을 클릭하면 이미지를 생성할 수 있는 화면이 나옵니다. 여러 옵션이 있지만 가장 기본적인 사용법은 간단합니다. 먼저 상단의 [Board] 버튼을 클릭합니다. 그다음 Prompt에 원하는 프롬프트를 영어로 작성하고, [Generate] 버튼을 클릭하면 프롬프트를 반영하여 이미지가 생성됩니다.

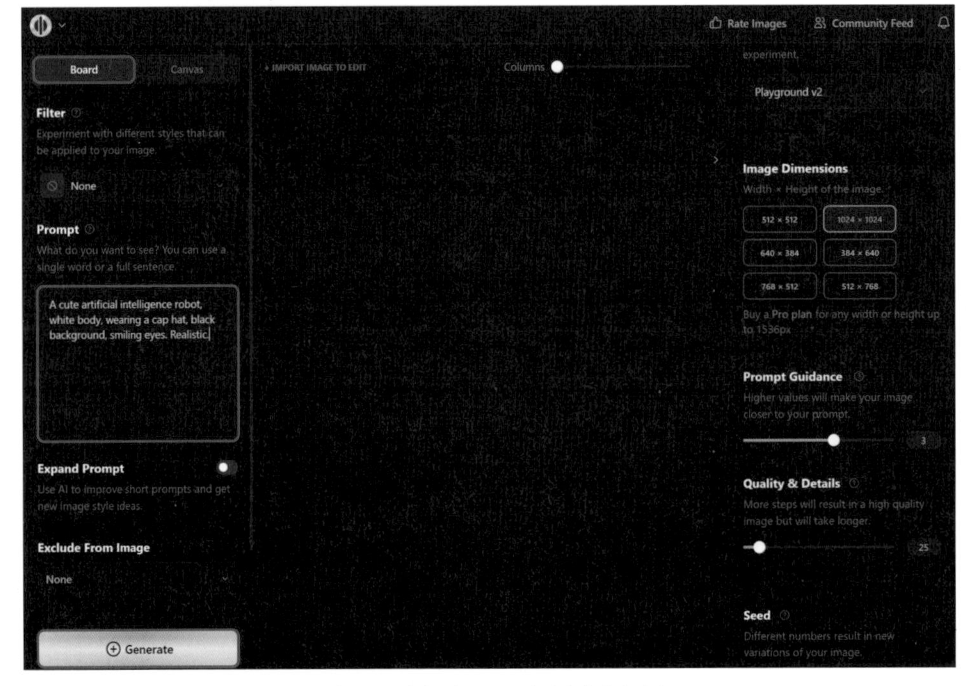

그림 5.8 플레이그라운드 AI의 이미지 생성 화면

5.3 플레이그라운드 AI로 마스코트 생성하기

이어서 플레이그라운드 AI를 활용해 챗봇에서 사용할 마스코트 이미지를 생성해보겠습니다. 마스코트를 생성하기 위한 한글 프롬프트는 다음과 같습니다.

【 한글 프롬프트 】

귀여운 인공지능 로봇, 하얀색 몸체, 캡 모자를 쓰고 있음, 눈은 웃고 있음. 현실적임.

위와 같이 프롬프트를 한글로 작성한 후 구글 번역기를 통해 영어 프롬프트로 변환했습니다.

【 영어 프롬프트 】

A cute artificial intelligence robot, white body, wearing a cap hat, smiling eyes. Realistic.

다음 그림은 해당 프롬프트를 작성하고 [Generate] 버튼을 클릭하여 얻은 최종 결과 이미지입니다. 생성한 그림을 보면 프롬프트를 반영하여 하얀색의 귀여운 로봇 이미지를 만들어냈습니다.

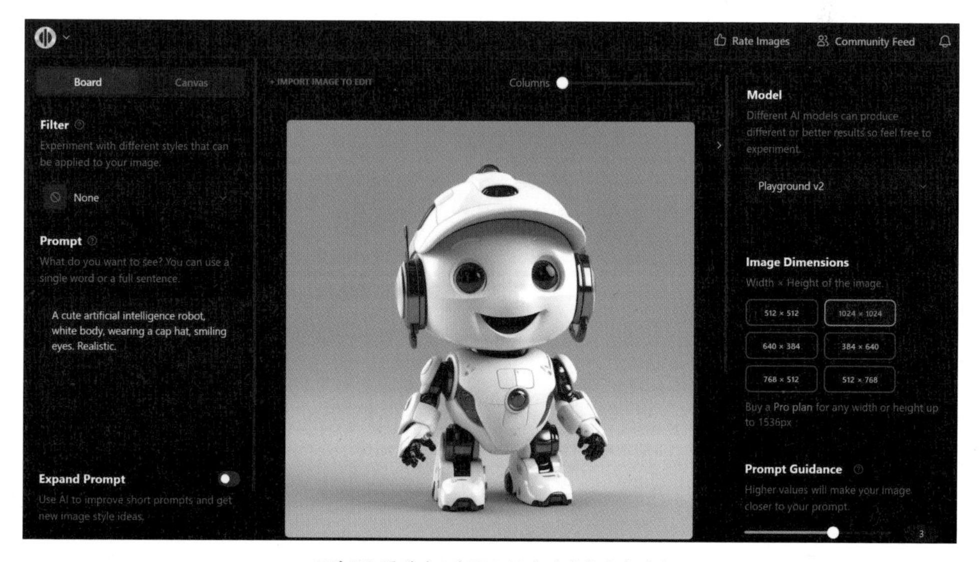

그림 5.9 플레이그라운드 AI의 이미지 생성 결과

최종적으로 마스코트를 선택했다면 해당 마스코트의 이름을 정하고, 챗봇 대화 화면에서 챗봇을 소개할 문구들을 준비합니다. 이제 챗봇 마스코트 이미지에 챗봇 소개 문구를 넣어보겠습니다. 문구를 추가하는 작업은 전문 그래픽 편집기인 포토샵(Adobe Photoshop)을 사용할 수도 있지만, 이 책에서는 파워포인트(Microsoft PowerPoint)를 이용해 만들겠습니다. 파워포인트를 실행하고 상단 메뉴에서 **[삽입]** → **[그림]** 버튼을 클릭한 다음 편집하고자 하는 그림을 삽입합니다.

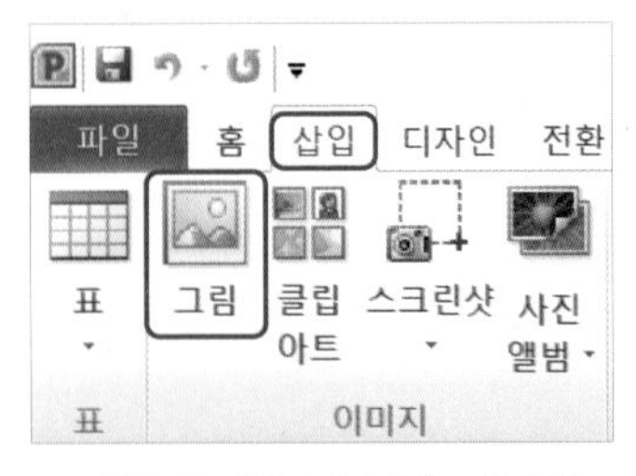

그림 5.10 파워포인트에서 그림 삽입

이미지와 어울리는 폰트 색깔과 글씨체를 선택한 다음 챗봇의 이름과 챗봇 소개 문구를 작성합니다. 뒤에서 더 자세히 설명하겠지만, 이 책에서는 서울의 청년 정책을 안내하는 챗봇을 만들 예정입니다. 따라서 챗봇의 이름은 정책을 안내해 준다는 의미로 '정채기'라고 지었습니다.

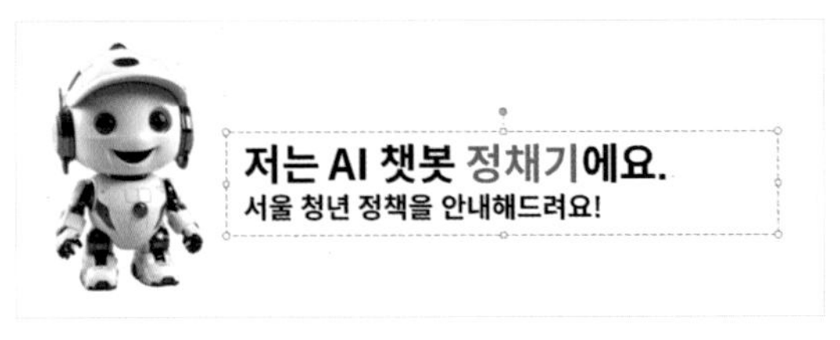

그림 5.11 챗봇 소개 문구 작성

파워포인트에서 이미지를 삽입하고, 텍스트를 입력하여 얻은 최종 챗봇 마스코트 이미지는 다음과 같습니다.

그림 5.12 최종 챗봇 마스코트 이미지

최종 이미지는 5.1절에서 만든 `C:\chat-gpt-prg\ch05` 경로에 `images`라는 폴더를 만들고, 해당 폴더에 `ask_me_chatbot.png`라는 이름으로 저장합니다. 이번 절에서 만든 이미지는 챗봇을 제작하는 데 활용할 예정입니다.

5.3 ChatGPT를 이용한 데이터 전처리

챗봇이 우리가 원하는 정보만 안내하게 하려면 챗봇이 안내해야 할 주제의 데이터가 필요합니다. 만약 회사 챗봇을 만든다면 회사 또는 회사에 대한 제품 정보가 담긴 데이터가 필요하고, 호텔 챗봇이라면 해당 호텔에 오는 길, 호텔 부대 시설의 위치와 이용 시간, 호텔에서 제공하는 각종 서비스에 대한 정보가 필요할 것입니다.

이 책에서는 서울시의 서울 청년 정책을 안내하는 챗봇을 개발한다고 가정하고 청년 정책 데이터를 준비했습니다. 저자가 사용한 데이터는 서울시의 청년 정책을 안내하는 웹 사이트인 '청년 몽땅 정보통'에서 가져왔습니다. 만약 만들고자 하는 챗봇이 있다면 원하는 주제의 데이터를 사용해도 괜찮습니다.

- **청년 몽땅 정보통**: https://youth.seoul.go.kr/mainA.do

청년 몽땅 정보통 웹 사이트에 접속합니다. 상단 메뉴에서 **[청년정책]**을 클릭한 다음 **[서울시 정책]**을 클릭합니다.

그림 5.13 청년 몽땅 정보통의 청년 정책 탭

다음 화면에서 가운데 있는 [**서울시 정책**] 탭을 클릭하면 현재 서울시에서 청년들을 위해 진행하고 있는 다양한 정책 사항을 볼 수 있습니다.

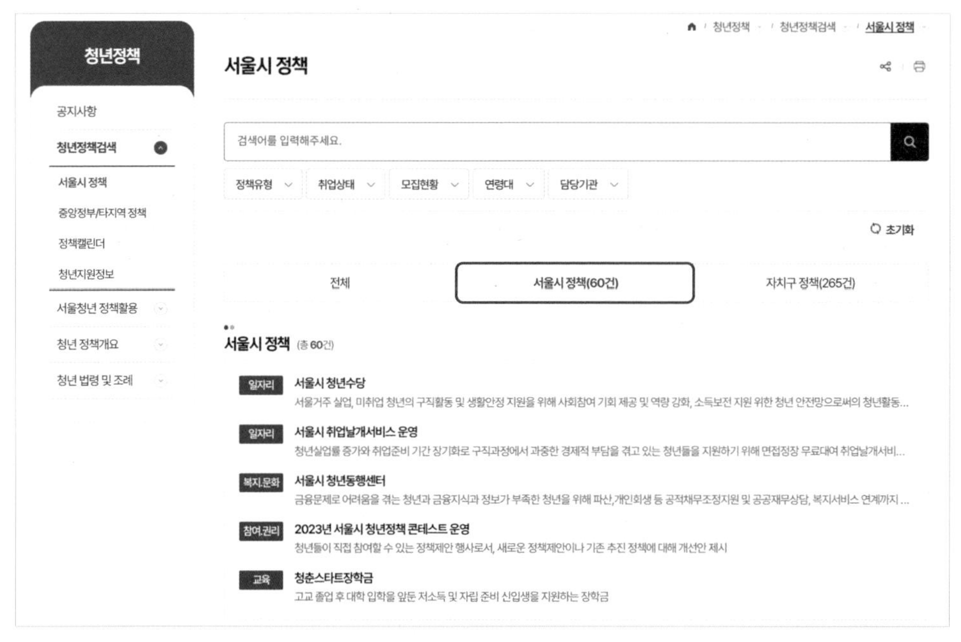

그림 5.14 청년 몽땅 정보통의 서울 청년 정책 안내

서울시 정책 중에서 임의로 정책 하나를 클릭해 보겠습니다. 예를 들어 그림 5.14에서 [**서울시 청년동행센터**]라는 정책을 클릭하면 다음과 같이 해당 정책을 상세히 소개하는 화면이 나타납니다.

서울시 정책

서울시 청년동행센터

사업개요

정책 유형	복지.문화	주관 기관	서울시청 복지정책실
정책 소개	금융문제로 어려움을 겪는 청년과 금융지식과 정보가 부족한 청년을 위해 파산,개인회생 등 공적채무조정지원 및 공공재무상담, 복지서비스 연계까지 맞춤형 통합서비스 제공		
지원 내용	공적채무조정지원(개인회생,파산면책), 공공재무상담, 주거 및 일자리 복지서비스 연계 1. 부채문제로 막막한 청년이라면? - 청년 채무상담 : 개인회생·파산·워크아웃 등 맞춤형 채무조정 상담 * 요건 충족 시 무료 법률지원 2. 나에게 꼭 맞는 돈 관리가 필요하다면? - 청년 재무코칭 : 1:1 맞춤형 재무상담 3. 청년을 위한 복지서비스가 궁금하다면? - 주거, 일자리, 심리 등 복지정보 제공 및 연계		
사업운영기간	상시	사업신청기간	상시
지원규모	-	관련 사이트	

신청자격

연령	19 세 ~ 39 세		
학력	제한없음	전공요건	제한없음
취업상태	제한없음	특화분야 요건	제한없음
추가단서 사항	※ 악성부채 채무조정상담, 공공재무상담, 일자리·주거·심리 등 복지서비스 연계 - 모든 상담비용 무료		
참여제한 대상	제한없음		

그림 5.15 정책 중 하나인 '서울시 청년동행센터' 팝업창

팝업창을 보면 테이블 형태의 데이터로 구성돼 있습니다. 실제로 비즈니스 챗봇을 만들기 위해서 필요한 데이터를 준비하다 보면 생각보다 전처리 작업의 난이도가 높은 경우가 많습니다. 예를 들어 HTML 형태의 테이블, 표, XML, JSON 타입의 텍스트 등이 이러한 경우입니다. 초기 데이터를 정제하고 전처리하려면 파이썬과 같은 프로그래밍 코딩이 필요하기도 하지만, ChatGPT를 사용하면 영리하게 전처리를 할 수 있습니다.

ChatGPT는 복잡한 형태의 정제되지 않은 데이터라도, 텍스트 데이터라면 사람처럼 충분히 잘 인식한다는 특징이 있습니다. 다음과 같이 표 형태로 정책을 설명하고 있는 게시물을 전부 드래그하고 마우스 오른쪽 버튼을 클릭한 다음 **[복사]**를 선택합니다. 또는 키보드의 Ctrl + C 버튼을 눌러 복사합니다.

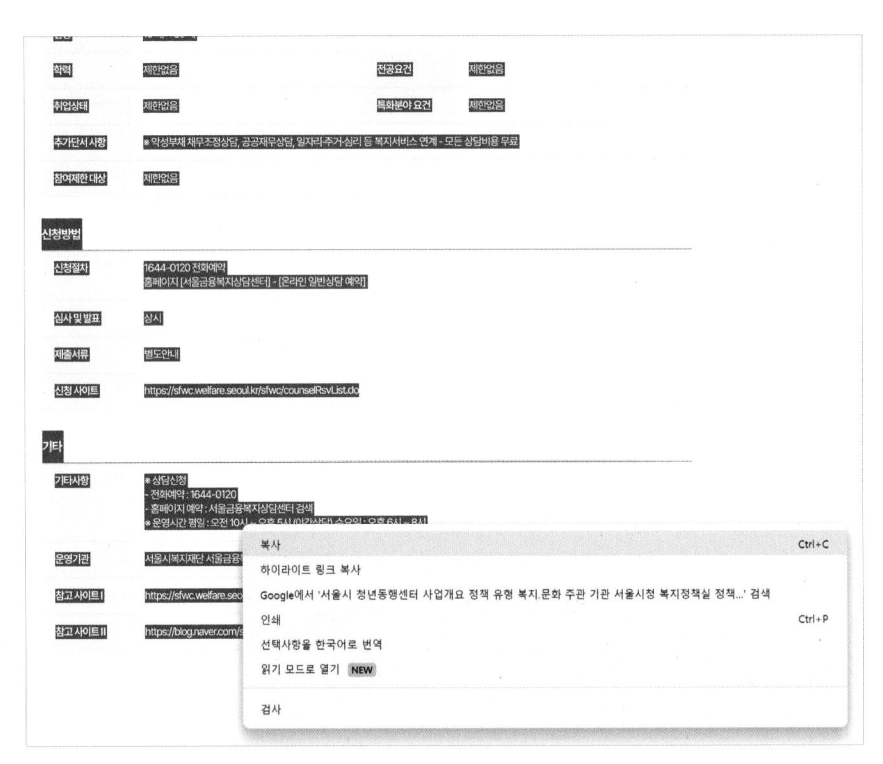

그림 5.16 청년 정책 게시물을 드래그하여 복사

이어서 ChatGPT 웹 사이트에 접속한 다음 채팅 입력 창에서 마우스 오른쪽 버튼을 클릭하고 [붙여 넣기]를 선택합니다. 또는 Ctrl + V 키를 눌러 복사한 내용을 붙여 넣습니다. 그러고 나서 다음과 같이 프롬프트를 작성하여 복사한 내용을 평문으로 재작성하도록 요청합니다.

아래 내용은 정리되지 않은 표 형태의 데이터입니다. 당신은 아래의 모든 내용을 하나의 평문으로 작성해야 합니다. 다른 작성 방식은 허용하지 않습니다.

<내용>
서울시 청년동행센터
사업개요
정책 유형　복지.문화　주관 기관　서울시청 복지정책실
정책 소개　금융문제로 어려움을 겪는 청년과 금융지식과 정보가 부족한 청년을 위해 파산,개인회생 등 공적채무조정지원 및 공공재무상담, 복지서비스 연계까지 맞춤형 통합서비스 제공

지원 내용　공적채무조정지원(개인회생,파산면책), 공공재무상담, 주거 및 일자리 복지서비스 연계

1. 부채문제로 막막한 청년이라면?

- 청년 채무상담 : 개인회생·파산·워크아웃 등 맞춤형 채무조정 상담

* 요건 충족 시 무료 법률지원

2. 나에게 꼭 맞는 돈 관리가 필요하다면?

- 청년 재무코칭 : 1:1 맞춤형 재무상담

3. 청년을 위한 복지서비스가 궁금하다면?

- 주거, 일자리, 심리 등 복지정보 제공 및 연계

사업운영기간　상시　사업신청기간　상시

지원규모　-　관련 사이트

신청자격

연령　19 세 ~ 39 세

학력　제한없음　전공요건　제한없음

취업상태　제한없음　특화분야 요건　제한없음

추가단서 사항　※ 악성부채 채무조정상담, 공공재무상담, 일자리·주거·심리 등 복지서비스

연계 - 모든 상담비용 무료

참여제한 대상　제한없음

신청방법

신청절차　1644-0120 전화예약

홈페이지 [서울금융복지상담센터] - [온라인 일반상담 예약]

심사 및 발표　상시

제출서류　별도안내

신청 사이트https://sfwc.welfare.seoul.kr/sfwc/counselRsvList.do

기타

기타사항　※ 상담신청

- 전화예약 : 1644-0120

- 홈페이지 예약 : 서울금융복지상담센터 검색

※ 운영시간 평일 : 오전 10시 ~ 오후 5시 (야간상담) 수요일 : 오후 6시 ~ 8시

운영기관　서울시복지재단 서울금융복지상담센터

참고 사이트 I　https://sfwc.welfare.seoul.kr/sfwc/counselRsvList.do

참고 사이트 II　https://blog.naver.com/sfwc-youth

<내용끝>

1. 위 내용 전부를 읽기 쉽도록 전체 평문으로 재작성 해주세요. 이 요구 조건은 매우 중요하며 꼭 지켜져야 합니다. 임의로 정리하거나 소제목을 붙이지 마세요. 끊어서 작성하지 말고 반드시 하나의 평문이어야 합니다.
2. 웹 사이트 주소나 URL 주소가 있다면 해당 주소를 단축하거나 애매모호하게 줄이지 마세요. URL 주소는 반드시 원문 그대로 다시 작성해야 합니다.
3. 전화번호가 있다면 이 또한 결코 빠트려서는 안 됩니다.

서울시 청년동행센터는 복지와 문화 분야에서 활동하며, 이 프로그램은 서울시청 복지정책실이 주관하고 있습니다. 이 정책은 경제적 문제로 고민하는 청년들과 금융지식 부족으로 어려움을 겪는 청년들을 지원하기 위한 것으로, 파산, 개인회생 등의 공적 채무 조정 지원뿐만 아니라 공공재무상담 및 복지 서비스 연계까지 포함하는 맞춤형 통합 서비스를 제공합니다.

지원 내용으로는 공적 채무 조정 지원(개인회생, 파산면책), 공공재무상담, 주거 및 일자리와 관련된 복지 서비스 연계가 있습니다.

만약 청년으로서 부채 문제로 고민이 많다면, 청년 채무 상담을 받을 수 있습니다. 이는 개인회생, 파산, 워크아웃 등과 같은 맞춤형 채무 조정 상담을 제공하며, 요건을 충족하면 무료 법률지원도 받을 수 있습니다.

돈 관리에 대한 맞춤형 상담이 필요하다면, 청년 재무 코칭을 통해 1:1 맞춤형 재무상담을 받을 수 있습니다.

또한, 청년을 위한 복지 서비스에 대한 궁금증이 있다면, 주거, 일자리, 심리 등 다양한 복지 정보를 제공하고 연계해줍니다.

이 프로그램은 상시 운영되며, 신청자격은 19세부터 39세까지이며, 학력과 취업 상태에 대한 제한은 없습니다. 또한, 모든 상담비용은 무료로 제공됩니다.

신청은 전화예약을 통해 1644-0120으로 가능하며, 홈페이지 [서울금융복지상담센터]의 [온라인 일반상담 예약] 페이지에서도 신청할 수 있습니다.

운영시간은 평일 오전 10시부터 오후 5시까지이며, 수요일에는 오후 6시부터 8시까지도 상담이 가능합니다.

이 프로그램은 서울시복지재단 서울금융복지상담센터에서 운영되며, 더 자세한 정보는 https://sfwc.welfare.seoul.kr/sfwc/counselRsvList.do 및 https://blog.naver.com/sfwc-youth에서 확인할 수 있습니다.

정리되지 않은 표 형태의 비정형 데이터를 ChatGPT가 깔끔하게 평문으로 작성한 모습을 볼 수 있습니다. 다시 말해 정제되지 않은 데이터를 ChatGPT에게 전달하면서 전처리하고 싶은 방향을 프롬프트로 요청하는 것만으로 빠르게 전처리를 진행할 수 있습니다.

이번 실습에서는 직접 데이터를 복사하여 ChatGPT에 접속하여 요청했지만, 파이썬 스크레이핑을 활용해 다량의 데이터를 수집하고, OpenAI의 ChatGPT API를 호출하는 방식으로 전처리를 진행한다면 다량의 데이터를 자동으로 전처리하여 저장할 수도 있습니다. 예를 들어 코랩(Colab)에서 ChatGPT API를 사용해 GPT-4를 호출하여 동일한 데이터 전처리를 수행하는 예시는 다음과 같습니다.

G 구글 코랩에서 실행

```
!pip install openai

import openai                                    이 값을 OpenAI API 키로 바꾸고 실행합니다
client = openai.OpenAI(api_key="OepnAI API Key")

content = '''서울시 청년동행센터
사업개요
정책 유형          복지.문화 주관 기관 서울시청 복지정책실
정책 소개          금융문제로 어려움을 겪는 청년과 금융지식과 정보가 부족한 청년을 위해
파산,개인회생 등 공적채무조정지원 및 공공재무상담, 복지서비스 연계까지 맞춤형 통합서비스
제공
지원 내용          공적채무조정지원(개인회생,파산면책), 공공재무상담, 주거 및 일자리
복지서비스 연계

1. 부채문제로 막막한 청년이라면?
- 청년 채무상담 : 개인회생·파산·워크아웃 등 맞춤형 채무조정 상담
* 요건 충족 시 무료 법률지원
2. 나에게 꼭 맞는 돈 관리가 필요하다면?
- 청년 재무코칭 : 1:1 맞춤형 재무상담
3. 청년을 위한 복지서비스가 궁금하다면?
- 주거, 일자리, 심리 등 복지정보 제공 및 연계
사업운영기간       상시      사업신청기간        상시
지원규모-          관련 사이트
신청자격
```

```
연령	19 세 ~ 39 세
학력	제한없음 전공요건 제한없음
취업상태제한없음 특화분야 요건	제한없음
추가단서 사항	※ 악성부채 채무조정상담, 공공재무상담, 일자리·주거·심리 등 복지서비스 연계
- 모든 상담비용 무료
참여제한 대상	제한없음
신청방법
신청절차1644-0120 전화예약
홈페이지 [서울금융복지상담센터] - [온라인 일반상담 예약]
심사 및 발표	상시
제출서류별도안내
신청 사이트	https://sfwc.welfare.seoul.kr/sfwc/counselRsvList.do
기타
기타사항※ 상담신청
- 전화예약 : 1644-0120
- 홈페이지 예약 : 서울금융복지상담센터 검색
※ 운영시간 평일 : 오전 10시 ~ 오후 5시 (야간상담) 수요일 : 오후 6시 ~ 8시
운영기관서울시복지재단 서울금융복지상담센터
참고 사이트 Ⅰ	https://sfwc.welfare.seoul.kr/sfwc/counselRsvList.do
참고 사이트 Ⅱ	https://blog.naver.com/sfwc-youth'''

prompt = f'''아래 내용은 정리되지 않은 표 형태의 데이터입니다. 당신은 아래 내용을 평문으로
작성해야만 합니다.

<내용>
{content}
<내용끝>

1. 위 내용 전부를 읽기 쉽도록 평문으로 재작성 해주세요. 이 요구 조건은 매우 중요하며 꼭
지켜져야 합니다. 임의로 정리하거나 소제목을 붙이지 마세요. 끊어서 작성하지 말고 반드시
하나의 평문이어야 합니다.
2. 웹 사이트 주소나 URL 주소가 있다면 해당 주소를 단축하거나 애매모호하게 줄이지 마세요.
URL 주소는 반드시 원문 그대로 작성해야 합니다.
3. 전화번호가 있다면 이 또한 결코 빠트려서는 안 됩니다.'''

def get_completion(prompt, model="gpt-4"):
    messages=[{"role": "user", "content": prompt}]
    response = client.chat.completions.create(
```

```
        model=model,
        messages=messages,
    )
    return response.choices[0].message.content

result = get_completion(prompt)
print(result)
```

실행 결과

```
서울시 청년동행센터는 서울시청 복지정책실이 주관하는 복지와 문화에 관련된 정책으로, 금융문제로 어려움을 겪는 청년과 금유지식과 정보가 부족한 청년을 대상으로 합니다. 서비스는 파산, 개인회생 등 공적채무조정지원과 공공재무상담, 이에 더해 주거 및 일자리 복지서비스를 연계하여 통합서비스를 제공합니다.

서비스는 크게 3가지로 나뉩니다. 첫 째, 부채문제로 막막해하는 청년에게는 개인회생, 파산, 워크아웃 등 맞춤형 채무조정 상담을 제공하며, 요건에 충족한다면 무료 법률지원까지 가능합니다. 둘 째, 나에게 꼭 맞는 돈 관리가 필요한 청년에게는 1:1 맞춤형 재무상담을 제공합니다. 셋 째, 청년을 위한 복지서비스 정보를 원한다면 주거, 심리, 일자리 등 복지정보를 제공하고 이에 연계해 돕습니다.

서비스는 연간 대상 없이 신청이 가능하며, 신청자격은 19세에서 39세이나 학력, 전공, 취업상태, 특화분야 등에 제한은 없습니다. 추가적으로 의견을 주는 경우, 악성부채 채무조정상담, 공공재무상담, 일자리·주거·심리 등 복지서비스 연계 - 모든 상담비용은 무료입니다.

서비스 신청은 1644-0120으로 전화예약 또는 홈페이지에서 서울금융복지상담센터를 검색하여 온라인 일반상담 예약이 가능하며, 심사와 발표는 상시로 진행되며 신청에 필요한 서류는 별도로 안내됩니다. 만약 추가적인 정보가 필요하다면 운영시간인 평일 오전 10시부터 오후 5시까지, 그리고 수요일 오후 6시부터 8시까지 신청이 가능합니다. 이 모든 서비스는 서울시복지재단 서울금융복지상담센터에서 운영하며, 신청사이트는 "https://sfwc.welfare.seoul.kr/sfwc/counselRsvList.do"이고, 참고사이트는 "https://blog.naver.com/sfwc-youth"입니다
```

이처럼 ChatGPT 웹 사이트와 ChatGPT API 모두 전처리 용도로 사용할 수 있습니다. 이 책에서는 챗봇을 개발하기 위해 위 프롬프트를 사용하여 총 57건의 서울 정책 데이터를 전부 평문으로 바꾸는 작업을 진행했습니다. 실습에서 사용할 전처리를 마친 57건의 데이터 파일은 위키북스 홈페이지의 도서 페이지에서 내려받을 수 있습니다.

앞서 생성한 프로젝트 경로인 `C:\chat-gpt-prg\ch05`에 `data`라는 폴더를 만들고, 해당 폴더 안에 57건의 서울 청년 정책이 담긴 텍스트 파일들을 저장합니다. 다음 그림은 `data`라는 폴더에서 첫 번째 텍스트 파일(`1.txt`)을 열었을 때의 모습입니다.

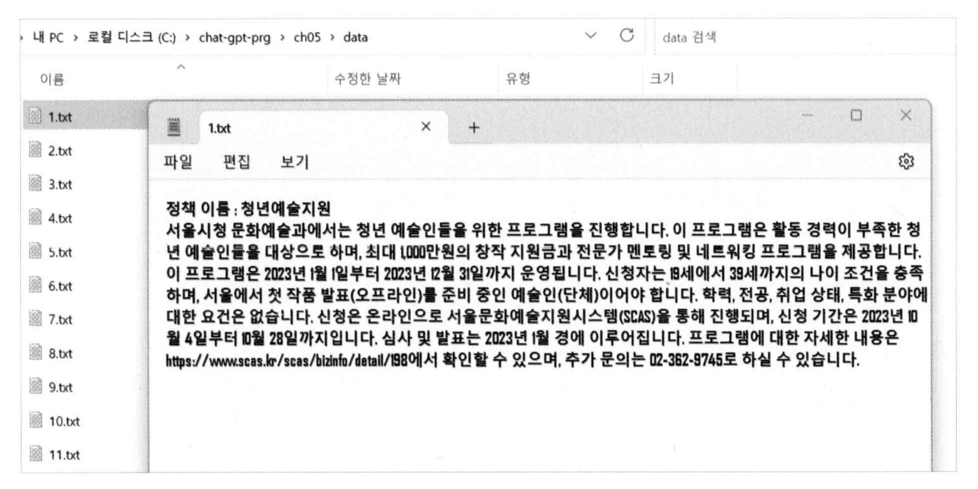

그림 5.17 전처리를 마친 서울 청년 정책 데이터

5.4 벡터의 유사도

인공지능 모델은 내부적으로 벡터(Vector)의 연산으로 동작합니다. 여기서 벡터란 여러 개의 숫자가 특정 순서대로 나열된 것을 의미합니다. 예를 들어 임의의 숫자 4개가 나열된 벡터 [1, 0.2, 0.5, 7]이 있다면, 이는 4개의 원소를 가지는 벡터입니다. 이번 절에서 사용할 텍스트 인공지능 모델은 텍스트를 입력하면 주어진 텍스트를 벡터로 반환합니다. 그리고 이 벡터를 이용하면 챗봇에 사용할 고성능의 검색 시스템을 빠르고 쉽게 구현할 수 있습니다.

5.4.1 텍스트 임베딩

사람은 텍스트를 읽을 때 텍스트를 바로 읽어서 이해한다면, 텍스트를 처리하는 인공지능 모델은 텍스트를 직접적으로 입력으로 사용하는 것이 아니라 텍스트를 벡터로 수치화한 뒤에 처리합니다. 다시 말해 문서, 문장, 단어 등의 텍스트를 인공지능 모델이 처리할 때는 [1, 0.2, 0.5]와 같이 실수가 나열된 값인 벡터로 변환하여 입력으로 사용합니다.

이때 텍스트를 벡터화하는 과정 자체를 임베딩(embedding)이라고 부르고, 변환하고자 하는 단위에 따라서 텍스트를 벡터화하는 과정의 용어가 조금씩 달라집니다. 예를 들어 단어를 임베딩 한다면 워드 임베딩(word embedding)이라 부르고, 어떤 문장이나 문서를 하나의 벡터로 변환한다면 문장 임베딩 또는 문서 임베딩이라고 부릅니다.

'사과' → **단어 임베딩** → 벡터: [0.12, 0.34, 0.75, -0.12]
'안녕하세요.' → **문장 임베딩** → 벡터: [0.57, 0.25, 0.85, 3.24]
'서울 청년 정책이 ... 중략 ...' → **문서 임베딩** → 벡터: [0.54, 0.84, 0.28, 0.59]

벡터로 변환하는 과정

그림 5.18 임베딩(embedding)

텍스트를 벡터로 바꾸는 임베딩을 할 수 있는 인공지능 모델은 여러 가지가 있지만, 이번 실습에서는 OpenAI에서 제공하는 Embedding API를 사용할 것입니다. 그리고 임베딩을 하고 나면 더 이상 텍스트가 아니라 숫자, 구체적으로는 벡터이므로 벡터 간 유사도를 구할 수 있습니다.

5.4.2 코사인 유사도

벡터의 유사도를 구할 수 있는 가장 대표적인 방법으로 코사인 유사도(cosine similarity)가 있습니다. 코사인 유사도는 두 벡터 간의 코사인 각도라는 개념을 이용해 두 벡터가 얼마나 유사한지 유사도 값을 얻을 수 있는데, 값의 범위는 −1~1 사이로 유사도가 높을수록 1에 가까운 값을 가집니다. 두 벡터 A, B에 대해서 코사인 유사도를 얻는 수식은 다음과 같습니다.

$$similarity = cos(\Theta) = \frac{A \cdot B}{\|A\| \|B\|} = \frac{\sum_{i=1}^{n} A_i \times B_i}{\sqrt{\sum_{i=1}^{n} (A_i)^2 \times \sum_{i=1}^{n} (B_i)^2}}$$

파이썬에서 코사인 유사도를 구하기 위해 반드시 수식을 숙지할 필요는 없습니다. 수식을 사용하기 위한 코드는 정해져 있으므로 해당 코드를 인용하면 되기 때문입니다. 다음은 임의의 벡터1, 벡터2, 벡터3에 대해서 코사인 유사도를 구하는 실습 코드입니다.

G 구글 코랩에서 실행

```
import numpy as np
from numpy import dot
from numpy.linalg import norm

def cos_sim(A, B):
    return dot(A, B)/(norm(A)*norm(B))

vec1 = np.array([0,1,1,1])
vec2 = np.array([1,0,1,1])
vec3 = np.array([2,0,2,2])

print('벡터1과 벡터2의 유사도 :',cos_sim(vec1, vec2))
print('벡터1과 벡터3의 유사도 :',cos_sim(vec1, vec3))
print('벡터2와 벡터3의 유사도 :',cos_sim(vec2, vec3))
```

실행 결과

```
벡터1과 벡터2의 유사도 : 0.67
벡터1과 벡터3의 유사도 : 0.67
벡터2과 벡터3의 유사도 : 1.00
```

파이썬 라이브러리 Numpy를 이용하여 코사인 유사도를 계산하는 `cos_sim` 함수를 구현하고, 세 개의 임의의 벡터에 대해서 상호 유사도를 계산하여 출력합니다. 코사인 유사도는 벡터의 각 위치의 원소가 동일하게 증가하면 코사인 유사도가 1이라는 특징이 있기 때문에 벡터2와 벡터3의 유사도는 최댓값인 1.0이 나왔습니다.

지금까지 텍스트를 벡터로 만드는 임베딩이라는 기술이 있고, 코사인 유사도를 사용하면 두 벡터의 유사도를 구할 수 있다는 내용을 살펴봤습니다. 그렇다면 챗봇을 만드는데 벡터와 벡터의 유사도 개념이 왜 필요할까요? 이는 앞으로 설명할 사용자의 질의로부터 가장 긴밀하게 연관된 문서를 찾는 검색 시스템을 구현하기 위함입니다.

5.4.3 OpenAI의 Embedding API

이번 절에서는 챗봇에 사용할 검색 시스템의 구조를 이해하기 위해 OpenAI의 Embedding API와 코사인 유사도 개념을 이용하여 아주 간단한 검색 시스템을 구현해 보겠습니다. 실습은 구글 코랩에서 진행한다고 가정합니다. 우선 openai 라이브러리를 설치합니다.

G 구글 코랩에서 실행

```
!pip install openai
```

그 다음 필요한 라이브러리들을 임포트하고 OpenAI 키 값을 설정하고 OpenAI의 Embedding API의 공식 문서의 사용법을 참고하여 `get_embedding()` 함수를 선언합니다. `get_embedding()` 함수는 어진 텍스트로부터 OpenAI의 모델을 이용하여 벡터를 만들어 줍니다. 해당 API에 대한 자세한 설명은 OpenAI 공식 문서에서 확인할 수 있습니다.

- OpenAI Embedding API 공식 문서: https://platform.openai.com/docs/guides/embeddings/use-cases

G 구글 코랩에서 실행

```
import openai
import numpy as np
from numpy import dot
from numpy.linalg import norm
import pandas as pd

client = openai.OpenAI(api_key="OpenAI API Key")
def get_embedding(text):
    response = client.embeddings.create(
    input=text,
    model="text-embedding-ada-002"
    )
    return response.data[0].embedding
```

이 값을 OpenAI API 키로 바꾸고 실행합니다

OpenAI의 Embedidng API에서 사용할 수 있는 모델은 여러 가지가 있지만, OpenAI의 공식 문서에서는 text-embedding-ada-002 모델을 사용할 것을 권장하고 있습니다. 이 책에서도 text-embedding-ada-002 모델을 사용하여 '저는 배가 고파요'라는 문장을 임베딩하여 벡터로 변환하고, 변환한 벡터값을 출력해 보겠습니다.

G 구글 코랩에서 실행

```
embedding_result = get_embedding('저는 배가 고파요')
print(embedding_result)
```

실행 결과

```
[-0.016397610306739807, -0.021951215341687202, ...중략..., 0.013429985381662846]
```

실행 결과로 다양한 실숫값이 나열된 벡터를 얻었습니다. text-embedding-ada-002 모델은 기본적으로 텍스트를 임베딩하면 총 1,536개의 숫자값이 나열된 벡터로 변환합니다. '저는 배가 고파요'라는 문장도 1,536개의 숫자가 나열된 벡터값으로 변환됐습니다. 위 출력 결과에서는 지면의 한계로 벡터값을 중략해서 표현했습니다. 해당 벡터값들이 어떤 의미인지 사람이 해석하기는 어렵습니다. 여기서 확인할 수 있는 것은 텍스트가 벡터로 변환됐다는 것과 벡터로 변환하고 나서 벡터 간 코사인 유사도를 구해 유사도가 높은지 테스트할 수 있다는 것입니다.

이제 유사도 테스트를 위해서 6개의 데이터로 구성된 임의의 데이터프레임을 생성해 보겠습니다. 데이터프레임이란 파이썬의 Pandas 라이브러리로 사용할 수 있는 테이블 형태의 데이터를 의미합니다. 비유하자면 프로그래밍 코드로 제어하는 파이썬의 엑셀(Microsoft Excel)이라고 볼 수 있습니다(실제로 행과 열을 가진 데이터프레임은 엑셀과 호환성을 갖고 있어 엑셀 파일을 데이터프레임으로 불러오거나, 데이터프레임을 엑셀 파일로 저장하기도 합니다). 다음 코드는 6개의 문장 데이터를 text 열에 할당하여 6행 1열의 데이터프레임 df를 만듭니다.

G 구글 코랩에서 실행

```
data = ['저는 배가 고파요',
        '저기 배가 지나가네요',
        '굶어서 허기가 지네요',
        '허기 워기라는 게임이 있는데 즐거워',
        '스팀에서 재밌는 거 해야지',
        '스팀에어프라이어로 연어구이 해먹을거야']

df = pd.DataFrame(data, columns=['text'])
df
```

	text
0	저는 배가 고파요
1	저기 배가 지나가네요
2	굶어서 허기가 지네요
3	허기 워기라는 게임이 있는데 즐거워
4	스팀에서 재밌는 거 해야지
5	스팀에어프라이어로 연어구이 해먹을거야

각 text 열에 존재하는 텍스트 데이터들을 get_embedding() 함수로 임베딩하여 벡터로 변환하고, 이를 새로운 embedding 열을 만들어 저장합니다.

G 구글 코랩에서 실행

```
df['embedding'] = df.apply(lambda row: get_embedding(
        row.text
    ), axis=1)
df
```

	text	embedding
0	저는 배가 고파요	[-0.01643802598118782, -0.02191298082470894, 0...
1	저기 배가 지나가네요	[-0.002701738616451621, -0.02886207742815018,...
2	굶어서 허기가 지네요	[-0.005840584635734558, -0.007400696165859699,...
3	허기 워기라는 게임이 있는데 즐거워	[-0.01133734080940485, -0.011632755398750305, ...
4	스팀에서 재밌는 거 해야지	[-0.01534667145460844, -0.013917520642280579, ...
5	스팀에어프라이어로 연어구이 해먹을거야	[-0.001999455038458109, -0.029698295518755913,...

데이터프레임 df에서 embedding 열의 값은 각 text 열에 있는 텍스트 데이터를 get_embedding() 함수로 얻은 벡터값입니다. 이제 임의의 입력이 들어오면 위 데이터프레임 df에 존재하는 텍스트 데이터 중에서 가장 의미가 유사한 문장들을 반환하는 검색 시스템을 구현할 것입니다.

cos_sim() 함수는 앞서 살펴본 코사인 유사도를 계산하는 함수 cos_sim을 다시 한번 구현했습니다. return_answer_candidate() 함수는 임의의 검색어가 들어오면 해당 검색어를 get_embedding() 함수로 임베딩하여 벡터로 변환하고, query_embedding 변수에 저장합니다. 그다음 현재 데이터프레임 df에 존재하는 모든 embedding 열의 벡터들과 코사인 유사도를 계산하여 코사인 유사도가 가장 높은 상위 3개의 데이터를 찾아 반환합니다.

G 구글 코랩에서 실행

```
def cos_sim(A, B):
  return dot(A, B) / (norm(A) * norm(B))

def return_answer_candidate(df, query):
    query_embedding = get_embedding(
        query
    )
    df["similarity"] = df.embedding.apply(lambda x: cos_sim(np.array(x),
np.array(query_embedding)))
    top_three_doc = df.sort_values("similarity", ascending=False).head(3)
    return top_three_doc
```

return_answer_candidate() 함수를 사용하여 '아무것도 안 먹었더니 꼬르륵 소리가나네'라는 문장과 임베딩 벡터값이 가장 유사한 상위 3개의 데이터를 출력해 보겠습니다.

G 구글 코랩에서 실행

```
sim_result = return_answer_candidate(df, '아무것도 안 먹었더니 꼬르륵 소리가 나네')
sim_result
```

	text	embedding	similarity
0	굶어서 허기가 지네요	[-0.005840584635734558, -0.007400696165859699,...	0.838547
1	스팀에어프라이어로 연어구이 해먹을거야	[-0.001999455038458109, -0.029698295518755913,...	0.820971
2	저는 배가 고파요	[-0.01643802598118782, -0.02191298082470894, 0...	0.814400

실행 결과를 보면 단어가 거의 겹치지 않는데도, 배고픔이나 식사와 관련된 문장들이 있는 데이터가 출력된 것을 확인할 수 있습니다. 이처럼 텍스트 간의 의미적인 유사도를 계산하고자 한다면 Embedding API를 이용해 텍스트를 벡터로 변환하고, 코사인 유사도를 계산하는 것만으로도 꽤 높은 성능의 검색 시스템을 구현할 수 있습니다.

이렇게 만들어진 df는 다른 파이썬 변수들과 마찬가지로 파이썬 코드가 종료되면 값이 보존되지 않고 이후 실습에서 다시 Embedding API를 이용하여 다시 df를 만들어야 하는 번거로움이 있습니다. 다시 실습할 때 df를 새로 만드는 번거로움을 줄이고 싶다면 df를 파일로 저장해 보관했다가 필요할 때 다시 불러오는 방식을 사용하면 됩니다. 다음은 데이터프레임 df를 csv 파일로 변환하여 저장하는 코드입니다. 아래 코드를 실행하면 현재 파이썬 코드의 실행 경로에 df_backup.csv 파일이 저장됩니다.

G 구글 코랩에서 실행

```
df.to_csv('df_backup.csv', index=False, encoding='utf-8-sig')
```

추후 필요할 때 Pandas의 pd.read_csv()를 이용해 csv 파일을 데이터프레임으로 불러오면 이전과 같이 df를 만드는 과정을 거치지 않고도 기존의 df와 동일한 값을 가진 데이터프레임을 바로 사용할 수 있습니다.

G 구글 코랩에서 실행

```
new_df = pd.read_csv('df_backup.csv')
new_df
```

	text	embedding
0	저는 배가 고파요	[-0.01643802598118782, -0.02191298082470894, 0...
1	저기 배가 지나가네요	[-0.002701738616451621, -0.02886207742815018,...
2	굶어서 허기가 지네요	[-0.005840584635734558, -0.007400696165859699,...
3	허기 워기라는 게임이 있는데 즐거워	[-0.01133734080940485, -0.011632755398750305, ...
4	스팀에서 재밌는 거 해야지	[-0.01534667145460844, -0.013917520642280579, ...
5	스팀에어프라이어로 연어구이 해먹을거야	[-0.001999455038458109, -0.029698295518755913,...

앞서 저장한 df_backup.csv 파일을 new_df에 로드하여 출력하면 이전 df와 동일한 출력값을 확인할 수 있습니다.

5.5 챗봇의 구조

다음 그림은 앞으로 구현할 챗봇의 구조입니다.

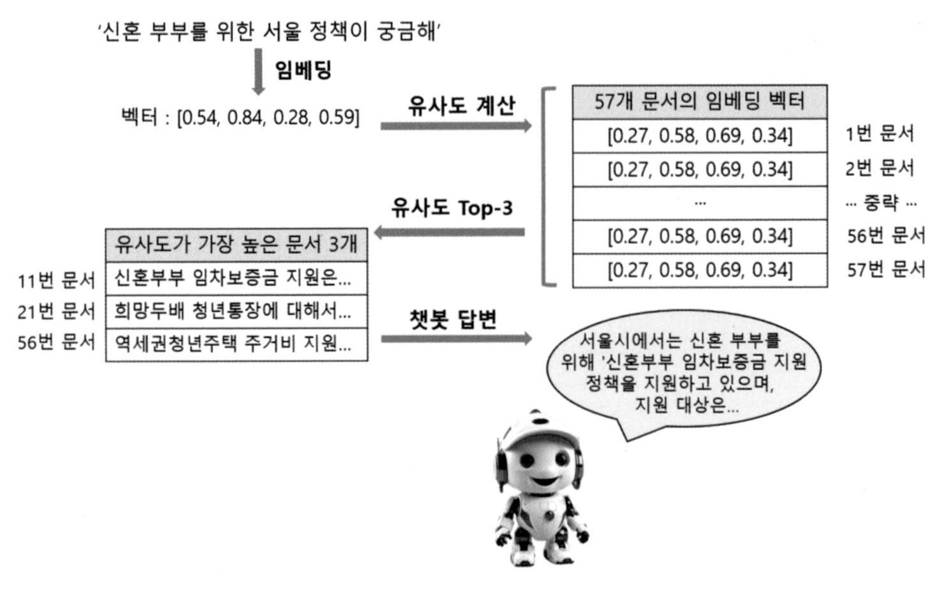

그림 5.19 챗봇의 구조

우선, 챗봇은 참고할 문서들을 모두 임베딩하여 벡터로 변환한 후에 가지고 있습니다. 예를 들어 이번 실습과 같이 서울 청년 정책에 대해서 답변하는 챗봇을 구현하는 경우, 57개의 서울 청년 정책 문서를 각각 임베딩 벡터로 변환한 다음, 변환된 총 57개의 벡터를 미리 가지고 있습니다. 여기까지가 챗봇이 실행되기 전에 미리 작업해야 하는 과정입니다.

이후 챗봇을 가동하여 사용자의 질의가 입력으로 들어오면, 사용자의 질의를 임베딩하여 벡터로 변환하고, 사용자의 질의 벡터와 57개의 문서 벡터에 대해서 각각 유사도를 계산합니다. 예를 들어 그림 5.19와 같이 '신혼부부를 위한 서울 정책이 궁금해'라는 문장이 들어오면 해당 문장을 벡터로 변환하고, 57개의 문서 벡터와 각각 유사도를 계산하는 과정을 거칩니다. 여기서 벡터의 유사도가 높다는 것은 사용자의 질문인 '신혼부부를 위한 서울 정책'과 관련된 문서일 가능성이 높다는 것을 의미합니다. 57개의 문서에 대해서 유사도 점수를 모두 계산했다면 이중 유사도 점수가 가장 높은 상위 3개의 문서를 선택합니다.

그 후 적절한 답변을 작성할 수 있도록 3개의 문서를 사용자의 질의 채팅과 함께 ChatGPT API의 프롬프트로 전달합니다. 이제 답변을 잘 정리하는 것은 ChatGPT의 몫입니다. ChatGPT는 3개의 문서 내용을 검토하여 질의에 가장 적절한 답변을 사용자에게 반환합니다.

다음 그림은 이번 장에서 구현할 정채기 챗봇입니다. '신혼부부를 위한 서울 정책이 궁금해'라는 질문을 했을 때, 57개의 문서 중 이와 유사도가 높은 3개의 문서를 찾고, 이를 ChatGPT가 정리 및 요약하여 답변을 작성한 모습입니다.

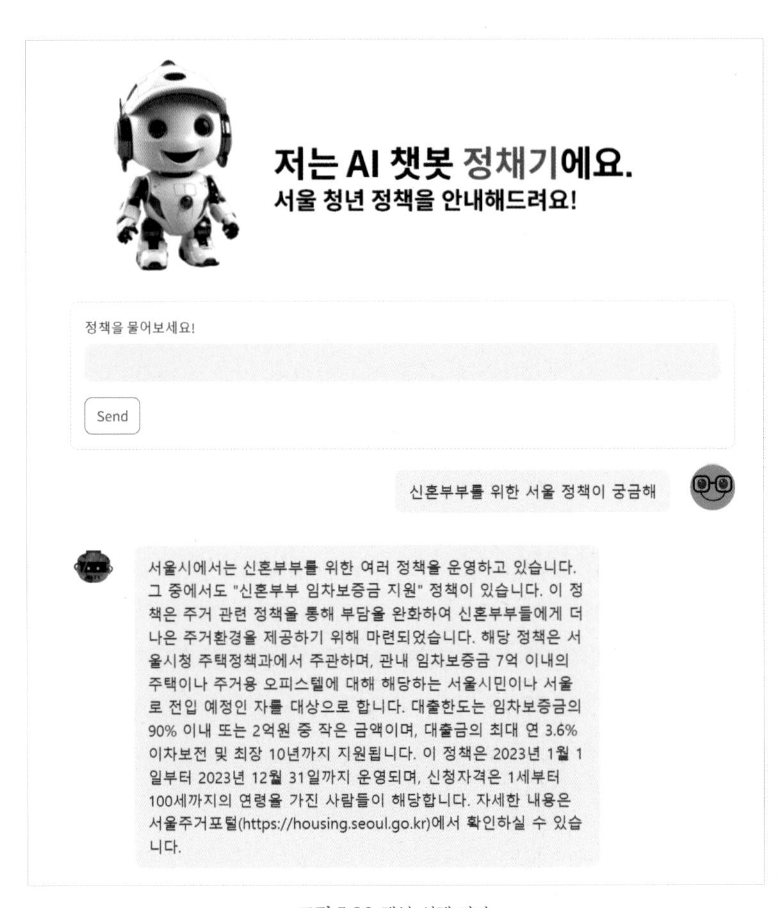

그림 5.20 챗봇 실행 결과

5.6 스트림릿으로 챗봇 실행하기

챗봇 개발에는 3.6절 '프로그램 UI를 생성하는 스트림릿 사용법 익히기(71쪽)'에서 살펴본 스트림릿(Streamlit)을 재사용할 것입니다. 이어서 본격적으로 챗봇을 구현해 보겠습니다.

5.6.1 스트림릿 및 OpenAI 설치

먼저 pip를 활용해 챗봇 개발에 필요한 라이브러리를 설치합니다. 이때 설치는 앞서 생성한 ch05_env 가상 환경 안에 진행해야 합니다. 3장에서 스트림릿을 설치한 것과 같은 방법으로 스트림릿을 설치합니다.

```
(ch05_env) C:\chat-gpt-prg\ch05> pip install streamlit==1.29.0
```

스트림릿에서 챗봇 인터페이스를 활용하기 위해 스트림릿-챗(streamlit-chat) 또한 설치합니다.

```
(ch05_env) C:\chat-gpt-prg\ch05> pip install streamlit-chat==0.0.2.2
```

OpenAI API를 사용하기 위한 openai 라이브러리와 그밖에 필요한 라이브러리를 추가로 설치합니다.

```
(ch05_env) C:\chat-gpt-prg\ch05> pip install openai
(ch05_env) C:\chat-gpt-prg\ch05> pip install matplotlib scipy plotly scikit-learn
```

5.6.2 스트림릿 시작하기

스트림릿 설치를 완료했으므로 간단한 코드를 작성해 앱을 실행합니다. 이 과정은 3.6.2절 '스트림릿 시작하기(72쪽)'에서 살펴본 과정과 동일하므로 해당 절을 참고하기 바랍니다.

파이썬 스크립트 생성

챗봇 코드를 작성하기 위한 파이썬 스크립트를 생성합니다. VS Code를 실행하고 상단 메뉴에서 [File] - [Open Folder]를 클릭한 다음 C:\chat-gpt-prg\ch05 경로를 선택합니다.

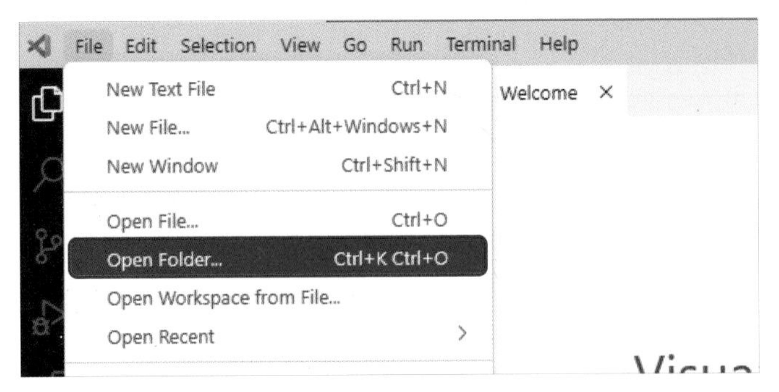

그림 5.21 VS Code에서 프로젝트 폴더 선택

왼쪽 EXPLORER 탭에서 마우스 오른쪽 버튼을 클릭하고, [New file]을 클릭해 새로운 스크립트를 추가합니다. 추가한 파이썬 스크립트의 이름은 `ch05_chatbot_example.py`로 지정합니다.

예제 5.1 서울 청년 정책 챗봇 코드 ch05/ch05_chatbot_example.py

```
01 import os
02 import pandas as pd
03 import numpy as np
04 from numpy import dot
05 from numpy.linalg import norm
06 import ast
07 import openai
08 import streamlit as st
09 from streamlit_chat import message
10
11 client = openai.OpenAI(api_key = "OpenAI API 키")
12
13 def get_embedding(text):
14     response = client.embeddings.create(
15         input = text,
16         model = 'text-embedding-ada-002'
17     )
18     return response.data[0].embedding
19
20 # folder_path와 file_name을 결합하여 file_path = './data/embedding.csv'
```

이 값을 OpenAI API 키로 바꾸고 실행합니다

```
21 folder_path = './data'
22 file_name = 'embedding.csv'
23 file_path = os.path.join(folder_path, file_name)
24
25 # if: embedding.csv가 이미 존재한다면 데이터프레임 df로 로드한다.
26 if os.path.isfile(file_path):
27     print(f"{file_name} 파일이 존재합니다.")
28     df = pd.read_csv(file_path)
29     df['embedding'] = df['embedding'].apply(ast.literal_eval)
30
31 # 그렇지 않다면 text열과 embedding열이 존재하는 df를 신규 생성해야한다.
32 else:
33     # 57개의 서울 청년 정책 txt 파일명을 txt_files에 저장한다.
34     txt_files = [file for file in os.listdir(folder_path) if file.endswith('.txt')]
35
36     data = []
37     # txt_files로부터 57개의 청년 정책 데이터를 로드하여 df를 신규 생성한다.
38     for file in txt_files:
39         file_path = os.path.join(folder_path, file)
40         with open(file_path, 'r', encoding='utf-8') as f:
41             text = f.read()
42             data.append(text)
43
44     df = pd.DataFrame(data, columns=['text'])
45
46     # 데이터프레임의 text 열로부터 embedding열을 생성한다.
47     df['embedding'] = df.apply(lambda row: get_embedding(
48         row.text,
49     ), axis=1)
50
51     # 추후 사용을 위해 df를 'embedding.csv' 파일로 저장한다.
52     # 이렇게 저장되면 추후 실행에서는 df를 새로 만드는 과정을 생략한다.
53     df.to_csv(file_path, index=False, encoding='utf-8-sig')
54
55 # 주어진 질의로부터 유사한 문서 개를 반환하는 검색 시스템.
56 # 함수 return_answer_candidate내부에서 유사도 계산을 위해 cos_sim을 호출.
57 def cos_sim(A, B):
```

```
58    return dot(A, B)/(norm(A)*norm(B))
59
60 def return_answer_candidate(df, query):
61      query_embedding = get_embedding(
62          query,
63 )
64      df["similarity"] = df.embedding.apply(lambda x: cos_sim(np.array(x),
np.array(query_embedding)))
65      top_three_doc = df.sort_values("similarity", ascending=False).head(3)
66      return top_three_doc
67
68 # 챗봇의 답변을 만들기 위해 사용될 프롬프트를 만드는 함수.
69 def create_prompt(df, query):
70      result = return_answer_candidate(df, query)
71      system_role = f"""You are an artificial intelligence language model named
"정채기" that specializes in summarizing \
72      and answering documents about Seoul's youth policy, developed by developers
유원준 and 안상준.
73      You need to take a given document and return a very detailed summary of the
document in the query language.
74      Here are the document:
75              doc 1 :""" + str(result.iloc[0]['text']) + """
76              doc 2 :""" + str(result.iloc[1]['text']) + """
77              doc 3 :""" + str(result.iloc[2]['text']) + """
78      You must return in Korean. Return a accurate answer based on the document.
79      """
80      user_content = f"""User question: "{str(query)}". """
81
82      messages = [
83          {"role": "system", "content": system_role},
84          {"role": "user", "content": user_content}
85      ]
86      return messages
87
88 # 위의 create_prompt함수가 생성한 프롬프트로부터 챗봇의 답변을 만드는 함수.
89 def generate_response(messages):
90      result = client.chat.completions.create(
91          model="gpt-3.5-turbo",
```

```
92         messages=messages,
93         temperature=0.4,
94         max_tokens=500)
95     return result.choices[0].message.content
96
97 st.image('images/ask_me_chatbot.png')
98
99 # 화면에 보여주기 위해 챗봇의 답변을 저장할 공간 할당
100 if 'generated' not in st.session_state:
101     st.session_state['generated'] = []
102
103 # 화면에 보여주기 위해 사용자의 답변을 저장할 공간 할당
104 if 'past' not in st.session_state:
105     st.session_state['past'] = []
106
107 # 사용자의 입력이 들어오면 user_input에 저장하고 Send 버튼을 클릭하면
108 # submitted의 값이 True로 변환.
109 with st.form('form', clear_on_submit=True):
110     user_input = st.text_input('정책을 물어보세요!', '', key='input')
111     submitted = st.form_submit_button('Send')
112
113 # submitted의 값이 True면 챗봇이 답변을 하기 시작
114 if submitted and user_input:
115     # 프롬프트 생성
116     prompt = create_prompt(df, user_input)
117     # 생성한 프롬프트를 기반으로 챗봇 답변을 생성
118     chatbot_response = generate_response(prompt)
119     # 화면에 보여주기 위해 사용자의 질문과 챗봇의 답변을 각각 저장
120     st.session_state['past'].append(user_input)
121     st.session_state['generated'].append(chatbot_response)
122
123 # 사용자의 질문과 챗봇의 답변을 순차적으로 화면에 출력
124 if st.session_state['generated']:
125     for i in reversed(range(len(st.session_state['generated']))):
126         message(st.session_state['past'][i], is_user=True, key=str(i) + '_user')
127         message(st.session_state['generated'][i], key=str(i))
```

01~09 필요한 파이썬 패키지를 불러옵니다. 임베딩 벡터를 데이터프레임에 저장하기 위한 Pandas, 코사인 유사도를 계산하기 위한 Numpy, ChatGPT와 Embedding API를 사용하기 위한OpenAI, 웹 화면에서 챗봇을 실행하기 위한 Streamlit 패키지를 임포트합니다.

11 ChatGPT API와 Embedding API를 사용하기 위해 사용자의 OpenAI API 키를 입력합니다.

13~18 OpenAI Embedding API를 사용하여 입력된 텍스트를 임베딩 벡터로 변환하는 함수입니다.

20~23 실습에 사용할 디렉터리 이름과 파일 이름을 변수에 저장합니다. 앞서 저장한 마스코트 이미지와 57건의 서울 청년 정책 텍스트 파일은 data 폴더 안에 존재합니다. 해당 폴더명을 folder_path에 저장하고 뒤의 실습에서 만들 embedding.csv 파일명을 file_name에 저장합니다. 그리고 최종적으로 폴더 경로(folder_path)와 파일명(file_name) 두 개의 변수로부터 embedding.csv 파일이 위치한 경로를 의미하는 파일 경로(file_path)를 만듭니다.

26~29 embedding.csv 파일이 파일 경로에 존재하는지 확인하고, 존재하면 embedding.csv 파일을 로드하여 데이터 프레임을 생성합니다. 이 코드는 5.4.3절에서 설명한 것과 같이 데이터프레임을 한 번 만들었다면 그 후에는 중복으로 데이터프레임을 만들지 않기 위한 코드입니다. 현재 실습 코드를 처음 실행하는 것이 아니거나 위키북스에서 embedding.csv 파일이 포함된 데이터를 내려받았다면 이미 해당 파일이 존재하므로 26~29번째 줄의 코드가 실행되고, 32~53번째 줄의 코드는 실행되지 않습니다.

32~53 파일 경로에 embedding.csv 파일이 존재하지 않는다면 26~29번째 줄의 코드를 실행하지 않고 32~53번째 줄의 코드를 실행합니다.

34 폴더 경로에서 확장자가 txt인 파일을 조회하여 조회된 파일명을 txt_files에 저장합니다. 이 책의 예제로 실습한다면 1.txt~57.txt까지 총 57개의 파일명이 저장됩니다.

36~44 txt_files에 저장된 모든 텍스트 파일을 순차적으로 불러와서 본문을 data에 저장하고, 이로부터 데이터프레임 df를 생성합니다. 이때 각 텍스트 파일의 본문은 text 열에 저장됩니다.

47~49 OpenAI의 함수 get_embedding을 통해 데이터프레임 df의 text 열로부터 embedding 열을 새로 생성합니다. 이 과정은 5.4.3절에서 데이터프레임을 만드는 과정과 동일합니다.

53 데이터프레임 df를 폴더 경로에 저장합니다. 폴더 경로(folder_path)는 ./data/embedding.csv를 의미하므로 데이터프레임 df가 data 폴더에 embedding.csv 파일로 저장됩니다. data 폴더에 embedding.csv를 저장했으므로 실습 코드를 추후 다시 실행하면 32~54번째 줄의 코드는 실행되지 않으며, 26~29번째 줄의 코드가 실행됩니다.

57~66 5.4.3절에서 실습한 코드와 같습니다. return_answer_candidate는 사용자 질의에 해당하는 query가 입력으로 들어오면 embedding 열에서 query와 가장 유사한 문서 3개를 찾아서 반환합니다. 이때 유사도는 cos_sim 함수를 통해 계산합니다.

69~86 사용자의 입력을 참고하여 ChatGPT에게 요청할 프롬프트를 만드는 단계입니다. 이때 프롬프트에서 사용자의 입력인 query와 유사한 텍스트 3개를 필요로 하므로 함수 return_answer_candidate를 호

출합니다. 유사한 텍스트 3개를 찾았다면, 3개(각각 result.iloc[0]['text'], result.iloc[1]['text'], result.iloc[2]['text'])의 텍스트와 사용자의 입력인 query를 기반으로 ChatGPT에게 답변을 요청하는 프롬프트를 완성하여 반환합니다.

89~95 ChatGPT로부터 답변을 만드는 함수입니다. create_prompt 함수를 통해 생성한 프롬프트를 입력으로 사용하여 ChatGPT의 답변을 얻습니다. generate_response 함수는 116~118번째 줄에서 호출됩니다.

97 챗봇 화면에 앞서 플레이그라운드 AI로 생성한 마스코트 이미지를 삽입합니다. 챗봇 화면에 다른 이미지를 사용하고 싶다면 해당 코드의 이미지 파일명을 변경하면 됩니다.

99~105 챗봇 화면에 사용자의 입력과 챗봇의 답변을 보여주기 위해 스트림릿 변수를 선언합니다. 이후 입력되는 사용자의 입력은 st.session_state['past']에 저장하고 이에 대한 챗봇의 답변은 st.session_state['generated']에 저장합니다. 이 변수는 ch05_streamlit_example.py를 실행할 때마다 초기화됩니다.

109~111 사용자의 입력을 user_query 변수에 저장하고, 챗봇의 실행 버튼 [Send]의 값을 submitted 변수에 저장합니다. 사용자가 챗봇에게 할 질의를 입력하고 [Send] 버튼을 클릭하면 질의는 user_query 변수에 저장되고 submitted 변수의 값은 True를 갖게 됩니다. submitted 변수의 값이 True가 되면 114~121번째 줄의 코드가 실행되며 챗봇의 답변이 시작됩니다.

114~121 사용자의 입력인 user_query와 submitted 변수의 값이 True로 확인되면 116번째 줄에서 함수 create_prompt를 실행하여 ChatGPT에 요청할 프롬프트를 만들고, 118번째 줄에서 해당 프롬프트를 입력으로 함수 generate_response를 실행하여 ChatGPT의 답변을 얻습니다. 그리고 챗봇 화면에 사용자의 입력과 챗봇의 답변을 보여주기 위해서 사용자의 입력은 st.session_state['past']에 저장하고 이에 대한 챗봇의 답변은 st.session_state['generated']에 저장합니다.

124~127 사용자의 입력이 저장되는 st.session_state['past']와 이에 대한 챗봇의 답변 st.session_state['generated']를 계속해서 챗봇 화면에 출력합니다.

5.6.3 스트림릿 실행하기

앱 실행하기

명령 프롬프트 창에서 다음 명령어를 입력해 스트림릿 앱을 실행합니다. 이때, 스크립트 파일이 있는 경로(C:\chat-gpt-prg\ch05)에서 가상 환경이 활성화돼 있는지 꼭 확인합니다.

```
(ch05_env) C:\chat-gpt-prg\ch05> streamlit run ch05_chatbot_example.py
```

자동으로 브라우저가 열리고 다음과 같이 앱이 실행됩니다. 만약 브라우저가 자동으로 열리지 않는다면 브라우저를 실행하고 터미널에서 안내한 Local URL 주소를 입력해 실행합니다(http://localhost:8501).

그림 5.22 챗봇의 초기 시작 화면

챗봇에게 질문하고 싶은 내용이 있다면 '정책을 물어보세요!' 아래에 질문을 입력하고 [Send] 버튼을 클릭합니다. 다음 그림은 챗봇에게 간단한 소개를 부탁하는 모습입니다. 실제로는 ChatGPT API를 사용하고 있지만, 챗봇은 프롬프트를 기반으로 답변하므로 자신을 ChatGPT라고 소개하는 것이 아니라, 예제 5.1의 71~72번째 줄에 따라서 '정채기'라는 챗봇이며 유원준과 안상준 개발자가 개발한 챗봇이라고 소개하고 있습니다.

그림 5.23 정채기의 자기소개

이어서 다음과 같이 실제로 챗봇을 사용하듯이 '정채기' 챗봇에게 서울 청년 정책을 물어보면 알맞게 답변해 주는 모습을 볼 수 있습니다.

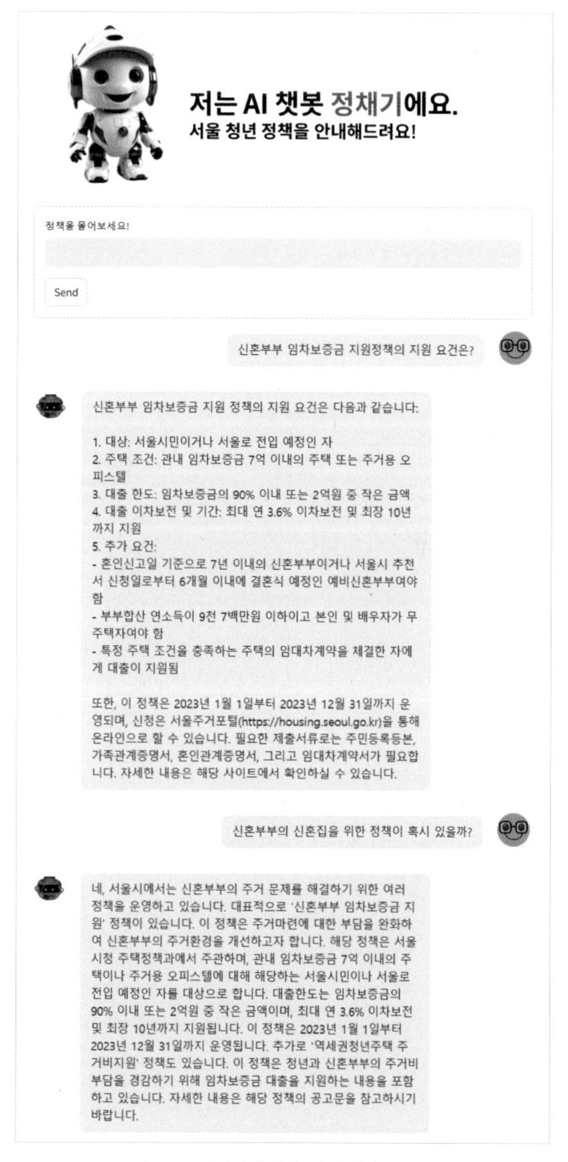

그림 5.24 챗봇에게 서울 청년 정책 물어보기

이번 장에서는 서울 청년 정책 데이터를 기반으로 사용자의 질문으로부터 답변하는 챗봇을 만들어 봤습니다. 이번 예시에서 데이터만 변경한다면 사용자의 의도에 맞는 다양한 챗봇을 만들 수 있습니다. 예를 들어 회사의 사규를 기반으로 챗봇을 만든다면 사규 챗봇, 쇼핑몰의 고객센터 Q&A 데이터를 기반으로 만든다면 고객센터 상담 챗봇을 만들 수 있습니다. 이번 장에서 배운 내용을 토대로 여러분만의 챗봇을 구현해 보기 바랍니다.

Part 06

랭체인을 활용한 회사 챗봇 만들기

랭체인 설치 및 데이터 로드

텍스트 분할하기

ChromaDB를 이용한 검색기 사용하기

질문으로부터 답변 얻기

Gradio로 챗봇의 UI 만들기

랭체인(LangChain)은 ChatGPT와 같은 대규모 언어 모델을 사용하여 애플리케이션을 쉽게 생성할 수 있도록 설계된 파이썬 프레임워크입니다. 앞서 5장에서는 텍스트를 임베딩하여 벡터로 변환하고, 벡터의 유사도를 구해 유사도가 높은 텍스트를 구하고, 유사도가 높은 텍스트를 기반으로 프롬프트를 사용하여 ChatGPT API를 통해 답변을 정리하는 과정을 모두 파이썬으로 직접 구현했습니다. 하지만 랭체인을 활용하면 랭체인에서 이러한 일련의 과정을 대부분 구현해 주므로 보다 쉽게 챗봇을 구현할 수 있습니다. 이번 장에서는 5장에서 만들었던 서울 청년 정책 챗봇을 랭체인을 이용해 다시 한번 구현해 보겠습니다. 이번 실습은 구글의 코랩에서 진행한다고 가정합니다.

6.1 랭체인 설치 및 데이터 로드

먼저 실습에서 사용할 주요 라이브러리인 랭체인과 OpenAI, ChromaDB를 설치합니다.

G 구글 코랩에서 실행

```
!pip install langchain openai chromadb tiktoken
```

이어서 데이터를 내려받을 수 있는 `wget` 명령어와 데이터셋이 있는 주소를 이용해 데이터를 내려받습니다. 여기서 사용하는 데이터는 5장에서 사용한 서울 청년 정책 데이터셋입니다.

G 구글 코랩에서 실행

```
!wget https://github.com/chatgpt-kr/chatgpt-api-tutorial/raw/main/ch05/data.zip
```

`data.zip` 파일이 다운로드되면 `unzip` 명령어를 이용해 압축을 해제합니다. 해당 명령어를 수행하면 5장에서 사용했던 1.txt~57.txt 파일이 현재 경로에 생성됩니다.

G 구글 코랩에서 실행

```
!unzip data
```

그다음 필요한 라이브러리들을 임포트하고 OpenAI 키 값을 설정합니다.

G 구글 코랩에서 실행

```
import os
from langchain.vectorstores import Chroma
from langchain.embeddings import OpenAIEmbeddings
from langchain.text_splitter import RecursiveCharacterTextSplitter
from langchain.chat_models import ChatOpenAI
from langchain.chains import RetrievalQA
from langchain.document_loaders import TextLoader
from langchain.document_loaders import DirectoryLoader
from collections import Counter

os.environ["OPENAI_API_KEY"] = "OpenAI API Key"
```

이 값을 OpenAI API 키로 바꾸고 실행합니다

DirectoryLoader()는 디렉터리 내의 모든 문서를 로드하는 역할을 합니다. 이때 glob는 해당 디렉터리에서 어떤 확장자를 가진 파일들을 로드할 것인지 결정합니다. 예를 들어 *.txt를 매개변수로 사용하면, 해당 디렉터리 내의 모든 텍스트(txt) 파일을 로드합니다. 현재 경로에 있는 57개의 텍스트 파일을 로드하고, 텍스트 파일의 본문은 documents라는 파이썬 리스트의 각 원소로 할당하겠습니다.

G 구글 코랩에서 실행

```
loader = DirectoryLoader('.', glob="*.txt", loader_cls=TextLoader)
documents = loader.load()
print('문서의 개수 :', len(documents))
```

실행 결과

```
문서의 개수 : 57
```

파이썬 리스트에 해당하는 documents에서 임의로 1번 문서와 21번 문서를 출력해 보겠습니다.

G 구글 코랩에서 실행

```
print('1번 문서 :', documents[1])
print('-' * 20)
print('21번 문서 :', documents[21])
print('-' * 20)
```

실행 결과

```
1번 문서 : page_content='정책제목: 청년과 어르신 주거공유(한지붕세대공감)\n서울시청 주택정책과에서는 해당 지역 대학생들의 주거 마련을 위해 할머니와 할아버지들이 남는 방을 학생에게 저렴한 가격에 빌려주는 정책을 운영하고 있습니다. 이 정책은 대학가나 청년들이 많이 사는 지역에서 진행되며, 어르신들은 시세보다 저렴한 값으로 방을 빌려주고, 학생들은 무보증금으로 학교 근처에 근접한 주거공간을 제공받습니다.\n\n어르신들은 주택을 소유한 60세 이상 어르신으로서 신청할 수 있으며, 대학생은 서울시 소재 대학(원) 재학생 및 휴학생으로 신청 자격을 갖추고 있어야 합니다. 학력이나 전공에 대한 제한은 없으며, 취업을 하지 않은 미취업자들이 참여할 수 있습니다.\n\n이 정책은 2023년 1월 1일부터 2023년 12월 31일까지 운영되며, 신청은 서울주거포털 사이트(https://housing.seoul.go.kr)에서 온라인으로 진행됩니다. 운영 기관은 주관기관과 동일하며, 자세한 신청 방법 및 제출서류는 공고문을 참조하시기 바랍니다.\n\n자세한 사항은 서울주거포털 사이트(https://housing.seoul.go.kr/)에서 확인하실 수 있습니다.' metadata={'source': '29.txt'}
--------------------
21번 문서 : page_content='정책이름: 청년예술청 운영\n서울시청 문화예술과에서 주최하는 문화/예술 정책은 예술활동 진입단계의 청년예술인들을 지원하기 위해 미래창작준비 플랫폼을 조성하는 것입니다. 이 정책은 경력이나 장르의 구분 없이 직접 참여하고 지원할 수 있습니다. 지원 내용으로는 창작활동 관련 공간의 이용 및 프로그램 지원이 제공됩니다. 이 정책은 2023년 1월 1일부터 2023년 12월 31일까지 운영될 예정이며, 연간 10,000명의 청년예술인을 지원할 것입니다.\n\n신청자격은 연령에 대한 제한이 없으며, 학력, 전공, 취업상태, 특화분야에 대한 요건은 없습니다. 신청 방법과 신청 절차, 심사 및 발표에 대한 정보는 개별 사업별로 상이하므로 공고를 참조하시기 바랍니다. 신청은 http://www.sapy.kr/RESERVE_INFO에서 진행됩니다. 제출해야 할 서류에 대한 정보는 공고에 따라 다를 수 있습니다.\n\n문의 사항은 362-9743로 문의하실 수 있습니다. 이 정책은 서울문화재단에서 운영됩니다. 참고로 http://www.sapy.kr/SPACE_PREVIEW와 http://www.sapy.kr/MAIN 사이트를 참고하시기 바랍니다.' metadata={'source': '9.txt'}
--------------------
```

documents 리스트에서 각 원소의 구조를 살펴보면 page_content의 값으로 본문이 들어가고, metadata의 source 값으로 해당 문서의 원본 파일 이름이 기재돼 있습니다. 위에서 출력한 1번 문서에서 metadata 안의 source 값을 보면 29.txt 파일이 1번 문서에 할당됐음을 알 수 있습니다. 또한 21번 문서에서 metadata 안의 source 값을 보면 9.txt 파일이 21번 문서로 할당됐음을 알 수 있습니다. DirectoryLoader()는 해당 확장자의 파일을 로드할 때, 파일을 순서대로 로드하지는 않기 때문에 데이터가 순서대로 들어가지는 않습니다.

6.2 텍스트 분할하기

ChatGPT API의 GPT-3.5-turbo 모델은 입력으로 사용하는 텍스트와 ChatGPT API가 반환하는 답변의 길이를 모두 포함하여 최대 4,096 토큰을 처리할 수 있습니다. 예를 들어 ChatGPT API 입력으로 약 3,000토큰 정도의 길이를 가진 입력을 사용하면 ChatGPT는 최대 약 1,000 토큰의 답변을 할 수 있는 구조입니다. 입력의 길이가 4,096의 길이에 인접한 입력을 사용하면 ChatGPT API가 답변을 하던 도중 4,096개의 토큰을 모두 소진하면 더 이상 답변을 생성할 수 없어 텍스트가 중간에 끊길 수 있습니다. 또한 입력의 길이가 4,096을 넘으면 ChatGPT의 입력으로 사용할 수 없다는 에러가 발생합니다.

이런 현상 때문에 너무 긴 문서들은 한 번에 입력으로 사용할 수 없으므로 여러 개의 뭉치(Chunk)로 자른 후 ChatGPT API를 여러 번 호출하여 처리해야 합니다. 랭체인의 `RecursiveCharacterTextSplitter()` 함수는 이를 위해 사용하는 도구로, 주어진 문서를 더 작은 단위의 텍스트 뭉치(chunk)로 잘라주는 역할을 합니다.

`chunk_size`에는 텍스트의 분할 기준이 되는 길이를 설정하고, `chunk_overlap`에는 텍스트를 분할할 때 텍스트의 내용을 얼마나 겹쳐서 자를 것인지 지정합니다. `chunk_overlap`에 대해서는 6.4절 '질문으로부터 답변 얻기(259쪽)'에서 실제 분할된 결과를 보면서 다시 설명하겠습니다. 앞서 로드한 `documents`를 입력으로 사용하여 `RecursiveCharacterTextSplitter()` 함수를 호출하고, 텍스트 리스트를 `texts`에 저장합니다.

G 구글 코랩에서 실행

```
text_splitter = RecursiveCharacterTextSplitter(chunk_size=1000, chunk_overlap=200)
texts = text_splitter.split_documents(documents)

print('분할된 텍스트의 개수 :', len(texts))
```

실행 결과

```
분할된 텍스트의 개수 : 64
```

57개의 문서가 총 64개의 텍스트로 분할됐습니다. 이중 첫 번째 텍스트를 출력해 보겠습니다.

G 구글 코랩에서 실행

```
print(texts[0])
```

실행 결과

```
Document(page_content='정책 제목: 서울시 취업날개서비스 운영\n정책 유형은 "일자리"이며, 이 정책은 서울시청 일자리정책과에서 주관하고 있습니다. 해당 정책은 구직과정에서 경제적인 부담을 겪고 있는 청년들을 지원하기 위해 면접용 정장을 무료로 대여하는 "취업날개서비스"를 추진하고 있습니다. 지원 내용으로는 면접용 정장의 무료 대여가 포함되어 있습니다. 이 정책은 2023년 1월 1일부터 2023년 12월 31일까지 사업 운영기간이며, 신청은 2023년 1월 1일부터 2023년 12월 31일까지 가능합니다. 지원 규모는 총 48,000명입니다. 관련 사이트는 "https://job.seoul.go.kr/www/add_service/openChothesChest.do?method=selectOpenChothesChest"에서 확인하실 수 있습니다. 신청 자격은 18세부터 39세까지이며, 서울에 거주하거나 서울 소재 학교 재학생 또는 졸업생으로서 서울에 거소를 둔 청년들이 대상입니다. 학력, 전공, 취업 상태, 특화 분야에는 제한이 없습니다. 신청은 "https://job.seoul.go.kr/www/add_service/openChothesChest.do?method=selectOpenChothesChest"에서 온라인으로 진행하며, 심사 및 발표는 대여 가능한 장소에서 이루어집니다. 제출해야 하는 서류에는 서울 거주 사실이나 서울 소재 학교 재학생/졸업생임을 증명할 수 있는 서류와 면접을 보는 회사의 면접 확인 서류 등이 포함됩니다. 대여는 연간 최대 10회까지 가능하며, 대여기간은 3박 4일입니다. 추가적인 사항은 해당 링크에서 확인하실 수 있습니다.', metadata={'source': '53.txt'})
```

형식은 앞서 DirectoryLoader()로 얻은 documents 원소의 값과 동일합니다. page_content에는 분할된 텍스트의 본문이 저장돼 있고, source에는 해당 본문의 원본 파일 이름이 저장돼 있습니다. 57개의 문서가 64개의 텍스트로 분할됐다는 것은 57개의 문서 중 일부 문서는 추가로 분할됐음을 의미합니다.

metadata의 source 값을 이용해 어떤 문서를 추가로 분할했는지 확인해 보겠습니다. texts 각 원소의 source 값을 모두 체크했을 때 source 값이 중복되어 등장한다면 해당 문서가 추가로 분할된 문서입니다.

G 구글 코랩에서 실행

```
source_lst = []
for i in range(0, len(texts)):
  source_lst.append(texts[i].metadata['source'])

element_counts = Counter(source_lst)
filtered_counts = {key: value for key, value in element_counts.items() if value >= 2}
print('2개 이상으로 분할된 문서 :', filtered_counts)
print('분할된 텍스트의 개수 :', len(documents) + len(filtered_counts))
```

실행 결과

```
2개 이상으로 분할된 문서 : {'48.txt': 2, '23.txt': 2, '31.txt': 2, '49.txt': 2,
'36.txt': 2, '22.txt': 2, '40.txt': 2}
분할된 텍스트의 개수 : 64
```

확인 결과 48번, 23번, 31번, 49번, 36번, 22번, 40번 문서가 2개의 텍스트로 분할됐음을 알 수 있습니다. 57개의 문서 중에서 7개의 문서가 2개의 텍스트로 분할되어 총 64개의 텍스트가 생기게 됩니다.

6.3 ChromaDB를 이용한 검색기 사용하기

앞서 5장에서는 OpenAI Embedding API를 이용해 텍스트를 임베딩하고, 코사인 유사도를 계산해 유사한 텍스트를 가져오는 실습을 진행했습니다. Chroma DB는 이러한 과정들을 기능별로 구현하여 사용자가 벡터를 좀 더 쉽게 다룰 수 있게 도와주는 편리한 벡터 응용 도구입니다. `Chroma.from_documents()` 함수를 이용해 벡터 도구 객체를 선언합니다. 이때 `documents`에는 벡터화의 단위가 될 텍스트 리스트를 매개변수로 전달하고, `embedding`에는 어떤 종류의 임베딩을 사용할 것인지 기재합니다. 여기서는 5장에서와 같이 OpenAI의 Embedding API를 사용합니다.

G 구글 코랩에서 실행

```
embedding = OpenAIEmbeddings()
vectordb = Chroma.from_documents(documents=texts, embedding=embedding)
```

벡터 도구 객체를 선언하고 나면 `as_retriever()` 함수를 이용해 입력된 텍스트로부터 유사한 텍스트를 찾아주는 검색기(retriever)를 선언할 수 있습니다. `retriever`를 선언 후 `get_relevant_documents()` 함수를 호출하면 입력된 텍스트와 유사한 문서들을 찾아 반환해 줍니다. 즉, 5장에서 실습했던 벡터의 유사도를 구하는 과정을 별도의 추가 구현 없이 손쉽게 사용할 수 있습니다. '신혼부부를 위한 정책이 있어?'라는 임의의 텍스트로부터 67개의 텍스트 중 가장 유사도가 높은 텍스트를 찾아보겠습니다.

그리고 찾아낸 유사도가 높은 텍스트 개수를 출력하고, 유사도가 높은 텍스트 중에서 첫 번째 텍스트의 내용과 유사도가 높은 텍스트들의 출처를 함께 출력해 보겠습니다.

G 구글 코랩에서 실행

```
retriever = vectordb.as_retriever()
docs = retriever.get_relevant_documents("신혼부부를 위한 정책이 있어?")
print('유사도가 높은 텍스트 개수 :', len(docs))
print('--' * 20)
print('유사도가 높은 텍스트 중 첫 번째 텍스트 출력 :', docs[0])
print('--' * 20)
print('유사도가 높은 텍스트들의 문서 출처 :')
for doc in docs:
    print(doc.metadata["source"])
```

실행 결과

```
유사도가 높은 텍스트 개수 : 4
----------------------------------------
유사도가 높은 텍스트 중 첫 번째 텍스트 출력 : page_content='이 정책은 주거마련에 대한 부담을 완화하여 혼인수 감소와 출산기피 현상을 해결하고, 더 나은 주거환경을 제공하기 위해 서울시에서 운영하는 정책입니다. 대상 가구는 총 8,000가구로 제한되며, 지원 기간은 2023년 1월 1일부터 2023년 12월 31일까지입니다.\n\n이 정책에 참여하기 위해서는 다음의 신청자격을 충족해야 합니다. 먼저, 서울시민이거나 대출 후 1개월 이내에 서울로 전입 예정이어야 합니다. 또한 혼인신고일 기준으로 7년 이내의 신혼부부이거나 서울시 추천서 신청일로부터 6개월 이내에 결혼식 예정인 예비신혼부부여야 합니다. 부부의 합산 연소득은 9천 7백만원 이하여야 하며, 본인 및 배우자는 무주택자여야 합니다. 또한, 특정 주택 조건을 충족하는 주택의 임대차계약을 체결한 자에게 대출이 지원됩니다.\n\n이 정책은 서울주거포털(https://housing.seoul.go.kr)을 통해 온라인으로 신청할 수 있습니다. 필요한 제출서류로는 주민등록등본, 가족관계증명서, 혼인관계증명서, 그리고 임대차계약서가 있습니다.\n\n이 정책은 서울시청 주택정책과에서 운영되며, 자세한 사항은 해당 사이트(https://housing.seoul.go.kr)에서 확인하실 수 있습니다.' metadata={'source': '23.txt'}
----------------------------------------
유사도가 높은 텍스트들의 문서 출처 :
23.txt
23.txt
40.txt
39.txt
```

총 4개의 유사도가 높은 텍스트를 찾았고, 그 중 첫 번째 텍스트를 출력했습니다. 또한 metadata의 source의 값을 통해 23.txt 파일에서 가져온 텍스트임을 확인할 수 있습니다. 그리고 유사도가 높은 텍스트 4개는 각각 출처가 23.txt, 23.txt, 40.txt, 39.txt입니다.

만약 유사한 문서의 개수를 임의로 지정하고 싶다면 retriever 선언할 때 입력으로 search_kwargs={"k": <문서의 개수>}를 추가로 전달합니다. 다음 코드에서는 search_kwargs={"k": 2}로 지정해 유사한 텍스트를 2개만 출력했습니다.

G 구글 코랩에서 실행

```
retriever = vectordb.as_retriever(search_kwargs={"k": 2})
docs = retriever.get_relevant_documents("신혼부부를 위한 정책이 있어?")

for doc in docs:
    print(doc.metadata["source"])
```

실행 결과

```
23.txt
23.txt
```

6.4 질문으로부터 답변 얻기

이제 ChatGPT API와 프롬프트를 활용해 간단하게 챗봇을 구현해 보겠습니다. RetrievalQA.from_chain_type() 함수의 llm 매개변수 값으로 ChatOpenAI()를 지정하고, 내부 매개변수로 model_name의 값으로 "gpt-3.5-turbo"를 지정하면 ChatGPT API를 사용할 수 있습니다. temperature의 값은 선택적인 매개변수로, 2.4.1절 '기본 질문하기(48쪽)'에서 설명한 것과 같이 답변의 랜덤성을 조절하는 변수입니다. temperature의 값을 별도로 지정하지 않으면 기본값인 1로 설정되어 호출할 때마다 ChatGPT API가 다른 답변을 반환하지만, 0으로 지정하면 호출할 때마다 같은 답변을 반환합니다.

G 구글 코랩에서 실행

```
qa_chain = RetrievalQA.from_chain_type(
    llm=ChatOpenAI(model_name="gpt-3.5-turbo", temperature=0),
    chain_type="stuff",
```

```
    retriever=retriever,
    return_source_documents=True)
```

위 코드처럼 chain_type의 매개변수의 값으로 "stuff"를 사용하면, 사용자의 눈에는 보이지 않지만, 내부적으로 다음과 같은 프롬프트를 사용하여 챗봇을 구현합니다.

chain_type의 값이 "stuff"일 때 사용하는 프롬프트

```
Use the following pieces of context to answer the users question.
If you don't know the answer, just say that you don't know, don't try to make up
an answer.
----------------
{텍스트}

{질문}
```

{텍스트}에는 입력 텍스트와 유사도가 높은 텍스트의 본문이 삽입되고, {질문}에는 입력 텍스트가 삽입되는 구조입니다. 5장에서 챗봇을 구현할 때, 사용자가 직접 프롬프트를 작성한 것과 달리 여기서는 이미 작성된 프롬프트를 사용합니다.

이제 qa_chain을 통해 사용자의 입력으로부터 서울 청년 정책과 관련된 챗봇의 답변을 얻을 수 있습니다. "대출과 관련된 정책이 궁금합니다"라는 텍스트를 입력하여 qa_chain의 반환 결과를 확인해 보겠습니다.

G 구글 코랩에서 실행

```
input_text = "대출과 관련된 정책이 궁금합니다"
chatbot_response = qa_chain(input_text)
print(chatbot_response)
```

실행 결과

```
{'query': '대출과 관련된 정책이 궁금합니다',
'result': '어떤 종류의 대출 정책에 대해 궁금하신가요? 서울시 학자금대출 신용회복
지원사업이나 역세권청년주택 주거비지원 정책에 대해 알려드릴 수 있습니다.',
'source_documents':[
```

```
Document(page_content='정책내용: 서울시 학자금대출 신용회복 지원사업\n서울특별시 미래청년기획단이 주최하는 금융 정책으로, 학자금 대출로 인해 신용이 떨어져 어려움을 겪고 있는 청년층을 위한 신용회복 지원입니다 …중략…'
, metadata={'source': '35.txt'}),
Document(page_content='정책제목: 역세권청년주택 주거비지원\n서울시 전략주택공급과에서는 청년과 신혼부부의 주거비 부담을 경감하기 위해 임차보증금 대출을 지원하는 정책을 운영하고 있습니다. 이 정책은 혼인 감소 및 출산율 감소 문제를 해결하기 위한 것으로, 임차보증금에 대해 무이자 지원을 제공합니다. …중략…'
, metadata={'source': '39.txt'})]}
```

qa_chain의 결과를 chatbot_response 변수에 저장하여 출력해 보면 query, result, source_documents 세 개의 키 값을 갖고 있습니다. 이중 source_documents는 앞서 RecursiveCharacterTextSplitter()에서 분할한 텍스트입니다. 이들 각각은 page_content와 meta_data 값을 가집니다.

query는 현재 입력된 사용자의 질문을 의미합니다. 이때 qa_chain은 앞서 구현한 retriever를 통해 내부적으로 '대출과 관련된 정책이 궁금합니다'와 유사도가 높은 2개의 텍스트를 찾아냅니다. metadata의 source 값에 따르면 해당 텍스트는 35.txt 파일과 39.txt 파일의 본문에 해당합니다. 챗봇은 이 두 개의 본문(여기서는 page_content의 값)과 stuff 프롬프트를 활용해 답변을 작성합니다. 해당 챗봇의 답변은 결과적으로 result의 값에 해당합니다.

현재 chatbot_response의 출력 결과는 여러 키가 포함돼 있어 복잡합니다. 따라서 chatbot_response로부터 챗봇의 답변에 해당하는 result 부분만 꺼내오고, 답변에 사용된 출처를 확인하기 위해 metadata의 source의 값을 추가로 출력하는 get_chatbot_response() 함수를 구현합니다.

G 구글 코랩에서 실행

```python
def get_chatbot_response(chatbot_response):
    print(chatbot_response['result'].strip())
    print('\n문서 출처:')
    for source in chatbot_response["source_documents"]:
        print(source.metadata['source'])
```

"신혼부부의 신혼집 마련을 위한 정책이 있을까?"라는 입력에 대한 챗봇의 답변을 확인해 보겠습니다.

G 구글 코랩에서 실행

```
input_text = "신혼부부의 신혼집 마련을 위한 정책이 있을까?"
chatbot_response = qa_chain(input_text)
get_chatbot_response(chatbot_response)
```

실행 결과

```
네, 신혼부부의 신혼집 마련을 위한 정책이 있습니다. 서울시에서는 "신혼부부 임차보증금
지원" 정책을 운영하고 있습니다. 이 정책은 주거마련에 대한 부담을 완화하여 혼인수 감소와
출산기피 현상을 해결하고, 더 나은 주거환경을 제공하기 위해 서울시에서 운영하는 정책입니다.
대상 가구는 총 8,000가구로 제한되며, 지원 기간은 2023년 1월 1일부터 2023년 12월
31일까지입니다. 자세한 내용은 서울주거포털(https://housing.seoul.go.kr)에서 확인하실 수
있습니다.

문서 출처:
23.txt
23.txt
```

실행 결과를 보면 신혼부부 임차 보증금 지원 정책을 답변하는 모습을 볼 수 있습니다. 다만, 텍스트의 출처인 23.txt가 두 번 출력되는데, 이는 `text_splitter.split_documents()`가 57개의 문서를 64개의 텍스트로 분할하는 과정에서 23.txt가 두 개의 텍스트로 분할됐기 때문입니다. `chatbot_response`의 값을 출력해 보겠습니다.

G 구글 코랩에서 실행

```
print(chatbot_response)
```

실행 결과

```
{'query': '신혼부부의 신혼집 마련을 위한 정책이 있을까?',
 'result': '네, 신혼부부의 신혼집 마련을 위한 정책이 있습니다. 서울시에서는 "신혼부부
임차보증금 지원" 정책을 운영하고 있습니다. 이 정책은 주거마련에 대한 부담을 완화하여 혼인수
감소와 출산기피 현상을 해결하고, 더 나은 주거환경을 제공하기 위해 서울시에서 운영하는
정책입니다. 대상 가구는 총 8,000가구로 제한되며, 지원 기간은 2023년 1월 1일부터 2023년
```

```
12월 31일까지입니다. 자세한 내용은 서울주거포털(https://housing.seoul.go.kr)에서
확인하실 수 있습니다.',
'source_documents':[
Document(page_content='이 정책은 주거마련에 대한 부담을 완화하여 혼인수 감소와 출산기피 현상을
해결하고, 더 나은 주거환경을 제공하기 위해 서울시에서 운영하는 정책입니다. 대상 가구는 총 8,000가구로
제한되며, 지원 기간은 2023년 1월 1일부터 2023년 12월 31일까지입니다.\n\n이 정책에 참여하기 위해서는
다음의 신청자격을 충족해야 합니다. 먼저, 서울시민이거나 대출 후 1개월 이내에 서울로 전입
예정이어야 합니다. …중략…
필요한 제출서류로는 주민등록등본, 가족관계증명서, 혼인관계증명서, 그리고 임대차계약서가
있습니다.\n\n이 정책은 서울시청 주택정책과에서 운영되며, 자세한 사항은 해당
사이트(https://housing.seoul.go.kr)에서 확인하실 수 있습니다.',
metadata={'source': '23.txt'}),
Document(page_content='정책제목: 신혼부부 임차보증금 지원\n정부에서는 주거 관련 정책을
통해 부담을 완화하여 더 나은 주거환경을 제공하고자 합니다. 현재 주거마련에 대한 부담으로
인해 혼인수가 감소하고 출산기피 현상이 발생하고 있습니다. …중략…
필요한 서류로는 주민등록등본, 가족관계증명서, 혼인관계증명서, 그리고 임대차계약서가
제출되어야 합니다.\n\n이 정책은 주거마련에 대한 부담을 완화하여 혼인수 감소와 출산기피 현상을
해결하고, 더 나은 주거환경을 제공하기 위해 서울시에서 운영하는 정책입니다. 대상 가구는 총 8,000가구로
제한되며, 지원 기간은 2023년 1월 1일부터 2023년 12월 31일까지입니다.', metadata={'source':
'23.txt'})
]}
```

출처가 23.txt로 같지만, 두 개의 텍스트는 서로 다릅니다. 원본 파일인 23.txt가 두 개의 텍스트로 분할됐기 때문입니다. 또한, 두 개의 텍스트에서 '이 정책은 주거마련에 대한 부담을 완화하여 혼인수 감소와 출산기피 현상을 해결하고, 더 나은 주거환경을 제공하기 위해 서울시에서 운영하는 정책입니다. 대상 가구는 총 8,000가구로 제한되며, 지원 기간은 2023년 1월 1일부터 2023년 12월 31일까지입니다.'라는 텍스트가 공통으로 들어가 있음을 확인할 수 있습니다. 이는 RecursiveCharacterTextSplitter()를 선언할 때 chunk_overlap을 사용해 텍스트가 겹치지 않게 분할하지 않고, 일부 겹칠 수 있게 허용했기 때문입니다.

6.5 Gradio로 챗봇의 UI 만들기

Gradio는 AI 모델을 웹 형태로 배포할 수 있도록 돕는 파이썬 라이브러리입니다. 실제로 코드 몇 줄만으로 웹 기반의 인터페이스를 구현할 수 있습니다. 이번 절에서는 Gradio를 활용해 챗봇의 UI를 구현해 보겠습니다. 먼저 실습을 위해 Gradio 라이브러리를 설치합니다.

G 구글 코랩에서 실행

```
!pip install gradio
```

Gradio 공식 문서에서는 Gradio로 챗봇을 구현할 수 있도록 기본 코드를 제공하고 있습니다.

- **Gradio로 챗봇을 만들기 위한 공식 문서**: https://www.gradio.app/guides/creating-a-chatbot

위 공식 문서를 참고하여 작성한 코드는 다음과 같습니다. 여기서 `respond()` 함수는 챗봇의 답변을 관리하는 함수입니다. 공식 문서에서는 `respond()` 함수에서 사용자의 입력 변수인 `message`로부터 챗봇 UI 화면에서 보여줄 챗봇의 답변을 만들고, `chat_history`라는 변수로 반환하라고 안내하고 있습니다. 여기서는 `qa_chain()` 함수를 통해 반환된 값 중에서 챗봇의 답변인 `result`와 답변의 출처를 표기하는 `metadata`의 `source` 값을 함께 정리하여 `chat_history`로 반환합니다.

그리고 `gr.Chatbot()`, `gr.Textbox()`, `gr.Button()`은 챗봇 UI 화면에서 구성 요소에 표시할 텍스트 레이블입니다. `gr.Chatbot()`은 코드 실행 후 화면에 출력할 레이블이며, `gr.Textbox()`는 챗봇의 대화를 전송하기 위한 버튼의 레이블, `gr.Button()`은 대화 이력을 초기화하기 위한 버튼의 레이블입니다.

G 구글 코랩에서 실행

```
import gradio as gr

# 인터페이스를 생성
with gr.Blocks() as demo:
```

```
    chatbot = gr.Chatbot(label="청년정책챗봇") # 청년정책챗봇 레이블을 좌측 상단에 구성
    msg = gr.Textbox(label="질문해주세요!")  # 하단 채팅창의 레이블
    clear = gr.Button("대화 초기화")  # 대화 초기화 버튼

    # 챗봇의 답변을 처리하는 함수
    def respond(message, chat_history):
        result = qa_chain(message)
        bot_message = result['result']
        bot_message += ' # sources :'

        # 답변의 출처를 표기
        for i, doc in enumerate(result['source_documents']):
            bot_message += '[' + str(i+1) + '] ' + doc.metadata['source'] + ' '

        # 채팅 기록에 사용자의 메시지와 봇의 응답을 추가
        chat_history.append((message, bot_message))
        return "", chat_history

    # 사용자의 입력을 제출(submit)하면 respond 함수가 호출
    msg.submit(respond, [msg, chatbot], [msg, chatbot])

    # '초기화' 버튼을 클릭하면 채팅 기록을 초기화
    clear.click(lambda: None, None, chatbot, queue=False)

# 인터페이스 실행.
demo.launch(debug=True)
```

위 코드를 실행하면 다음과 같은 챗봇 UI가 화면에 나타납니다. 챗봇에 원하는 질문을 입력하면 챗봇의 답변과 답변에 대한 출처가 출력됩니다. 답변의 출처는 # source 뒷부분에 출력됩니다.

여기서는 실제 사람과 챗봇의 대화를 가정하고, 전세 자금이 부족한 사람들을 위한 정책이 있는지 문의한 후, 희망 두 배 청년 통장이라는 정책에 대해 세부적으로 질문해 보았습니다.

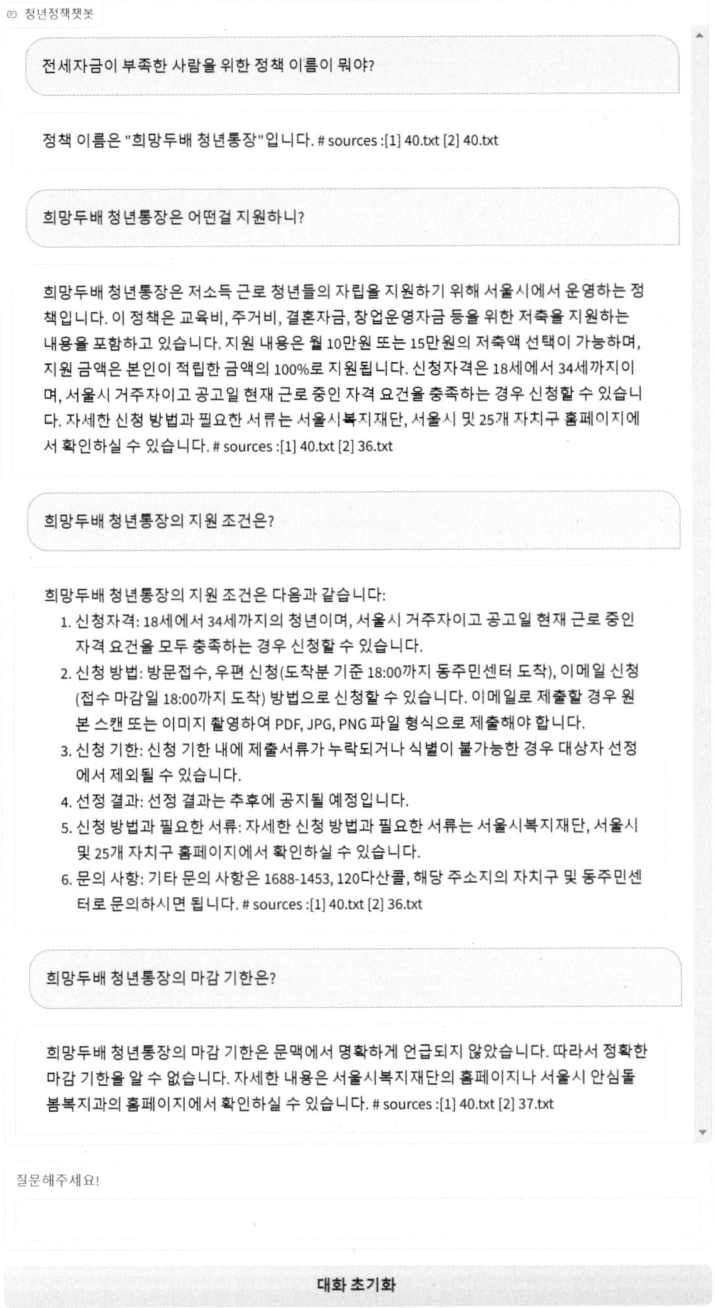

청년정책챗봇

전세자금이 부족한 사람을 위한 정책 이름이 뭐야?

정책 이름은 "희망두배 청년통장"입니다. # sources :[1] 40.txt [2] 40.txt

희망두배 청년통장은 어떤걸 지원하니?

희망두배 청년통장은 저소득 근로 청년들의 자립을 지원하기 위해 서울시에서 운영하는 정책입니다. 이 정책은 교육비, 주거비, 결혼자금, 창업운영자금 등을 위한 저축을 지원하는 내용을 포함하고 있습니다. 지원 내용은 월 10만원 또는 15만원의 저축액 선택이 가능하며, 지원 금액은 본인이 적립한 금액의 100%로 지원됩니다. 신청자격은 18세에서 34세까지이며, 서울시 거주자이고 공고일 현재 근로 중인 자격 요건을 충족하는 경우 신청할 수 있습니다. 자세한 신청 방법과 필요한 서류는 서울시복지재단, 서울시 및 25개 자치구 홈페이지에서 확인하실 수 있습니다. # sources :[1] 40.txt [2] 36.txt

희망두배 청년통장의 지원 조건은?

희망두배 청년통장의 지원 조건은 다음과 같습니다:

1. 신청자격: 18세에서 34세까지의 청년이며, 서울시 거주자이고 공고일 현재 근로 중인 자격 요건을 모두 충족하는 경우 신청할 수 있습니다.
2. 신청 방법: 방문접수, 우편 신청(도착분 기준 18:00까지 동주민센터 도착), 이메일 신청(접수 마감일 18:00까지 도착) 방법으로 신청할 수 있습니다. 이메일로 제출할 경우 원본 스캔 또는 이미지 촬영하여 PDF, JPG, PNG 파일 형식으로 제출해야 합니다.
3. 신청 기한: 신청 기한 내에 제출서류가 누락되거나 식별이 불가능한 경우 대상자 선정에서 제외될 수 있습니다.
4. 선정 결과: 선정 결과는 추후에 공지될 예정입니다.
5. 신청 방법과 필요한 서류: 자세한 신청 방법과 필요한 서류는 서울시복지재단, 서울시 및 25개 자치구 홈페이지에서 확인하실 수 있습니다.
6. 문의 사항: 기타 문의 사항은 1688-1453, 120다산콜, 해당 주소지의 자치구 및 동주민센터로 문의하시면 됩니다. # sources :[1] 40.txt [2] 36.txt

희망두배 청년통장의 마감 기한은?

희망두배 청년통장의 마감 기한은 문맥에서 명확하게 언급되지 않았습니다. 따라서 정확한 마감 기한을 알 수 없습니다. 자세한 내용은 서울시복지재단의 홈페이지나 서울시 안심돌봄복지과의 홈페이지에서 확인하실 수 있습니다. # sources :[1] 40.txt [2] 37.txt

질문해주세요!

대화 초기화

그림 6.1 Gradio 챗봇 UI

이번 장에서는 랭체인과 ChromaDB를 활용해 챗봇을 구현해 봤습니다. ChatGPT는 2022년 12월에 등장하였고, 이러한 뛰어난 성능의 인공지능 모델을 API를 통해 활용할 수 있게 된 것은 아직 시기적으로 얼마 되지 않았습니다. 언어 모델을 통해 애플리케이션을 개발하는 랭체인 또한 신생 라이브러리이며 계속해서 발전해 나가고 있습니다. 사용자는 6장과 같이 직접 구현하는 방식과, 이번 장에서 살펴본 것처럼 편리하게 이용할 수 있는 랭체인 등을 상황에 따라 현명하게 사용할 수 있는 지혜와 노하우를 지속적으로 쌓아야 할 것입니다.

Part 07

OpenAI의 GPT를 추가로 학습시키는 파인튜닝

GPT-3의 파인튜닝(fine-tuning)

파인튜닝을 위한 데이터셋 준비 가이드

금융 뉴스를 감성 분류하는 AI 모델 만들기

금융 뉴스를 감성 분류하는 모델의 UI 만들기

OpenAI의 GPT를 사용하는 방법은 크게 두 가지가 있습니다. 하나는 OpenAI에서 제공하는 GPT를 그대로 사용하면서 6장에서와 같이 자신의 데이터를 프롬프트에 주입하여 답변을 얻는 방식이고, 다른 하나는 GPT를 직접 자신의 데이터로 튜닝하는 방식입니다.

OpenAI에서 제공하는 GPT 모델에 사용자가 가진 데이터셋을 추가로 학습시켜서 해당 데이터셋에 한해서 더 좋은 성능을 얻을 수 있도록 하는 것을 파인튜닝(fine-tuning)이라고 부릅니다.

이번 장에서는 GPT-3에 해당하는 모델을 직접 자신이 갖고 있는 데이터로 튜닝하여 원하는 결과를 얻는 방법을 살펴보겠습니다.

7.1 GPT-3의 파인튜닝(fine-tuning)

파인튜닝은 기본적으로는 유료 기능입니다. 따라서 파인튜닝을 하려면 OpenAI API 키가 필요하며, ChatGPT API를 사용할 때와 마찬가지로 사용량에 따라 과금됩니다.[2] 가격이 비쌀수록 더 좋은 성능을 제공하므로 하고자 하는 작업의 난이도와 금액을 고려하여 모델을 선택할 수 있습니다. 예를 들어 babbage-002는 현재 튜닝이 지원되는 모델 중 가장 요금이 저렴한 모델이지만, 적절한 파인튜닝을 한다면 사용자가 직접 학습시킨 작업에 한해서는 ChatGPT 이상의 성능을 얻기도 합니다.

모델	파인튜닝 비용	튜닝 후 입력에 대한 비용	튜닝 후 출력에 대한 비용
gpt-3.5-turbo	1천 토큰당 $0.0080	1천 토큰당 $0.0030	1천 토큰당 $0.0060
davinci-002	1천 토큰당 $0.0060	1천 토큰당 $0.0120	1천 토큰당 $0.0120
babbage-002	1천 토큰당 $0.0080	1천 토큰당 $0.0030	1천 토큰당 $0.0060

2 OpenAI API 키를 발급 받는 방법은 2.2절 'API 키 발급하기(34쪽)'를 참고합니다. 사용량에 따라 과금되므로 너무 많이 과금되지 않도록 사용량을 계속 확인하는 것이 좋습니다.

7.2 파인튜닝을 위한 데이터셋 준비 가이드

GPT-3를 특정 주제나 스타일에 맞게 학습시키려면 해당 주제나 스타일을 반영하기 위한 학습 데이터가 필요합니다. 데이터는 각 줄에 하나의 데이터로 구성하며, 하나의 데이터는 프롬프트-컴플리션의 쌍(prompt-completion pair)으로 이뤄져 있습니다. 프롬프트(prompt)는 사용자가 모델에게 요청할 입력이나 명령이고, 컴플리션(completion)은 그에 대해서 모델이 적절하게 해야 하는 답변입니다. 예를 들어, 심리 상담 챗봇을 만든다면 데이터셋은 다음과 같이 구성합니다.

```
{"prompt": "너무 마음이 안 좋아요", "completion": "마음이 안 좋을 때는 산책은 어떠세요?"}
{"prompt": "남자친구랑 헤어졌어요", "completion": "더 좋은 사람을 만날 거예요!"}
··· 중략 ···
```

또한 이러한 데이터셋은 최소 수백 개 이상이 존재해야 하며 많으면 많을수록 더 좋은 성능을 얻을 수 있습니다. 참고로 위와 같은 형식의 파일을 jsonl 파일이라고 합니다. 실습을 위해서 학습에 사용할 데이터를 위와 같은 형식으로 변환한 후에 파일의 확장자를 jsonl로 지정하면 됩니다.

7.3 금융 뉴스를 감성 분류하는 AI 모델 만들기

GPT-3의 파인튜닝 기능을 이용하여 금융 뉴스 문장에 대해서 긍정, 부정, 중립을 분류하는 AI 모델을 만들어 보겠습니다. 이번 실습은 구글의 코랩(Colab)에서 진행합니다. 새로운 코랩 파일을 생성한 다음 실습을 위해 openai 라이브러리와 시각화에 사용할 gradio 라이브러리를 설치합니다.

G 구글 코랩에서 실행

```
!pip install openai
!pip install gradio
```

설치가 끝났다면 openai 라이브러리와 gradio 라이브러리, 데이터를 정제하는 데 사용할 파이썬의 판다스(Pandas) 라이브러리를 임포트합니다.

G 구글 코랩에서 실행

```
import openai
import gradio as gr
import pandas as pd
from openai import OpenAI
```

파인튜닝에는 OpenAI의 API 키가 필요합니다. 2.2절 'API 키 발급하기(34쪽)'에서 발급받은 OpenAI의 API 키를 key라는 변수에 저장합니다.

G 구글 코랩에서 실행

```
key = "OpenAI API Key"  ——— 이 값을 OpenAI API 키로 바꾸고 실행합니다
%env OPENAI_API_KEY = {key}
openai.api_key = key
```

데이터셋 준비하기

먼저 금융 뉴스 문장에 대해서 긍정, 중립, 부정이 레이블링 돼 있는 데이터셋을 내려받겠습니다. Finance Phrase Bank라고 불리는 이 데이터셋은 16명의 금융 전문가가 직접 만든 데이터로 총 4,840개의 금융 문장에 대해서 긍정, 부정, 중립 세 가지 카테고리가 지정된 데이터입니다. 원본 데이터는 영어로 돼 있지만, 이번 장에서는 이를 한국어로 번역한 데이터를 사용합니다. 해당 데이터셋에 대한 자세한 설명은 아래의 깃허브 주소에서 확인할 수 있습니다.

- **깃허브 주소**: https://github.com/ukairia777/finance_sentiment_corpus

데이터를 내려받을 수 있는 `wget` 명령어와 데이터셋이 있는 주소를 이용하여 데이터를 내려받습니다. 해당 데이터는 csv라는 확장자를 가진 csv 파일입니다. 판다스에서는 `read_csv()`를 사용하여 csv 파일을 로드하고 데이터프레임으로 불러올 수 있습니다. 데이터프레임으로 불러온 다음 `drop_duplicates().reset_index(drop=True)`로 중복 데이터를 제거합니다.

```
!wget https://raw.githubusercontent.com/ukairia777/finance_sentiment_corpus/main/
finance_data.csv

data = pd.read_csv('finance_data.csv')
data = data.drop_duplicates().reset_index(drop=True)
data.head()
```

df.head()로 데이터프레임에서 상위 5개의 데이터를 출력한 결과는 다음과 같으며, 총 3개의 열로 구성돼 있습니다.

	labels	sentence	kor_sentence
0	neutral	According to Gran, the company has no plans to...	Gran에 따르면, 그 회사는 회사가 성장하고 있는 곳이지만, 모든 생산을 러시아로...
1	neutral	Technopolis plans to develop in stages an area...	테크노폴리스는 컴퓨터 기술과 통신 분야에서 일하는 회사들을 유치하기 위해 10만 평...
2	negative	The international electronic industry company ...	국제 전자산업 회사인 엘코텍은 탈린 공장에서 수십 명의 직원을 해고했으며, 이전의 ...
3	positive	With the new production plant the company woul...	새로운 생산공장으로 인해 회사는 예상되는 수요 증가를 충족시킬 수 있는 능력을 증가...
4	positive	According to the company's updated strategy fo...	2009-2012년 회사의 업데이트된 전략에 따르면, Basware는 20% - 4...

labels 열은 neural, negative, positive 세 종류의 값을 가지며 각각 중립, 부정, 긍정을 뜻합니다. 이는 금융 뉴스 문장이 3개의 감성 분석 결과 중 어디에 속하는지를 의미합니다. 예를 들어 위 데이터프레임의 출력 결과에서 첫 번째 데이터의 감성 분석 결과는 neutral(중립)입니다.

sentence 열에는 감성 분석의 대상인 금융 뉴스 문장이 영어로 기재돼 있고, kor_sentence 열에는 금융 뉴스 문장이 한국어로 기재돼 있습니다. 이 두 열은 같은 내용으로, 영어로 작성돼 있는지, 한국어로 작성돼 있는지만 다릅니다.

여기서는 금융 뉴스 문장을 한국어로 번역한 kor_sentence 열과 labels 열, 두 개의 열을 GPT-3에 학습시킬 것입니다. 다시 말해 금융 뉴스 문장 데이터셋에 있는 다수의 데이터를 활용해 GPT-3를 학습시키고, 그 후 학습에 포함되지 않은 임의의 금융 뉴스 문장을 입력했을 때, 긍정, 중립, 부정 중 어디에 속하는 예측하는 모델을 만들 것입니다.

데이터 전처리하기

이어서 앞서 내려받은 데이터셋의 데이터를 전처리하여 6.2절에서 설명한 프롬프트-컴플리션의 쌍 형식의 jsonl 파일을 만들어 보겠습니다. 먼저 데이터프레임의 열 이름을 변경하겠습니다. kor_sentence 열은 prompt로 변경하고, labels 열의 이름을 completion으로 변경합니다. 그다음 이번 실습에서 불필요한 열인 sentence 열을 제거합니다.

G 구글 코랩에서 실행

```
data['prompt'] = data['kor_sentence']
data['completion'] = data['labels']
data = data[['prompt', 'completion']]
data.head()
```

전처리 후의 결과를 확인하기 위해 다시 한번 `data.head()`로 상위 5개의 데이터를 출력합니다. 데이터프레임의 열 이름이 변경되었고, 불필요한 sentence 열도 제거했습니다.

	prompt	completion
0	Gran에 따르면, 그 회사는 회사가 성장하고 있는 곳이지만, 모든 생산을 러시아로...	neutral
1	테크노폴리스는 컴퓨터 기술과 통신 분야에서 일하는 회사들을 유치하기 위해 10만 평...	neutral
2	국제 전자산업 회사인 엘코텍은 탈린 공장에서 수십 명의 직원을 해고했으며, 이전의 ...	negative
3	새로운 생산공장으로 인해 회사는 예상되는 수요 증가를 충족시킬 수 있는 능력을 증가...	positive
4	2009-2012년 회사의 업데이트된 전략에 따르면, Basware는 20% - 4...	positive

사용자가 모델에게 요청할 입력에 해당하는 열 이름을 prompt로 변경하고, 모델이 적절하게 해야 하는 답변에 해당하는 열 이름을 completion으로 변경했다면 데이터프레임에서 jsonl 파일로 변환하는 것은 매우 간단합니다. 다음은 `data`라는 이름의 데이터프레임을 `finance_data.jsonl`라는 이름의 jsonl 파일로 변환하는 코드입니다.

G 구글 코랩에서 실행

```
data.to_json('finance_data.jsonl', orient='records', force_ascii=False, lines=True)
```

위 코드를 수행한 다음 코랩의 왼쪽 메뉴에 있는 폴더 아이콘을 클릭하면 finance_data.jsonl이라는 새로운 파일이 생성된 것을 확인할 수 있습니다.

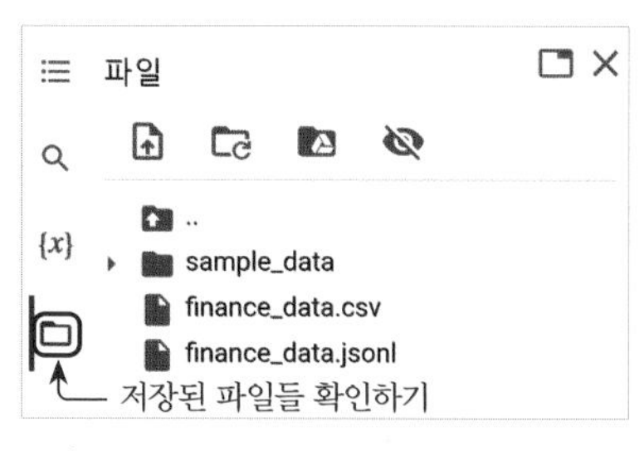

그림 7.1 폴더 아이콘을 클릭해 생성된 파일 확인

데이터 준비 도구

이제 OpenAI에서 제공하는 데이터 준비 도구를 사용해 보겠습니다. 다음은 데이터의 형식을 검사하고 학습에 유리한 형식으로 적절하게 수정해 주는 도구입니다. 코랩에서 다음 코드를 실행하면 사용자가 만든 jsonl 파일을 분석하고, 분석한 파일을 추가로 전처리할 수 있게 도와줍니다.

- openai tools fine_tunes.prepare_data -f "<파일명>"

사용자에게 추가 전처리를 진행할 것인지 묻는 질문이 계속 나옵니다. 질문을 읽고, 추가 전처리에 동의한다면 Y를 입력하고, 그렇지 않다면 n을 입력합니다. 질문이 영어로 나오긴 하지만, 영어 질문 자체의 난이도가 그렇게 높지 않으므로 구글 번역기나 파파고 등을 이용하여 질문을 이해하면 됩니다. 〈파일명〉 부분에 이미 전처리를 진행해 둔 jsonl 파일을 입력하고 도구 실행 명령어 앞에 !를 붙여서 도구를 실행합니다.

G 구글 코랩에서 실행

```
!openai tools fine_tunes.prepare_data -f 'finance_data.jsonl'
```

전처리를 진행해둔 jsonl 파일

해당 도구를 실행했을 때 나오는 결과들을 정리해 보겠습니다. 처음에는 다음과 같이 데이터를 분석한 결과를 알려줍니다.

분석 결과

```
Analyzing...

- Your file contains 4840 prompt-completion pairs

- Based on your data it seems like you're trying to fine-tune a model for classification

- For classification, we recommend you try one of the faster and cheaper models, such as `ada`

- For classification, you can estimate the expected model performance by keeping a held out dataset, which is not used for training

- There are 10 duplicated prompt-completion sets. These are rows: [1393, 2885, 2886, 2888, 3046, 3047, 3344, 3532, 3611, 3932]

- More than a third of your `prompt` column/key is uppercase. Uppercase prompts tends to perform worse than a mixture of case encountered in normal language. We recommend to lower case the data if that makes sense in your domain. See https://platform.openai.com/docs/guides/fine-tuning/preparing-your-dataset for more details

- Your data does not contain a common separator at the end of your prompts. Having a separator string appended to the end of the prompt makes it clearer to the fine-tuned model where the completion should begin. See https://platform.openai.com/docs/guides/fine-tuning/preparing-your-dataset for more detail and examples. If you intend to do open-ended generation, then you should leave the prompts empty

- The completion should start with a whitespace character (` `). This tends to produce better results due to the tokenization we use. See https://platform.openai.com/docs/guides/fine-tuning/preparing-your-dataset for more details
```

분석 결과를 한국어로 번역하면 다음과 같습니다.

```
분석 중...

- 파일에 4840개의 프롬프트(prompt)-컴플리션(completion)의 쌍이 포함돼 있습니다.

- 데이터를 기반으로 분류를 위해 모델을 파인튜닝하려는 것 같습니다.

- 분류를 위해 `ada`와 같은 더 빠르고 저렴한 모델 중 하나를 사용해 보는 것이 좋습니다.

- 훈련에 사용되지 않는 데이터셋을 별도로 분리하여 모델 성능을 평가할 수 있습니다.

- 10개의 중복된 프롬프트-컴플리션 쌍이 있습니다. 중복 데이터의 행은 다음과 같습니다:
[1393, 2885, 2886, 2888, 3046, 3047, 3344, 3532, 3611, 3932]

- '프롬프트(prompt)' 열/키의 값에서 3분의 1 이상이 영어 대문자입니다. 대문자 프롬프트는
일반 언어에서 대소문자가 혼합된 경우보다 성능이 저하되는 경향이 있습니다. 도메인에 적합한
경우 데이터를 소문자로 사용하는 것이 좋습니다.
자세한 내용은 https://platform.openai.com/docs/guides/fine-tuning/preparing-your-
dataset 을 참조하세요.

- 데이터에서 프롬프트(prompt) 끝부분에 일반적인 구분 기호가 포함되어 있지 않습니다.
프롬프트(prompt) 끝에 구분 문자열을 추가하면 파인튜닝 된 모델에서 모델이 답변을 생성해야
하는 컴플리션(completion) 부분을 더 명확하게 알 수 있습니다.
자세한 내용과 예는 https://platform.openai.com/docs/guides/fine-tuning/preparing-
your-dataset 을 참조하세요. 개방형 생성을 수행하려는 경우 프롬프트를 비워 두어야 합니다.

- 컴플리션은 공백 문자(` `)로 시작해야 합니다.
이렇게 하면 트위터에서 사용하는 토큰화로 인해 더 나은 결과를 생성하는 경향이 있습니다.
자세한 내용은 https://platform.openai.com/docs/guides/fine-tuning/preparing-your-
dataset 을 참조하세요.
```

분석 결과를 차근차근 정리해 보겠습니다. 분석 결과에 따르면 현재 데이터는 총 4,840개이며 데이터는 프롬프트와 컴플리션의 쌍으로 이뤄져 있다고 언급하고 있습니다. 즉, 분석 도구는 현재 4,840개의 데이터를 가지고 분류 모델을 파인튜닝하는 것으로 추정하고 있습니다. 이는 우리가 실제로 하고자 하는 일이므로 올바른 분석입니다.

또한, 분류 작업을 위해 비교적 저렴한 모델인 'ada'를 추천하고 있습니다. 그리고 모든 데이터를 학습에 사용하지 말고, 추후에 모델이 잘 동작하는지 평가하는 용도로 일부 데이터는 분리하라고 권장하고 있습니다. 분석 결과에 따르면 중복인 것으로 추정되는 데이터가 10개 있다고 합니다.

먼저 영어 단어가 대문자인 것보다는 소문자인 것이 성능이 더 좋을 수 있기 때문에 현재 풀고자 하는 문제에서 대문자와 소문자 여부가 중요한 문제가 아니라면 데이터를 전부 소문자로 바꾸기를 권장하고 있습니다.

그리고 프롬프트(prompt) 데이터의 끝부분에 구분 기호가 없다고 경고하고 있습니다. 뒤에서 더 자세히 보겠지만, GPT-3를 파인튜닝할 때는 성능 향상을 위해 프롬프트 데이터의 뒷부분에 특수문자를 붙이는 것을 권장하고 있습니다. 실제로 뒤에서 모든 데이터의 프롬프트 부분에 '->'라는 특수 문자를 추가할 예정입니다.

마지막으로 컴플리션(completion) 데이터의 앞부분에 공백이 없다고 경고하고 있습니다. 뒤에서 더 자세히 보겠지만, GPT-3을 파인튜닝할 때는 성능 향상을 위해 컴플리션 데이터의 앞부분에 추가적인 공백 문자를 붙여주는 것을 권장하고 있습니다. 실제로 뒤에서 모든 데이터의 컴플리션 부분에 공백을 추가할 예정입니다. 예를 들어 데이터의 컴플리션 부분이 'neutral'이라면, ' neutral'로 변경되며 'positive'는 ' positive'로, 'negative'는 ' negative'로 모든 컴플리션 데이터의 앞부분에 공백을 추가합니다. 이제 분석 결과를 바탕으로 분석 도구는 사용자에게 추가 전처리를 진행할 것인지 질문합니다. 이때 사용자가 Y 또는 n으로 응답하는 것에 따라서 분석 도구는 추가 전처리를 진행할 것인지 결정합니다. 실제로는 영어로만 질문이 나오지만 쉽게 이해할 수 있도록 한국어로도 정리했습니다.

질문 1.

```
- [Recommended] Remove 10 duplicate rows [Y/n]:
- [추천] 10개의 중복 데이터를 제거합니다 [Y/n]:
```

분석 결과에서 총 10개의 중복 데이터가 존재했습니다. 분석 도구는 분석 결과를 바탕으로 10개의 중복 데이터를 제거할 것인지 묻습니다. 여기서 Y를 입력하면 분석 도구는 자동으로 10개의 중복 데이터를 삭제합니다. 저자는 Y를 택했습니다.

질문 2.

```
- [Recommended] Lowercase all your data in column/key `prompt` [Y/n]:
- [추천] `프롬프트(prompt)`열에 있는 모든 데이터의 영어 단어를 소문자로 변경합니다 [Y/n]:

x[column] = x[column].str.lower()
```

분석 결과에서 사용자의 의도에 반하는 전처리가 아니라면, 영어 데이터는 소문자로 변경해서 사용하는 것이 좋다고 안내했습니다. 이에 따라 분석 도구는 모든 데이터에 존재하는 모든 영어 단어를 전부 소문자로 변경할 것인지 묻습니다. 그리고 그 아래에는 Y를 선택할 경우 실제로 내부적으로 실행할 예시를 함께 보여줍니다. 지금 풀고 있는 문제는 영어가 아닌 한국어 금융 뉴스를 다루고 있으며, 그중 일부 등장하는 영어 단어가 대문자인지 소문자인지가 중요한 문제는 아니므로 저자의 경우 Y를 택했습니다.

질문 3.

```
- [Recommended] Add a suffix separator ` ->` to all prompts [Y/n]:
- [추천] 모든 프롬프트(Prompt)열에 있는 데이터의 끝부분에 ` ->`를 부착합니다 [Y/n]:

x["prompt"] += suffix
```

분석 결과에서 GPT-3가 사용자의 입력인 프롬프트(prompt)와 모델의 답변에 해당하는 컴플리션(completion)의 구분을 명확하게 하기 위해 프롬프트 데이터의 끝부분에 특수 문자를 붙이는 것을 권장했습니다. 현재 프롬프트의 끝부분에 공통으로 들어간 특수 문자가 없으므로 프롬프트에 존재하는 모든 데이터의 끝부분에 ->를 넣을 것인지 묻습니다. 저자의 경우 Y를 택했습니다.

예를 들어 '**새로운 생산 공장으로 인해 회사는 예상되는 수요 증가를 충족시킬 수 있는 능력을 증가시키고 원자재 사용을 개선하여 생산 수익성을 높일 것이다.**' 라는 프롬프트 데이터가 있을 때, 전처리를 진행하면 데이터가 다음과 같이 변경됩니다. '**새로운 생산 공장으로 인해 회사는 예상되는 수요 증가를 충족시킬 수 있는 능력을 증가시키고 원자재 사용을 개선하여 생산 수익성을 높일 것이다. ->**'

질문 4.

```
- [Recommended] Add a whitespace character to the beginning of the completion [Y/n]:
- [추천] 모든 컴플리션(completion) 열의 데이터의 시작 부분에 공백을 추가합니다 [Y/n]:
```

컴플리션 데이터의 앞부분에 공백을 추가하는 것이 권장됩니다. 저자는 Y를 택했습니다. 예를 들어 'positive'라는 데이터가 있었다면 ' positive'로 변경됩니다.

질문 5.

```
- [Recommended] Would you like to split into training and validation set? [Y/n]:
- [추천] 전체 데이터를 훈련 데이터와 검증 데이터로 분리합니다 [Y/n]:
```

인공지능 모델을 만들 때는 항상 갖고 있는 모든 데이터를 학습에 사용하지 않고, 일부 데이터는 분리해서 보관하는 것이 바람직합니다. 이는 학습에 사용되지 않은 데이터를 이용해 모델의 정확도 등을 평가하기 위함입니다. 분석 도구는 혹시 별도로 데이터를 분리하는 작업을 선행하지 않았다면, 직접 분리해 주겠다고 안내합니다. 저자는 Y를 택했습니다. 이 경우 기존의 데이터가 두 개의 데이터로 분리되어 저장됩니다.

질문 6.

```
Your data will be written to a new JSONL file. Proceed [Y/n]:
데이터를 새로운 JSONL 파일로 저장합니다 [Y/n]:
```

최종적으로 jsonl 파일로 저장할 것인지 묻습니다. Y를 선택하면 지금까지 답변한 모든 전처리가 적용되면서 파일이 생성됩니다. 모든 질문에 대해서 답변하면 전처리 결과와 이후 절차를 안내하는 최종 안내문이 출력됩니다.

최종 안내

```
Wrote modified files to `finance_data_prepared_train.jsonl` and
`finance_data_prepared_valid.jsonl`
Feel free to take a look!

Now use that file when fine-tuning:
> openai api fine_tunes.create -t "finance_data_prepared_train.jsonl"
-v "finance_data_prepared_valid.jsonl" --compute_classification_metrics
--classification_n_classes 3
```

```
After you've fine-tuned a model, remember that your prompt has to end with the
indicator string ` ->` for the model to start generating completions, rather than
continuing with the prompt.

Once your model starts training, it'll approximately take 1.97 hours to train a
`curie` model, and less for `ada` and `babbage`. Queue will approximately take
half an hour per job ahead of you.
```

이를 한국어로 번역하면 다음과 같습니다.

```
`finance_data_prepared_train.jsonl` 및 `finance_data_prepared_valid.jsonl`에
전처리를 진행한 파일을 저장했습니다. 자유롭게 살펴보기 바랍니다!

이제 파인튜닝할 때 해당 파일을 사용하세요:
> openai api fine_tunes.create -t "finance_data_prepared_train.jsonl"
-v "finance_data_prepared_valid.jsonl" --compute_classification_metrics
--classification_n_classes 3

모델을 파인튜닝한 후 실제로 사용할 때는 프롬프트(prompt)의 끝부분에 문자열 ` ->`를 붙여야
모델의 응답인 컴플리션(completion)을 생성하기 시작한다는 점을 기억하세요.

모델이 학습을 시작하면 'curie' 모델을 학습하는 데 대략 1.97시간이 걸리며, `ada` 및
`babbage`의 경우 이보다 더 짧습니다. 대기열은 작업당 약 30분이 소요됩니다.
```

앞서 질문 5에서 훈련 데이터와 평가 용도로 사용되는 검증 데이터를 분리해서 사용하기로 했으므로 데이터는 finance_data_prepared_train.jsonl와 finance_data_prepared_valid.jsonl 두 가지로 저장됩니다.

데이터 파인 튜닝 도구

다음은 데이터를 실제로 파인 튜닝하는 과정입니다. 이 과정은 크게 두 단계로 이뤄져 있습니다. 먼저 파일을 업로드하고, 그다음 실제 파인 튜닝을 진행하는 단계로 이어집니다.

- `client.files.create(file=open("<훈련 데이터 파일명>", "rb"), purpose="fine-tune")`
- `client.fine_tuning.jobs.create(training_file="<파일 id>", model="<모델명>")`

먼저 files.create()를 통해 훈련 데이터 파일을 OpenAI의 서버로 업로드합니다. 훈련 데이터 파일이 업로드되면 해당 파일의 id가 발급됩니다. 그리고 해당 파일의 id를 이용해 finetuning.jobs.create()를 통해서 파인 튜닝을 시작합니다. 먼저 파일을 업로드해 보겠습니다. 학습에 사용할 훈련 데이터의 파일명을 정확하게 기재하여 files.create()를 실행합니다.

G 구글 코랩에서 실행

```
client = OpenAI()

client.files.create(
    file=open("finance_data_prepared_train.jsonl", "rb"),
    purpose="fine-tune"
)
```

이를 실행한 결과는 다음과 같습니다.

실행 결과

파일의 ID 값

학습 현황

```
FileObject(id='file-K1ITzuMcaaVyrKJ0HdHSUdu3', bytes=679022,
created_at=1699591888, filename='finance_data_prepared_train.jsonl',
object='file', purpose='fine-tune', status='uploaded', status_details=None)
```

정상적으로 실행된 경우에는 status의 값이 'uploaded'로 나오며, 해당 파일의 id 값이 발급됩니다. 파일의 id 값은 앞에 'file-'이라는 문자열이 붙는 특징이 있습니다. 위 실행 결과에서 파일의 id 값은 file-K1ITzuMcaaVyrKJ0HdHSUdu3로 사용자마다, 또 어떤 파일을 언제 올렸는지에 따라 항상 다른 id 값이 발급되므로 해당 id 값을 잘 기억해야 합니다.

이제 앞서 발급받은 파일의 id 값을 이용해 파인 튜닝을 진행하기 위한 client.fine_tuning.jobs.create()를 실행합니다. 이때 모델은 학습 비용과 사용 비용이 가장 저렴한 모델이 babbage-002를 사용합니다.

```
client.fine_tuning.jobs.create(
    training_file="file-<파일의 ID 값>",
    model="babbage-002"
)
```

앞서 출력된 파일의 ID 값을 입력합니다.

이를 실행한 결과는 다음과 같습니다.

실행 결과

학습 id 값

```
FineTuningJob(id='ftjob-2IROqgOlaQNcVUyUBy8LakUz', created_at=1699576679,
error=None, fine_tuned_model=None, finished_at=None, hyperparameters
=Hyperparameters(n_epochs='auto', batch_size='auto', learning_rate_multiplier=
'auto'), model='babbage-002', object='fine_tuning.job', organization_id='org-
vjbXeS58CtiAl1NR1fP5rgMY', result_files=[], status='validating_files',
trained_tokens=None, training_file='file-K1ITzuMcaaVyrKJ0HdHSUdu3',
validation_file=None)
```

이번에는 실행 결과로 학습 id 값이 발급됩니다. 위 실행 결과에서 학습 id 값은 ftjob-2IROqgOlaQNcVUyUBy8LakUz입니다. 학습 id 값은 앞에 'ftjob-'이라는 문자열이 붙는 특징이 있습니다. 파일을 업로드해서 얻은 파일 id와 마찬가지로 사용자마다, 학습 시점에 따라 다른 id 값이 발급됩니다. 해당 id 값으로 학습 현황을 확인할 수 있으므로 해당 id 값 또한 잘 기억해야 합니다.

학습 현황 확인하기

위 실행 결과에서 status 값은 현재 학습 현황을 나타내는 값입니다. 현재는 학습이 시작되지 않았으며, 훈련 데이터 파일을 확인하는 상태를 의미하는 'validating_files'가 출력됐지만, 이후 학습 현황 코드를 사용하면 status 값이 지속적으로 바뀌는 것을 확인할 수 있습니다. 학습 id를 이용해 학습 현황을 확인할 수 있는 코드는 다음과 같습니다.

- `client.fine_tuning.jobs.retrieve("<학습 id>")`

학습 id를 이용해 학습 현황을 확인해 보겠습니다.

G 구글 코랩에서 실행

```
client.fine_tuning.jobs.retrieve("ftjob-<학습 ID 값>")
```

앞서 출력된 학습 ID 값을 입력합니다.

실행 결과

```
FineTuningJob(id='ftjob-2IROqgOlaQNcVUyUBy8LakUz', created_at=1699576679,
error=None, fine_tuned_model=None, finished_at=None, hyperparameters
=Hyperparameters(n_epochs=3, batch_size=7, learning_rate_multiplier=2),
model='babbage-002', object='fine_tuning.job', organization_id='org-
vjbXeS58CtiAl1NR1fP5rgMY', result_files=[], status='validating_files',
trained_tokens=None, training_file='file-tN4GwfRIGw9QPQ4YS6W4cXpY',
validation_file=None)
```

학습 현황

status 값이 여전히 'validating_files'라고 나온다면 아직 학습이 시작되지 않았다는 의미입니다. OpenAI의 서버 현황이나, 파일의 크기에 따라 다르지만 일반적으로 평균 10분 내외로 학습이 시작됩니다. 저자의 경우 약 20분 뒤에 학습 현황 확인 코드를 다시 실행했습니다.

G 구글 코랩에서 실행

```
client.fine_tuning.jobs.retrieve("ftjob-<학습 ID 값>")
```

앞서 출력된 학습 ID 값을 입력합니다.

실행 결과

```
FineTuningJob(id='ftjob-2IROqgOlaQNcVUyUBy8LakUz', created_at=1699576679,
error=None, fine_tuned_model=None, finished_at=None,
hyperparameters=Hyperparameters(n_epochs=3, batch_size=7,
learning_rate_multiplier=2), model='babbage-002', object='fine_tuning.job',
organization_id='org-vjbXeS58CtiAl1NR1fP5rgMY', result_files=[], status='running',
trained_tokens=None, training_file='file-tN4GwfRIGw9QPQ4YS6W4cXpY',
validation_file=None)
```

학습 현황

이번에는 status 값이 'runnuing'으로 변경됐으며, 이는 학습이 진행 중임을 의미합니다. 이후 학습 데이터에 따라 다르지만, 학습에 충분한 시간이 지나면 (이 책의 데이터로 실습할 경우, 약 1시간 이내) 학습이 종료됩니다. 학습이 종료되면 사용자의 OpenAI 계정(이메일)으로 다음과 같은 학습 종료 메일이 옵니다.

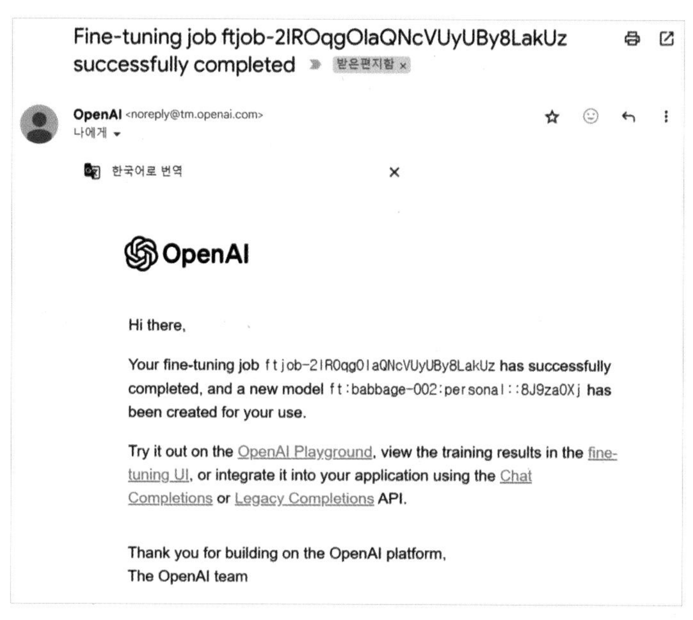

그림 7.2 학습 종료 메일

학습 종료 메일이 온 후 학습 현황 코드를 다시 실행한 결과는 다음과 같습니다.

G 구글 코랩에서 실행

```
client.fine_tuning.jobs.retrieve("ftjob-<학습 ID 값>")
```

앞서 출력된 학습 ID 값을 입력합니다.

실행 결과

```
FineTuningJob(id='ftjob-2IROqgOlaQNcVUyUBy8LakUz', created_at=1699576679,
error=None, fine_tuned_model='ft:babbage-002:personal::8J9za0Xj',
finished_at=1699577333, hyperparameters=Hyperparameters(n_epochs=3, batch_size=7,
learning_rate_multiplier=2), model='babbage-002', object='fine_tuning.job',
organization_id='org-vjbXeS58CtiAl1NR1fP5rgMY', result_files=['file-
7xvdkecYVxqiGIWG6GgSk4tX'], status='succeeded', trained_tokens=698358,
training_file='file-tN4GwfRIGw9QPQ4YS6W4cXpY', validation_file=None)
```

학습 현황

status의 값이 'succeeded'로 변경됐습니다. 또한, 학습이 종료되면서 이전에는 None으로 비어 있던 fine_tuned_model의 값으로 'ft:babbage-002:personal::8J9za0Xj'가 할당됐습니다. 이 값은 앞으로 우리가 사용할 학습된 모델의 이름입니다. 이를 잘 기억해야 추후 필요할 때 모델을 호출해 사용할 수 있습니다.

전처리를 마친 데이터 살펴보기

앞서 데이터 준비 도구가 자동으로 생성한 검증 데이터인 `finance_data_prepared_valid.jsonl`을 데이터프레임으로 로드해 전처리가 어떻게 진행됐는지 확인해 보겠습니다. 우선 상위 5개의 행을 출력합니다.

G 구글 코랩에서 실행

```
test = pd.read_json('finance_data_prepared_valid.jsonl', lines=True)
test.head()
```

	prompt	completion
0	새로운 생산공장으로 인해 회사는 예상되는 수요 증가를 충족시킬 수 있는 능력을 증가...	positive
1	2009-2012년 회사의 업데이트된 전략에 따르면, basware는 20% - 4...	positive
2	aspocomp의 성장기에 대한 자금 조달은 기술적으로 더 까다로운 hdi 인쇄 회...	positive
3	영업이익은 총 21.1 유로로 2007년 18.6 mn에서 증가하여 순매출의 9.7...	positive
4	텔리아소네라 tlsn은 이번 제안이 핵심 사업 보유에 대한 지분을 늘리기 위한 전략...	positive

이중 첫 번째 데이터의 prompt 열의 값을 출력해 보겠습니다.

G 구글 코랩에서 실행

```
test.loc[0]['prompt']
```

출력 결과

```
'새로운 생산공장으로 인해 회사는 예상되는 수요 증가를 충족시킬 수 있는 능력을 증가시키고
원자재 사용을 개선하여 생산 수익성을 높일 것이다. ->'
```

첫 번째 데이터의 prompt 열의 출력 결과를 보면 prompt 열의 데이터의 맨 끝에 '->'가 추가된 것을 확인할 수 있습니다. 이는 앞서 데이터 준비 도구의 질문 세 번째 질문에서 Y를 입력했기 때문입니다. 이번에는 첫 번째 데이터의 completion 열의 값을 출력해 보겠습니다.

G 구글 코랩에서 실행

```
test.loc[0]['completion']
```

출력 결과

```
'positive'
```

첫 번째 데이터 completion 열의 출력 결과를 보면 데이터의 맨 앞에 공백이 추가됐음을 확인할 수 있습니다. 이는 앞서 데이터 준비 도구의 네 번째 질문에서 Y를 입력했기 때문입니다. 위와 같은 두 개의 전처리는 학습 데이터인 finance_data_prepared_train.jsonl에도 동일하게 적용돼 있습니다.

또한, 모델을 학습시킬 때 전처리를 진행한 상태에서 학습했으므로 앞으로 모델을 임의의 입력에 대해 실행할 때도 이를 고려하여 모델을 실행해야 합니다.

모델 호출하기

다음은 임의의 입력에 대해서 모델을 호출하는 코드의 형식입니다.

- client.completions.create(model=<학습한 모델명>, prompt=<프롬프트>)

검증 데이터의 첫 번째 데이터에 대해서 모델의 예측 결과를 얻는 코드를 실행해 보겠습니다. 앞서 확인했듯이 검증 데이터의 첫 번째 데이터는 '새로운 생산 공장으로 인해 회사는 예상되는 수요 증가를 충족시킬 수 있는 능력을 증가시키고 원자재 사용을 개선하여 생산 수익성을 높일 것이다. ->' 라는 문장입니다. prompt에는 검증 데이터의 첫 번째 데이터인 test['prompt'][0]를 입력합니다.

temperature는 2.4.1절에서 설명한 파라미터로, 0으로 설정하면 가장 가능성이 높은 경우에 대해서만 예측하고, 랜덤성을 배제할 수 있습니다. max_token을 1로 설정하여 GPT가 단 한 번만 텍스트를 생성하도록 합니다. 1 이상의 값을 사용할 경우, 예측해야 하는 레이블 외에도 불필요한 텍스트를 추가로 생성할 가능성이 있습니다.

G 구글 코랩에서 실행

```
ft_model = 'ft:<모델의 이름>'    앞서 출력된 모델의 이름을 입력합니다.
res = client.completions.create(model=ft_model, prompt=test['prompt'][0],
max_tokens=1, temperature=0)
print(res.choices[0].text)
```

출력 결과

```
'positive'
```

출력 결과로 'positive'를 얻었습니다. 이제 위 코드를 이용해 임의의 텍스트 입력에 대해 감성 분석 결과를 반환하는 함수인 get_result()를 구현하겠습니다. 모델을 학습시킬 때 모든 프롬프트 입력에 대해서 ' ->'를 붙인 상태로 학습시켰으므로 get_result() 함수의 입력으로 input_text가 들어오면 뒷부분에 ' ->'를 붙이는 작업을 해줍니다.

G 구글 코랩에서 실행

```
def get_result(input_text):
  input_text = input_text + ' ->'
  ft_model = 'ft:<모델의 이름>'  # 앞서 출력된 모델의 이름을 입력합니다.
  res = client.completions.create(model=ft_model, prompt=input_text, max_tokens=1,
temperature=0)
  return res.choices[0].text.strip()
```

이제 get_result() 함수에 임의의 뉴스 문장을 전달해 분류 결과를 확인해 보겠습니다. 예를 들어 주가가 계속해서 하락되고 있다는 문장을 입력으로 넣어보겠습니다.

G 구글 코랩에서 실행

```
test = '바이톤의 순매출이 45% 감소함에 따라서 주가도 지속적으로 하락하고 있다.'
print(get_result(test))
```

출력 결과

```
negative
```

negative가 출력됩니다. 이번에는 매출과 영업익이 증가하고 있다는 문장을 입력으로 넣어보겠습니다.

G 구글 코랩에서 실행

```
test = '19일 업계에 따르면 한화(000880)에어로스페이스는 올해 매출 8조 4500억 원, 영업익 6290억 원을 기록할 것으로 예상된다. 매출은 전년대비 29.2%, 영업익은 66.7% 급증할 전망이다.'
print(get_result(test))
```

출력 결과

```
positive
```

지금까지 임의의 뉴스 문장을 입력하면 감성 분류하여 긍/부정을 평가하는 모델을 만들어 봤습니다. 이어서 다음 절에서는 금융 뉴스를 감성 분류하는 모델의 UI를 만들어 보겠습니다.

7.4 금융 뉴스를 감성 분류하는 모델의 UI 만들기

이번 장에서도 모델의 UI를 만드는 데 6장에서 사용했던 Gradio를 활용합니다. Gradio는 AI 모델을 웹 형태로 배포할 수 있도록 돕는 파이썬 라이브러리로, 자세한 내용은 6.5절 'Gradio로 챗봇의 UI 만들기(264쪽)'를 참고합니다.

Gradio를 이용한 웹 인터페이스

Gradio의 `Interface()`를 함수를 이용해 웹 인터페이스를 구성할 때, 각 파라미터로 전달해야 하는 값은 다음과 같습니다.

- fn: 웹 인터페이스에서 실제 호출할 파이썬 함수명을 기재합니다.
- inputs: 웹 인터페이스에서 입력 형태를 정의합니다.
- outputs: 웹 인터페이스에서 출력 형태를 정의합니다.
- title: 웹 인터페이스에서 가장 상단에 배치할 제목입니다.
- description: 제목 아래에 들어갈 AI 모델에 대한 설명을 작성합니다.

그밖에 Gradio의 인터페이스에서 사용할 수 있는 값에 대한 자세한 설명은 Gradio 공식 문서에서 확인할 수 있습니다.

- Gradio 공식 문서: https://gradio.app/docs/

다음은 임의의 입력에 대해서 모델을 호출하는 코드입니다. `inputs`에는 `gr.Textbox()`를 사용합니다. `gr.Textbox()` 메서드의 `lines`는 텍스트 박스의 크기를 몇 줄의 텍스트가 들어가게 설정할 것인지를 의미합니다. 또한, placeholder는 텍스트 박스에 아무런 내용을 작성하지 않았을 때 기본적으로 사용자에게 보여줄 값을 의미합니다.

G 구글 코랩에서 실행

```
iface = gr.Interface(fn=get_result,
                     inputs=gr.Textbox(lines=5, placeholder='감성 분석할 뉴스를 
입력해주세요.'),
                     outputs='text',
                     title="금융 뉴스 감성 분석",
                     description="금융 뉴스를 감성 분석하여 긍정(positive), 
부정(negative), 중립(neutral)인지를 알려줍니다.")

iface.launch(share=True)
```

코랩에서 코드를 실행하면 다음과 같은 웹 인터페이스가 출력됩니다.

금융 뉴스 감성 분석

금융 뉴스를 감성 분석하여 긍정(positive), 부정(negative), 중립(neutral)인지를 알려줍니다.

input_text

감성 분석할 뉴스를 입력해주세요.

output

플래그

클리어

제출하기

그림 7.2 Gradio 웹 인터페이스 화면

input_text 아래의 텍스트 박스에 실제 금융 뉴스 문장을 입력한 후에 **[제출하기]** 버튼을 누르면 앞서 학습시킨 모델이 예측한 감성 분석 결과가 output 아래의 텍스트 박스에 출력됩니다.

예를 들어 '19일 업계에 따르면 한화(000880)에어로스페이스는 올해 매출 8조 4500억 원, 영업익 6290억 원을 기록할 것으로 예상된다. 매출은 전년대비 29.2%, 영업익은 66.7% 급증할 전망이다.'라는 내용을 넣고 실행한 결과는 다음과 같습니다.

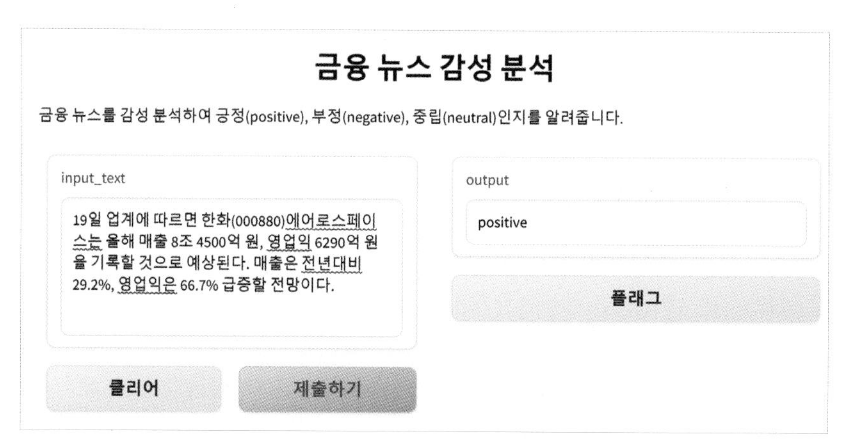

그림 7.3 Gradio 웹 인터페이스를 이용한 실제 실행 결과

이전에 `get_result()` 함수를 사용했을 때와 마찬가지로 출력 결과로 `'positive'`가 출력됩니다.

이번 장에서는 OpenAI의 GPT를 활용하여 금융 뉴스를 분석하는 감성 분석기를 만드는 방법을 알아보았습니다. 이번 장에서 사용한 프롬프트–컴플리션 전처리와 학습 코드를 사용하면 감성 분석기나 텍스트 분류기 외에도 다양한 애플리케이션을 학습시키는 데 활용할 수 있습니다.

- **번역기**: 한국어 문장과 번역된 영어 문장을 쌍으로 사용하면, 데이터가 많으면 많을수록 성능이 뛰어난 번역기를 학습시킬 수 있습니다.
- **요약기**: 긴 문장과 그에 대한 요약문을 쌍으로 사용하면, 긴 문서를 요약하는 요약기를 만들 수 있습니다.
- **챗봇**: 사용자의 질문과 챗봇의 답변을 쌍으로 사용하면, 회사에 대한 답변을 하는 고객센터 챗봇, 심리상담 챗봇 등을 학습시킬 수 있습니다.

즉, 이번 장에서 배운 내용을 기반으로 다양한 자연어 처리 애플리케이션을 개발할 수 있습니다. 여러분의 데이터를 파인튜닝시켜서 자신만의 챗봇을 만들어 보기를 권장합니다.

찾아보기

memo

memo